Nietzsche Werke

尼采全集

第4卷

[德]弗里德里希·尼采 著 杨恒达 译

查拉图斯特拉如是说

中国人民大学出版社
·北京·

总　　序

尼采在当代中国的意义

弗里德里希·尼采（Friedrich Nietzsche，1844—1900）在当代中国也许是最著名的西方哲学家之一。尼采传入中国至今已百年有余，经历过多次的“尼采热”，影响广泛而深远，且经久不衰。现在，尼采的主要著作大多有好几个中文译本，拥有的读者不计其数。这种情况在其他西方思想家那里实属少见。

为什么尼采在当代中国受到如此厚爱？尼采对20世纪欧美一大批重要哲学家、思想家产生过重大影响，进而影响到中国思想界，这当然是重要原因之一。然而，更重要的是，中国的文化背景、人文环境、思维方式、具体的当代历史语境等，都对尼采在中国的广泛传播具有一种特殊的需求。

尼采不同于西方传统哲学思想家的地方在于，他挑战了形而上学的思维方式。海德格尔通过对尼采长期深入的研究而认识到这种挑战的价值。他认为，尼采所说的“上帝死了”，是宣布了西方自柏拉图以来的形而上学传统及其所形成的一切价值和观念的死亡。形而上学传统正是尼采“对一切价值的重估”努力中所要翻转的东西，因为形而上学传统所培育起来的理性精神和它自己形成的一套价值观念发生了不可调和的矛盾冲突，道德的“绝对命令”最终只能求助于信仰的飞跃，因此尼采要重估一切价值，连同其源头一起加以翻转。然而，海德格尔认为，尼采将一切都归结于强力意志是试图从超感性的形而上学世界里走出来，却最终还是陷在这个世界里。其实，海德格尔也未必没有陷在这个世界里，正如他自己所说："形而上学之本质的完成在其实现过程中可能是很不完善的，也无需排除以往的形而上学基本立场的继续存在。对不同形而上学基本立场以及它们个别的学说和概念的清算还是有可能的。"① 尼采的挑战和海德格尔的这种清算是意义十分深远的，使人们从对理性的非理性式的执迷不悟中，从对离实践和具体认识对象越来越远的逻各斯中心主义的迷恋中惊醒过来。

当尼采进入中国思想家视野的时候，正是西方的形而上学思维方式伴随启蒙思潮涌入中国之际。但是，西方的启蒙思想到了中国这块土地上，却发生了启蒙的初衷所始料未及的变异。自从传教士在中国办学以来，尤其是1905年中国取消科举制度、开始普遍引入西方教育体制以来，西方启蒙思想被大量贯穿到学校教育中，在青年学生和一些开明的中年知识分子中培养了一批对西方文化有好感的新文化倡导者。但是，由于当时中国保守势力的强大，启蒙思想的传播并不十分顺当。阻力越大，这些新文化倡导者就越是针锋相对。保守势力尊奉儒教，他们便一定要打倒孔家店，还将中国的贫穷落后、国力衰败、民族耻辱统统归罪于儒家和尊孔，进而将启蒙与民主兴国、救亡图存等联系起来。正如李泽厚先生所说："所有这些就并不是为了争个人的'天赋权利'——纯然个体主义的自由、独立、平等。所以，当把这种本来建立在个体主义基础上的西方文化介绍输入，以抨击传统打倒孔子时，却不自觉地遇上自己本来就有的上述集体主义的意识和无意识，遇上了这种仍然异常关怀国事民瘼的社会政治的意识和无意识传统。"②

西方形而上学思维方式作为启蒙理性的一个重要组成部分在传入中国时，遇到同样的问题。形而上学的思维方式尤其被用来作为演绎社会

---

① ［德］马丁·海德格尔著，孙周兴译：《尼采》（下卷），833页，北京，商务印书馆，2003。

② 李泽厚：《中国现代思想史论》，6页，北京，三联书店，2008。

政治概念的工具，也许演绎过程本身是合乎理性的，而前提却是由某种宏大叙事式的主义或政治意识形态所先验性地预设的。本来一些中性的概念和术语，由于带有一定感情色彩或信仰色彩的先验性预设，而成为驾驭演绎过程的霸主，整个演绎过程及其论证可以完全合乎逻辑而不失为高度理性产物，但却仍然是这些霸主的奴隶。久而久之，这种理论和实践相脱离的倾向，这种一味借助工具理性的做法，沉淀为一种文化。

一种文化一旦形成，就很难在短时间内改变，不是一次起义或一场革命就能很快改变的，且不说中国两千多年的帝王专制文化是这样，就是形而上学思维方式加中国特色的社会政治宏大叙事而形成的文化也是如此。

其实，当尼采最初传入中国的时候，新文化运动的倡导者也在倡导语言的改革，这本是一个可以从尼采对语言的真知灼见中悟出其中道理的契机，并从对语言改革的思考中把握当时正在影响中国思想界的形而上学思维方式和逻各斯中心主义的一些重大问题，因为逻各斯中心主义总是在试图寻找一个永恒的中心，一种形而上的本源和绝对的权威，而历来的语言传统正是人们不断进行这种追寻的顽固工具。这就是之所以不少思想家在批判形而上学传统时，却在语言上仍然无法摆脱这种传统影响的原因。尼采也属于这样的思想家。但是，尼采却早在 19 世纪就已经看出了语言上这种问题的倾向。他说："语言对于文化演变的意义在于，在语言中，人类在另一个世界旁建立起了一个自己的世界，一个人类认为如此固定不变的地方，立足于此，就可以彻底改造其余的世界，使自己成为世界的主人。人类长期以来把事物的概念和名称作为**永远真实的东西**来相信，同样也养成了他们借以居于动物之上的那种骄傲：他们真的认为在语言中掌握了关于世界的知识。语言的创造者没有谦虚到了如此地步，乃至于相信他给予事物的只是一些符号，他宁愿认为，他是在用言语表达关于事物的最高知识。"① 从这段话里，我们不仅看到

① ［德］尼采：《人性的，太人性的》（德文版），见《评注版尼采全集》，第 2 卷，30 页，德语袖珍书出版社（dtv），1999。

尼采对西方语言，对逻各斯中心主义式的思维方式的质疑，而且听得出他对人将自己置于世界主人或世界中心地位的做法感到不屑的口气。但是当时中国语言改革的倡导者并未注意尼采在这方面的先见之明，只是致力于让语言更好地发挥工具理性的作用，让更多的中国人更容易接受启蒙“真理”的教育，进而参与对旧文化、旧传统的批判，尼采也只是作为传统的彻底叛逆者的形象进入到新文化倡导者的视野中。

然而，尼采在这里所说的关键，是知识的真实性问题，也是我们是否能用概念和名称一成不变地把握认识对象的问题。按照尼采的看法，用相对固定或稳定的概念和名称去把握在动态中瞬息万变的认识对象，是不可能具有恒定真实性的，这由人本身的局限性所决定。形而上学思维方式依靠概念进行演绎，当然会离真实性越来越远。而中国学界一般都将这样的真实性（德文中的 Wahrheit 或英文中的 truth）翻译成“真理”，从而倾向于把真实性理解为“真实的道理”。这实际上又使形而上学思维方式的局限性在中国文化中成为必须隐讳的东西。当尼采质疑 Wahrheit 的时候，虽然他实际上是在怀疑人们对事物的认识是否会有恒定的真实性，但中国人也许会认为他大逆不道，竟然怀疑真理的存在。尤其是，中国人唱的《国际歌》歌词中，有一句“要为真理而斗争!”可是，如果你通读法、英、德文的《国际歌》歌词，你会发现根本找不到中文翻译成“真理”的这个词（法文中是 verité，英、德文中如前所注），这是因为在西方语言中，这个词并无“道理”的含义在内，只是强调真实性而已。从这一点可以看出，文化差异对形而上学思维方式的影响，而且进一步说明尼采对形而上学思维方式的挑战在当代中国具有更为深刻的意义。

尼采将形而上学的局限性归结为人的局限性，从某种意义上讲，也是要引起人们对文化问题的关注。人通过文化而掩盖了人自己的局限性，将弱点美化为优点。人的生命和活动范围、感觉器官、大脑皮层的有限，决定了人类的认识能力无法穷尽无限丰富的世界。由于在封闭环境下形成的文化心态，人们往往会把自己的一孔之见当成对整体事物的全面看法，从而养成从单一视角以偏概全地看问题的习惯，最终把自己当成了世界的尺度，无限拔高了自己。最可怕的是把对世界、对事物的肤浅、片面、有限、不求甚解的认识当成了“真理”，以不可质疑的权威强加于人。中外历史上由此而引起的冲突、迫害、杀戮、战争还嫌少吗？曾几何时，“人定胜天”的口号在中国激动了多少人的心弦，甚至大腕科学家都为之呐喊，为之论证，但结果如何呢？

尼采对人的局限性的思考可以为处于东西方文化碰撞中的当代中国思想界提供有益的借鉴。为了避免人性的弱点，尼采用“超人”理念，用“视角论”（Perspektivismus）和系谱学的方法，来弥补形而上学思维方式在真实性方面的不足。

尼采认为：“就‘认识’一词有其意义而言，世界是可认识的：但是它可以有不同解释，支撑它的不是一种意义，而是无数种意义。——‘视角论’。”① 也就是说，如果我们认为世界是可认识的，那也只是以“认识”一词的最低限度意义为基础的，但是认识是无法穷尽世界的，我们只能通过多视角看问题来减弱片面性。所以，“视角论”的意义在于，在对事物本质加以界定的实践难以避免的情况下，不要过于执著于这样的界定，而应该尽量寻找更多的视角。这关涉到我们的教育机构如何处理好入门教育和深入引导的关系。在入门教育时，对事物本质加以界定的实践是难以避免的，但是这样的实践一经完成，即应该转入新的实践，让学生多视角看问题，接触更多信息，培养批判性思维的能力。我们常常会问，我们现在如此重视教育，为什么没有培养出大师级的人才呢？因为我国目前的应试教育体制不可能培养出具有独立思考精神和批判性思维能力的人才，当然更谈不上大师级人才了。这从尼采对当时德国教育机构的批评中可以得到一定的启发。他认为：“在当今为最广泛的大众设置的教育机构中，恰恰是那些使成立教育机构有意义的出类拔萃的学生感到得到的促进最小。”② 他还认为：“人们肯定也可以从大量教师中看

---

① 《三卷本尼采著作》（德文版），第3卷，903页，卡尔·翰泽尔出版社，1956。

② ［德］尼采：《论我们的教育机构的未来》（德语版），见《评注版尼采全集》，第1卷，697页，德语袖珍书出版社（dtv），1999。

到精神上的危急状态的一个主要原因：由于教师的原因，人们学的东西这么少，这么糟糕。"① 尼采把教师称作"一种必然的恶"，这是因为正是教师在尼采所说的那种教育机构中灌输给学生有限的视角和狭隘的视野，并以引导对真理和高尚情操的追求的表率者的面目出现，而实际上，他们却还是要像商人一样在"生产者那里尽可能降低价钱，在消费者那里尽可能提高价钱，以便从两者尽可能大的损害中得到好处"②。尼采对教师的这种尖锐指责，其实倒并不是针对教师这个职业，而是指出了教师角色在这样一种教育机构中必然面临知识灌输和批判性思维能力培养的矛盾。这样的教育机构作为形而上学传统的培育基地，当然要受到激烈反对形而上学传统的尼采的强烈攻击。尼采对德国教育机构的批评，实际上也切中了我国当前教育体制的弊病，值得我们的教育机构和教师、家长很好地加以思考。

运用"视角论"的方法可以减少认识上的片面性，然而现在处于信息社会，信息铺天盖地而来，我们如何进行判断呢？

尼采虽然没有经历我们现在的信息社会，但是他很清楚人喜欢从对自己有利的视角获取信息，而且人也有惰性，喜欢止于人自己方便接近的视角。这些都是人性的弱点，应该努力加以克服，所以尼采的查拉图斯特拉要教人做"超人"，也就是要超越人自己的局限性，置身事外，超善恶，这样才能在"视角论"的指引下接近认识的真实性。按照孔子的说法，就是"诚则明"。而且孔子十分智慧地说明了"诚"与"明"的互动关系："诚则明矣，明则诚矣。"（《中庸》）对于尼采来说，达到"超人"的境界需要有查拉图斯特拉式的修炼，需要有海纳百川的胸怀：因为人是一条不洁的河，只有成为大海，才能不遭污染，也就是摆脱人性的弱点。在孔子看来，诚意和正心都是和修身紧密关联的。

有人可能认为尼采提倡的是快乐哲学，将他和孔子的道德哲学相提并论，似乎很不合适。其实尼采挑战当时的道德法则，要求重估一

①② ［德］尼采：《人性的，太人性的》（德语版），见《评注版尼采全集》，第2卷，677页。

切价值，意在攻击虚伪的伦理道德，他认为这是基督教文化中的伪善一面所致，所以他对认识的真实性、道德的真实性的追求是无可非议的，尽管他怀疑恒定的真实性，只是试图努力去接近这种真实性。将他和孔子相提并论仅仅是为了说明，在对知识、道德、价值等问题的看法上，不同文化背景的民族和个人实际上都存在着对话和交流的平台。

实际上，尼采对虚伪道德的抨击是击中道德问题的要害的。当道德成为特权阶层和拥有话语权的人用来约束别人、对付别人的专用武器时，便必然显示出它的虚伪性。基督教文化受到尼采的抨击，是因为它的博爱精神与社会中的残酷现实反差太大。孔孟在中国的新文化运动中遭到猛烈冲击，也是因为他们被专制主义者用来作为掩盖他们巧取豪夺丑陋行为的美好面具。

尼采对虚伪道德的批判并没有停留在浅层次上，他同样是将其纳入到他对形而上学思维方式的挑战上。尼采反对把道德变成一门可以演绎的、理性的、必然的科学。在这样的“道德科学”面前，尼采针锋相对地提出了“道德系谱学”，把关于伦理学的探讨引入完全不同的方向。这同福柯后现代主义地对道德与权力，对犯罪、惩戒、性变态等进行系谱分析的出发点是一致的，这就是试图避免那种一味追求起源、目的和本质，只注重简单的因果关系，忽视事物中、人的自我中多元共生的复杂关系的形而上学倾向。正如学者所指出的那样：“福柯将他的《性史》描绘成现代自我的系谱学，德里达则把他的大部分学术研究说成是‘重复了道德系谱学’；两人都求助于尼采的实践和范例。”① 尼采提出的“道德系谱学”可以避免形而上学思维方式在认识的真实性、道德的真实性方面的许多问题，可以对形而上学思维方式传入中国以后过于强调工具理性的简单倾向产生积极的影响。

---

① ［美］盖利·夏皮罗：《翻译，重复，命名：福柯、德里达与〈道德系谱学〉》，见克莱顿·柯尔布编：《作为后现代主义者的尼采》（英文版），39～40页，纽约州立大学出版社，1990。

在此首批《尼采全集》著作出版之际，尤其要感谢中国人民大学出版社的领导和编辑人员，感谢他们的积极支持和辛勤劳动。

杨恒达

2011年9月15日于世纪城

目　　录

第 一 卷

第二卷

第三卷

第四卷

第一卷

查拉图斯特拉的序白

1

查拉图斯特拉30岁①的时候离开他的家乡，以及家乡的湖泊，来到 11
山里。他在这里从精神与孤独中得到享受，乐此不疲地度过了10年时间。但是他的心中终于起了变化，——有一天早晨，他迎着朝霞起床，来到太阳面前，对着太阳如是说：

“你这伟大的天体！假如你没有你所照耀的，你的幸福何在！

10年了，你来到这里，来到我的洞穴：要是没有我，没有我的鹰与蛇，你会慢慢厌倦这光芒、这道路。

但是每天早晨，我们等候你，接受你的丰盈，并为此而祝福你。

瞧啊！我像采蜜太多的蜜蜂一般，对我的智慧感到厌倦，我需要向我伸出的双手。

我想要赠送和分发，直到智者们在人们中间再一次为他们的愚蠢，穷人们再一次为他们的财富而高兴。

为此我必须下山：就像晚上你所做的那样，你下到大海后面，给下面的世界带去光明，你这过于富有的天体！

我像你一样，必须下山，就如人类如此称呼的那样，我将要到他们 12
那里去。

---

① 尼采自称本书为“第五福音书”，书中处处可见《圣经》中，尤其是《圣经》的“福音书”中的一些意象和相似细节的再现。此处可参见《圣经·路加福音》第3章第23节：“耶稣开头传道，年纪约有三十岁”。以下脚注均为译者注，不一一注明。——译者注

那就祝福我吧，你这平静的眼睛，你没有妒忌也可以看见一种太大、太大的幸福！

祝福这将要溢出的杯子吧，让水金子般从中流出，把你祝福的反光带到任何地方去！

瞧！这杯子将再次变空，查拉图斯特拉将再次变人。”

——于是，查拉图斯特拉开始下山。

2

查拉图斯特拉独自下山，没有人遇见他。但是当他走进森林时，突然有一个老人站在他的面前。这老人离开他神圣的茅舍，在森林里寻找树根。老人对查拉图斯特拉如是说：

“我看这位漫游者并不陌生，几年前他经过这里。他叫查拉图斯特拉；但是他已变了模样。

那时候你把你的灰运到山里去：今天你要把你的火带到山谷里吗？你不怕受到对纵火犯的惩罚吗？

是的，我认得出查拉图斯特拉。他的眼睛清纯，他的嘴上也没有隐藏着厌恶。他不是像一个舞者一样来到吗？

查拉图斯特拉变了，查拉图斯特拉变成了孩子，查拉图斯特拉是一个觉醒者：你现在要到睡着的人那里做些什么呢？

你生活在孤独中时，就像在大海里一样，大海负载着你。哦，你想要登上陆地？哦，你想要重新自己拖着你这躯体？”

13 查拉图斯特拉回答：“我爱人类。”

“为什么，”这圣人说，“我到森林里、荒漠里去？不是因为我太爱人类吗？

现在我爱上帝：我不爱人类。在我看来，人类是一种太不完美的东西。对人类的爱会要了我的命。”

查拉图斯特拉回答：“关于爱我说了什么！我要给人类带去一件礼物！”

“什么也不要给他们，”圣人说，“宁可从他们那里拿走点东西，和他们一起分担——对他们来说，此乃最大之善行：只要这于你有益！

即使你要给他们，也不要给得多于一种布施，而且还要让他们为此向你乞求！”

“不，”查拉图斯特拉回答，“我不给施舍。要这样做我还不够贫穷。”

圣人朝查拉图斯特拉笑笑，如是说：“那么你就争取让他们接受你的宝贝吧！他们不信任隐居者，不相信我们前来赠送。

在他们听来，我们的脚步在街上响得太孤独。就像夜间，还在太阳升起以前好久，他们在床上听见一个人走动，于是他们就会自问：那个贼要去哪里？

不要去人类那里，留在森林里吧！宁可到动物那里去！为什么你不想和我一样呢？——一只熊中之熊，鸟中之鸟。”

“那么圣人在森林里干什么呢？”查拉图斯特拉问。

圣人回答：“我作歌、唱歌。我作歌时，便笑啊，哭啊，呢喃啊：我如此赞美上帝。

我以歌唱、哭泣、欢笑、呢喃来赞美上帝，他是我的上帝。可是你给我们带来了什么礼物？”

查拉图斯特拉听到这句话时，便向圣人致意，并且说：“但愿我有什么东西好给你们！可你还是快快让我走开，免得我从你们那里拿走了什 14
么东西！”——于是他们互相分手，这老人和这男人，笑着，笑得和两个男孩子一样。

但是当查拉图斯特拉单独一人时，他对他的内心如是说：“难道这会可能吗？这位老圣人在他的森林里还没有听说，上帝死了！”——

3

当查拉图斯特拉来到靠着森林的那个最近的城市时，他发现市场上聚集了许多人：因为预言说，人们会看到一个走钢丝演员。查拉图斯特拉对众人如是说：

我教你们超人。人是应该被超越的东西。你们做了什么来超越他呢？

一切生物至今都创造了超越自己的东西：你们要做这大潮中的落潮，宁可回到动物那里去，也不愿意超越人类？

对人类来说，猿猴是什么东西？一个笑柄或是一个痛苦的耻辱。对超人来说，人也一样：一个笑柄或是一个痛苦的耻辱。

你们完成了由虫到人的过程，你们身上许多东西仍然是虫。你们曾经是猿猴，现在人比任何一只猿猴更是猿猴。

但是你们当中的最聪明者，也不过是植物与幽灵的矛盾体与共同体。但是我吩咐你们变成幽灵还是植物？

瞧，我教你们超人！

超人是大地的意义。让你们的意志说：超人应是大地的意义！

15 我恳求你们，我的弟兄们，**忠实于大地**，不要相信那些向你们谈论超越大地之希望的人！那是投毒者，无论他们自己知道与否。

那是生命之轻蔑者，垂死者，其本身就是中毒者，大地对他们已经厌倦：所以让他们逝去吧！

亵渎上帝曾经是最大的亵渎，可是上帝死了，这些亵渎者也随之死亡。现在亵渎大地最为可怕，是将不可探究者的内脏看得比大地的意义还高！

灵魂曾经轻蔑地看待躯体：当时这种轻蔑是最高的轻蔑：——它要它消瘦，要它令人厌恶，要它饥饿。灵魂想要因此而逃避了身体和大地。

哦，这灵魂自己还很消瘦、令人厌恶、饥饿：而残忍便是这灵魂的淫欲！

但是我的弟兄们，请对我说：你们的躯体证明你们的灵魂为何物？你们的灵魂不是贫乏、污秽与可鄙的舒适吗？

真的，人是一条污水河。你必须是大海，才能接受一条污水河而不致自污。

瞧，我教你们超人：他便是这大海，你们的伟大轻蔑可以在其中下沉。

你们可能有的最伟大经历是什么？是伟大轻蔑的时刻。在那样的时刻，你们甚至你们的幸福，还有你们的理性和德性，都会使你们感到厌恶。

那时候你们说："我的幸福有何用！它是贫乏与肮脏，以及可鄙的舒适。但是我的幸福应该证明此在本身是合理的！"

那时候你们说："我的理性有何用！它渴望知识不就像狮子渴望食物一样吗？它是贫乏与肮脏，以及可鄙的舒适！"

那时候你们说："我的德性有何用！它还没有使我狂热起来。我多么厌倦我的善和我的恶。所有这一切都是贫乏与肮脏，以及可鄙的 16
舒适！"

那时候你们说："我的正义有何用！我看不出我是炭火与煤炭。但是正义者正是炭火与煤炭！"

那时候你们说："我的同情有何用！同情不就是爱人类者被钉在上面的十字架吗？但是我的同情不是一种钉死在十字架上的刑罚。"

你们已经这样说了吧？你们已经这样喊了吧？啊，我似乎已经听见你们如此喊叫！

不是你们的罪恶——而是你们的知足对天呼喊，甚至是你们罪恶中的吝啬对天呼喊！

用舌头舔你们的闪电何在？必须用来给你们注射的疯狂何在？

瞧，我教你们超人：他便是这闪电，他便是这疯狂！——

查拉图斯特拉这样说罢时，人群中一个人喊道："关于那走钢丝演员，我们已经听得够多；现在让我们也看一看他！"所有人都朝查拉图斯特拉笑。可那个走钢丝演员，他相信那话是对他而发，便开始他的表演。

4

但是查拉图斯特拉看着那些人，很是惊奇。然后他如是说：

人是一根绳索，系在动物与超人之间，——一根悬于深渊之上的绳索。

一个危险的前瞻，一个危险的中途，一个危险的后顾，一个危险的战栗和停留。

人的伟大之处在于，他是一座桥梁而非目的：人的可爱之处在于， 17
他是一个**过渡**，也是一个**沉沦**。

我爱那些不懂得生活的人，假如他们不是沉沦者，那他们就是超越者。

我爱那些伟大轻蔑者，因为他们是伟大的崇敬者，是指向彼岸的渴望之箭。

我爱这样的人：他们不是到星星背后去寻找沉沦和牺牲的理由，而是为大地而牺牲，使大地有一天成为超人的大地。

我爱那为认识而生活的人，他要求认识，为的是有一天会有超人生活。因此他也要求他自己的沉沦。

我爱那为了给超人建造房子，给超人准备好大地、动物和植物而工作、而发明的人：因为这样他也要求他自己的沉沦。

我爱那爱自己德性的人：因为德性是求沉沦的意志和一支渴望之箭。

我爱那不为自己保留一点精神，而要整个地成为自己德性之精神的人：因此他作为精神跨过了桥梁。

我爱那用自己的德性构成自己的嗜好和厄运的人：因此他要为了自己的德性而继续生活，或不再生活。

我爱那不想要有太多德性的人。一种德性比两种德性更是德性，因为它更是连接厄运的纽带。

我爱那种挥霍自己灵魂、不愿意接受感谢、也不回报的人：因为他始终赠与，不要保全。①

我爱这样的人：当骰子落下，给他带来幸运时，他倒感到羞愧，然后他自问，我竟是一个作弊的赌徒吗？——因为他愿意毁灭。

18 我爱那先有金玉良言，后有行动，并且坚持做得比许诺更多的人：因为他想要的是他自己的沉沦。

我爱那为未来者辩解，并拯救过去者的人：因为他愿意作为现在者而毁灭。

我爱那因为爱自己的上帝而惩罚上帝的人：因为他必须在他的上帝发怒时毁灭。

我爱那灵魂即使在受伤害时仍然深沉，而且在一个很平凡的经历中就能毁灭的人：所以他愿意越过桥梁。

我爱那灵魂过于丰富，以致忘却自我，而且集万物于一身的人：所

---

① 参见《圣经·路加福音》第17章第33节："凡想保全生命的，必丧掉生命。凡丧掉生命的，必救活生命。"

以万物变成了他的沉沦。

我爱那具有自由精神和自由心的人：所以他的脑袋只是他的心之内脏，但是他的心却驱使他走向沉沦。

我爱所有那些像沉重的雨点一样一滴滴从乌云中朝人类头顶上落下的人：它们宣告闪电将临，然后作为宣告者毁灭。

瞧，我是闪电的宣告者，是云中的一滴沉重的雨点：但是这闪电名叫超人。——

5

查拉图斯特拉说罢这些话时，重又看着人群，沉默不语。“他们站在那里，”他对自己的心说，“他们在那里发笑：他们不理解我，我无法让他们听我的话。

难道非得先撕去他们的耳朵，让他们学会用眼睛来听话？难道非得像敲鼓和听忏悔的牧师那样叮叮咚咚、絮絮叨叨吗？还是他们只相信口吃者呢？

他们有他们感到骄傲的东西。他们把使他们骄傲的东西叫做什么？ 19
他们称之为教养，这使他们显得比牧羊人突出。

所以他们不愿意听到用‘轻蔑’一词来说他们。那么我就诉诸他们的骄傲。

我要向他们说说最可轻蔑的东西：那就是**最后的人**。”

于是查拉图斯特拉对众人如是说：

是人类为自己确定目标的时候了。是人类种下他最高的希望之芽的时候了。

他的土壤对这样的种植还足够肥沃。但是这土壤有一天会变得贫瘠无力，从中再长不出参天大树。

哦！人类不再把他的渴望之箭抛出，使之越过人类而去，他的弓弦也不再发出呼呼之声，这样的时候正在来临！

我对你们说：你们得包含着混沌，才能生出一颗活蹦乱跳的星星。我对你们说：你们仍然包含着混沌。

哦！人类将不再生出星星的时候来临了。哦！不再能自我轻蔑的最可轻蔑者的时代来临了。

瞧！我让你们看看**最后的人**。

“什么是爱？什么是创造？什么是渴望？什么是星星？”——最后的人问，眼睛一眨一眨。

那时候大地变小了，最后的人在它上面跳跃，他把一切都变小了。他的族类像跳蚤一样消灭不尽；最后的人活得最长久。

“我们发明了幸福”——最后的人说，并眨巴着眼睛。

他们离开了生活艰难的地区：因为他们需要温暖。他们还爱邻人，并同邻人发生摩擦：因为他们需要温暖。

20 在他们看来，生病和不信任是有罪的：他们小心翼翼地走动。一个傻瓜，他绊上了石头或者人！

偶尔来一点毒品：这能使人做美梦。最后是许多毒品：在舒服中死去。

他们仍然工作，因为工作是一种消遣。但是他们留心不让消遣对他们有所损害。

他们变得不再贫穷和富有：两者都很辛苦。谁还想要统治呢？谁还想要服从呢？两者都太辛苦。

没有牧羊人，只有一群羊！① 每人都要平等，每人都平等：谁感觉不一样，谁就自愿到疯人院去。

“从前整个世界都疯了”——最聪明的人说，一边眨巴着眼睛。

他们很聪明，知道发生的一切：所以他们不断地嘲笑。他们仍然互相争执，但不久就言归于好——要不然会伤了肠胃。

他们白天有自己小小的快乐，夜间也有自己小小的快乐：但是他们很关注健康。

“我们发明了幸福”——最后的人说，一边眨巴着眼睛。——

人们称之为“开场白”的查拉图斯特拉的第一次发言到此结束：因

---

① 参见《圣经·约翰福音》第10章第16节：“我另外有羊……并且要合成一群，归一个牧人了。”

为这时候人群的呼喊和欢乐打断了他。“给我们这最后的人吧，哦，查拉图斯特拉！”——他们这样喊——“把我们变成这最后的人吧！我们把超人送给你！”所有人都欢呼着，鼓舌作声。可查拉图斯特拉变得很伤心，他对自己的心说：

“他们不理解我：我无法让他们听我的话。

大概我在山上生活得太久，我倾听了太多的树木与溪流之声：现在我像牧羊人一样对他们说话。

我的灵魂平静，像早晨的山上一样豁亮。可是他们的想法是，我很 21
冷漠，是一个说可怕笑话的讽刺家。

现在他们看着我笑：他们的笑里面带着怨恨。他们的笑寒若冰霜。”

6

但是，这时发生了一件事情，让每个人目瞪口呆。因为在这期间，走钢丝演员开始了他的工作：他从一扇小门里出来，走上绷紧在两个塔楼之间的钢丝，也就是说，钢丝悬在市场和大众头顶上。当他走到钢丝中间时，小门又一次打开，一个色彩斑斓的少年，犹如滑稽演员一般地跳了出来，快步跟在前一个人的后面。“往前去，瘸腿子，”他的可怕声音喊道，“往前去，懒鬼，投机分子，苍白面孔！别让我用脚后跟叫你痒痒吧！你在这两个塔楼之间干什么？你应该在塔里面，应该把你关进去，你挡住了比你更有本事者的去路！”——他每说一个词就走近一点，走近一点：但是当他在后面离前者只有一步之遥的时候，发生了令人吃惊的事情，让每个人目瞪口呆：——他突然像魔鬼一般发出一声喊叫，从挡着他的道的人头上跃过去。而被跃过的那个人看见他的对手如此获得胜利，便头晕目眩，从绳索上掉下来；他扔掉他的平衡杆，而比这更快的是，他像一个由胳膊和腿构成的旋涡一般往下面坠。市场和群众就像暴风雨来临时的大海一样：分崩离析，一浪高过一浪，尤其是那躯体将要坠落的地方。

但是查拉图斯特拉站着不动，躯体就落在他的旁边，面目模糊，肢 22
体破碎，但是还没有死。一会儿以后，这位肢体破碎者苏醒过来，看见查拉图斯特拉跪在旁边。“你在这里干什么？”他终于说话了，“我早就知道魔鬼将对我使绊的。现在他把我拖向地狱：你要阻止他吗？”

“我以荣誉保证，朋友，”查拉图斯特拉回答，“你所说的一切都不存在：没有魔鬼，没有地狱。你的灵魂将比你的躯体死得更快：现在什么也不要再害怕了！”

那人不信任地抬起眼睛看他。“如果你说的是真理，”他然后说，“那么我即使失去生命的话，也是什么都没有失去喽！我不比一只人们又是揍，又是用少量食物喂养来教它跳舞的动物高明多少。”

“可是并非如此，”查拉图斯特拉说；“你把危险作为你的职业，这没有什么好轻蔑的。现在你为了你的职业而毁灭：为此我要亲手将你埋葬。”

当查拉图斯特拉说罢这些话时，垂死者不再回答；但是他动了动手，好像他是在寻找查拉图斯特拉的手，以表示感谢。——

7

这时候天色已晚，市场淹没在黑暗中：人群各自散去，因为连好奇心和惊恐也有疲倦的时候。但是查拉图斯特拉坐在地上的死人旁边，陷入沉思：他因此而忘记了时间。但是最后夜深了，一阵寒风吹过这位孤独者。于是查拉图斯特拉站起来，对自己的心说：

23 “真的，查拉图斯特拉今天干了一次漂亮的捕鱼活！他没有捕到鱼，却捕到了一具尸体。

人的此在令人恐惧，而且毕竟毫无意义：一个滑稽演员就能够把它变成厄运。

我要教给人类他们存在的意义：这就是超人，从人这乌云中射出的闪电。

但是我仍然远离他们，我的意识不能诉诸他们的意识。在那些人看来我不过是介于疯子与尸体之间。

夜色幽暗，查拉图斯特拉的道路幽暗。① 来吧，你这冰冷僵硬的伙伴！我扛上你，到我亲手埋葬你的地方去。”

---

① 参见《圣经·箴言》第4章第19节：“恶人的道好像幽暗，自己不知因什么跌倒。”

8

查拉图斯特拉对自己的心说罢这些话，便将尸体扛到背上，开始上路。他还没有走到一百步，就有一个人悄悄走上前来，对着他的耳朵小声说话——瞧！说话的正是那塔里出来的滑稽演员。“离开这个城市，哦，查拉图斯特拉，”他说，“在这里恨你的人太多了。善者和正直者都恨你，他们称你为他们的敌人和轻蔑者；有真正信仰的信徒都恨你，他们称你为害群之马。你的幸福是，人们朝你发笑：真的，你说话就像一个滑稽演员。你的幸福是，你和这死狗结伴；当你这样降低身份的时候，就今天而言，你倒是救了你自己。可是离开这个城市——要不然，明天我从你头顶上跳过去，一个生者跳过一个死者。”说罢这些话，此人便消失了；而查拉图斯特拉则继续走在黑暗的街道上。

在城门边，掘墓工人遇见了他：他们用火把照亮他的脸，认出了查 24
拉图斯特拉，对他大加挖苦。“查拉图斯特拉背着这条死狗：了不得，查拉图斯特拉变成了掘墓者！因为我们的手太干净，沾不得这肉腥味。查拉图斯特拉想要偷走一口魔鬼的烤肉吗？那么去吧！祝你用餐有好运！但愿魔鬼不是一个比查拉图斯特拉更高明的小偷！——他可是两个人都偷，两个人都吃的！”他们互相嬉笑，把脑袋凑到一块儿。

查拉图斯特拉对此一言不发，只管走他的路。当他走了两个小时，经过森林和沼泽的时候，他听到了太多的狼群的饿嚎，他自己也饿了。所以他停在一所孤零零的房子前，那里亮着灯光。

“饥饿袭击我，”查拉图斯特拉说，“就像一个强盗。在森林和沼泽地里，我的饥饿袭击我，在深深的夜里。

我的饥饿有着怪脾气。经常在我吃过饭后它才来，今天它整天不来：它究竟曾滞留在什么地方？”

说着，查拉图斯特拉上前敲了房子的门。一位老人出现了；他举着灯火问：“谁来找我，弄得我睡不好觉？”

“一个活人和一个死人，”查拉图斯特拉说，“请给我吃的和喝的，我白天忘记了。格言说：招待饥饿者吃饭的人，也给自己的灵魂以活力。”

老人走开去，但是很快就回来，给查拉图斯特拉拿来了面包和酒。

“这里对饥饿者来说是一个糟糕的地方，”他说，“因此我住在这里。动物和人都到我这个隐士这儿来。但是也让你的同伴吃喝吧，他比你还饿呢。”查拉图斯特拉回答：“我的同伴已经死去，我实在无法让他吃喝。”
25 “这跟我无关，”老人阴郁地说，“谁敲我房子的门，谁就得接受我给他的东西。吃吧，祝你们顺利！”——

接下去，查拉图斯特拉又走了两个小时，顺着道路，凭着星光：因为他是一个走惯夜路的人，他喜欢直面熟睡的一切。但是，到天刚破晓时，他发现自己在一片森林的深处，他再看不到有任何道路。于是，他把死人放在一个有头部那么高的树洞里——因为他要防止狼来吃他——他自己就躺在地上的苔藓上。他马上就睡着了，疲倦的躯体，但是却有着一颗平静的灵魂。

9

查拉图斯特拉睡了很长时间，不仅曙光，而且上午，都已从他脸上爬过。可是最后，他的眼睛终于睁开了：查拉图斯特拉惊奇地往森林和寂静中看去，又惊奇地看到自己内心里。然后他像一个突然看到陆地的航海家一样，迅速站起身，欢呼起来：因为他看见一个新的真理。于是他对自己的心如是说：

“我明白了：我需要同伴，活的同伴——不是死的同伴和我想去哪里都随身背上的尸体。

我需要的是活的同伴，他们跟随我，因为他们要跟随自己——前往我要去的地方。

我明白了：查拉图斯特拉不应该对众人说话，而应该对同伴说话！查拉图斯特拉不应该成为一群羊群的牧羊人和牧犬！

26 诱惑许多羊离开羊群——我为此而来。众人和羊群会冲我发怒：查拉图斯特拉要把强盗称作牧羊人。

我说牧羊人：可他们却自称为善者与正义者。我说牧羊人，可他们却自称为有真正信仰的信徒。

瞧这些善者与正义者！他们最恨的是谁？是破坏他们的价值版的人[①]，

① 指的是摩西。参见《圣经·出埃及记》第32章。

是破坏者，是罪犯——可那正是创造者。

瞧那些所有信仰的信徒！他们最恨的是谁？是破坏他们的价值版的人，是破坏者，是罪犯——可那正是创造者。

创造者寻找的是同伴而不是尸体，也不是羊群和信徒。创造者寻找的是共同创造者，他们把新的价值写在新的版上。

创造者寻找的是同伴和共同收获者：因为在他那里，一切都已成熟，等待收获。但是他还少一百把镰刀：所以他成把、成把地拔去麦穗，十分生气。①

创造者寻找的是同伴和那些懂得磨快镰刀的人。人们将称他们为毁灭者和对善恶的轻蔑者。可他们却是收获者和欢庆者。

查拉图斯特拉寻找的是共同创造者，查拉图斯特拉寻找的是共同收获者和共同欢庆者：他和羊群、牧羊人和尸体有何关系！

而你，我的第一位同伴，安息吧！我把你妥善埋葬在这树洞里，我已把你藏得好好的，不会受到狼的侵害。

但是我要向你告别，时间到了。在曙光和曙光之间，我得到了一个新的真理。

我不应该做牧羊人，不应该做掘墓人。我一次也不愿再同众人说话；我同一个死人说话，这也是最后一次。

我要同创造者、收获者、欢庆者结伴：我要让他们看看彩虹和超人的全部阶梯。

我将向隐士和双重的隐士唱我的歌；谁还有耳朵听不曾听过的东西， 27
我就要给他的心里沉甸甸地装上我的幸福。

我要达到我的目的，我走我的路；我将跃过犹豫者和迟疑者。那么但愿我的路成为他们的沉沦之路！”

10

查拉图斯特拉对自己的心说罢这些话，已是太阳高照的正午时分了：

---

① 参见《圣经·马太福音》第 9 章第 37 节：耶稣“对门徒说，要收的庄稼多，作工的人少”。

他探询似的向高处望去——因为他听到自己头顶上一只鸟的尖锐叫声。瞧！一只雄鹰在空中划着硕大的圈子翱翔，它身上悬着一条蛇，不像是捕获物，却像是一位女友，因为它用身子缠绕着它的脖子。

“这是我的动物！”查拉图斯特拉说，从心底里感到高兴。

太阳底下最高傲的动物和太阳底下最聪明的动物——它们是出来侦察的。

它们要想知道，查拉图斯特拉是否还活着。真的，我还活着吗？

我发现在人类中间比在动物中间更危险，查拉图斯特拉走着危险的道路。让我的动物给我引路吧！

当查拉图斯特拉说罢这些话时，他想起了森林里那位圣人的话，叹了口气，于是对自己的心如是说：

“我希望我更加聪明！我希望我从根本上就是聪明的，像我的蛇一样！

但是我要求了不可能的事情：所以我就要求我的高傲，让它始终和我的智慧同行！

28 如果有一天我的智慧离开了我：——啊，它喜欢离我而去！——那么就让我的高傲同我的愚蠢一起飞行！”

——查拉图斯特拉的沉沦就此开始。

查拉图斯特拉的言论

关于三种变形

我向你们说出精神的三种变形：精神如何变骆驼，骆驼如何变狮子， 29
最后狮子如何变小孩。

精神，忍辱负重的强健精神，有许多重负：其强健渴望重的和最重的负担。

何为重？负重的精神如是问，如骆驼一般跪下，要满载十足的重量。

何为最重，你们这些英雄们？负重的精神如是问：我承载得起，并为我的强健而高兴。

自贬以刺痛自己的高傲，显出愚钝以嘲弄自己的智慧，难道不是如此吗？

或者是：告退于我们的事业庆祝胜利之时？登上高山而给予诱惑者以诱惑①？

或者是：以食知识之果、知识之草为生，为真理而遭受灵魂之饥饿。

或者是：生病却把安慰者打发回家，而结交永远听不见你想要什么

---

① 参见《圣经·马太福音》第 4 章第 1—9 节："当时耶稣被圣灵引到旷野，受魔鬼的试探……魔鬼又带他上了一座最高的山，将世上的万国与万国的荣华，都指给他看，对他说，你若俯伏拜我，我就把这一切都赐给你。"

的聋子？

或者是：假如脏水是真理之水，就跨入其中，而不拒绝冷冰冰的青蛙、热烘烘的蟾蜍？

30 或者是：爱那些轻蔑我们的人，向想要使我们敬畏的鬼魅伸出手去？

负重的精神将所有这些最重的东西担负于身：像满载的骆驼匆匆走入沙漠一样，它匆匆走入它的沙漠。

但是，在最寂寞的沙漠中，发生了第二次变形：精神在这里变成了狮子，它要争得自由，统治它自己的沙漠。

它在这里寻求最终的主人：它要敌对于他，敌对于它最终的神，它要与巨龙一争高低。

精神不再喜欢称之为主人和上帝的那条巨龙是什么呢？那条巨龙叫做“你应该”。然而狮子的精神说“我要”。

“你应该”，一条长着鳞甲的动物，金光闪闪，躺在它的路上，每一个鳞片上都闪烁着“你应该”的金色字样。

这些鳞片上闪烁着千年的价值，所有龙之中最强大者如是说：“万物的一切价值——在我身上闪烁。”

“一切价值都已创立，一切创立的价值——那便是我。真的不应该再有‘我要’了！”巨龙如是说。

我的兄弟们，需要精神的狮子来做什么呢？那忘我而忍辱负重的动物难道已不够用了吗？

创立新的价值——甚至连狮子也还做不到：但是为自己创立新的创立的自由——这却是狮子力所能及。

为自己创立自由，在义务面前说一个神圣的“不”字：我的兄弟们，需要狮子来做到这一点。

获取创立新价值的权利——这对于一个忍辱负重的精神来说是最可怕的行为。真的，这对它来说，是一种攫取和一种猛兽行为。

31 它曾经爱“你应该”为最神圣之物：现在它不得不在最神圣之物里找到疯狂和专横，从而它可以从它的爱中攫取自由：需要狮子来实现这种攫取。

可是，你们说啊，我的兄弟们，小孩还能不能做连狮子都不能做的事情呢？猛兽狮子为何还不得不变成小孩呢？

小孩是无辜与遗忘，一个新的开端，一场游戏，一个自转的轮子，一个最初的运动，一个神圣的肯定。

是的，我的兄弟们，做创造的游戏，需要一个神圣的肯定：精神现在要有它自己的意志，丧失世界者赢得了自己的世界。

我向你们说出了精神的三种变形：精神如何变骆驼，骆驼如何变狮子，最后狮子如何变小孩。——

查拉图斯特拉如是说。而当时，他停留在叫做彩牛的城里面。

关于美德的讲坛

32 人们向查拉图斯特拉赞美一位智者，此人善于谈论睡眠与美德：他因此而大受尊敬与赞扬，所有少年都会坐到他的讲坛前。查拉图斯特拉到他那里去，和所有少年们一起坐在他的讲坛前。于是智者如是说：

尊敬睡眠，在睡眠面前羞怯吧！这是第一位的事情！避开所有那些睡眠不好、夜间清醒的人吧！

窃贼尚且在睡眠面前羞怯：他总是在黑夜间悄悄溜走。然而守夜人是无耻的，无耻地拿着他的号角。

睡眠不是微不足道的艺术：必须在整个白昼清醒，才有晚上的睡眠。

你不得不白日里自我克制十次：这造成一种十足的疲劳，是麻醉灵魂的罂粟花。

你不得不一再地自我宽恕十次；因为克制便是痛苦，不宽恕便睡不好觉。

你不得不白日里发现十条真理：要不然，你夜里还寻求真理，你的灵魂便饥肠辘辘。

你不得不白日里爽朗地大笑十次：要不然，这痛苦之父的胃，就在夜里让你不得安宁。

很少人知道这一点：可是人们不得不拥有全部美德，以便睡好觉。我将作假见证吗？我将犯奸淫罪吗？

33 我将贪恋我邻家的侍婢吗？① 这一切都与好的睡眠不相协调。

即使你有了全部的美德，你还得善于做一件事：在适当的时候也让

---

① 参见《圣经·出埃及记》第20章第14—17节："不可奸淫……不可作假见证陷害人。不可贪恋人的房屋，也不可贪恋人的妻子、仆婢、牛驴，并他一切所有的。"

美德去睡眠。

让它们不至于相互争吵，这些小乖乖女！而且是为了你，你这苦命人！

和上帝与邻人和睦相处：好的睡眠有这般意愿。也与邻人的魔鬼和睦相处！要不然，它就在夜间来你这里作祟。

敬重权威，服从，甚至服从瘸腿的权威！好的睡眠有这般意愿。权力喜欢瘸腿走路，我有什么办法呢？

在我看来，将自己的羊领到最郁郁葱葱的河谷草地去的，始终是最好的牧羊人：这才和好的睡眠相协调。

我不要许多荣誉，也不要巨大财富：那使脾脏发炎。但是没有一个美名与一笔小财富就睡不好觉。

一个小小的聚会比一个令人不快的聚会更受我的欢迎：可是它必须在适当的时候举行。所以就要有良好的睡眠。

甚至精神贫困者也让我很喜欢：他们促进睡眠。尤其如果人们总是同意他们的意见，他们就有福了。

于是在有德者那里，白昼流逝。现在黑夜来临，我就是避免召唤睡眠！它是不要被召唤的，这美德的主人——睡眠！

可是我思索起白日之所为、白日之所思。我扪心自问，像一头母牛一般耐心：你的十次克制是哪一些？

十次宽恕、十条真理、十次心安理得的笑是哪一些？

如此思考着，被四十种念头摇晃着，作为不速之客的睡眠，这美德 34
的主人，一下子侵袭到我头上。

睡眠敲打我的眼睛，眼睛就变得沉重。睡眠触摸我的嘴巴，嘴巴就张开着。

真的，这位窃贼中的最乖巧者，它蹑手蹑脚地来到我跟前，偷走了我的思想：我木呆呆地站在那里，就像这个讲坛。

可是当时我站不了多久：便已躺下。——

查拉图斯特拉听到智者如是说，便在心中窃笑：因为这时候他明白过来。他对自己的心如是说：

在我看来，那位有四十个念头的智者是一个傻瓜：但是我相信，他一定善于睡眠。

谁住在这位智者的附近，是幸运的！这种睡眠有传染性，它还能透过厚厚的墙壁来传染。

在他的讲坛里甚至有一种魔法。少年们并非徒劳地坐在美德的布道者面前。

他的智慧意味着：清醒是为了安睡。真的，如果生活没有意义，如果我得选择胡说八道，那么我觉得这就是最值得选择的胡说八道了。

现在我很清楚地懂得了，以前人们寻求美德的教师时尤其是在寻求着什么。人们在寻求安睡与促进安睡的罂粟花！

对讲坛上被赞美的所有这些智者来说，智慧就是无梦的睡眠：他们不知道生活还有什么更妙的意义。

甚至今天也还有几个像这位美德的布道者一样的人，而且还不总这么诚实：可是他们的时日已经过去。他们再也站不了多久：他们已经躺下。

这些昏昏欲睡者有福了：因为他们不久就该打盹儿了。——

查拉图斯特拉如是说。

关于背后世界的人

甚至查拉图斯特拉也曾经像所有背后世界的人一样，将他的幻想扔到 35
了人类的彼岸。那时在我看来，世界就像是一个受痛苦折磨的上帝之作品。

那时候在我看来，世界就像是梦，像是一位神的诗；一位不知满足的神眼前的彩色烟幕。

善恶、苦乐、你我——在我看来，全都是造物主眼前的彩色烟幕。造物主要将目光从自己身上移开，——于是他创造了世界。

对于受苦受难者来说，不看自己的痛苦，迷失自我，是醉的欣喜。我曾经以为，世界便是醉的欣喜和迷失自我。

这世界，这永远不完美的世界，一个永恒矛盾的映像、不完美的映像——对于其不完美的造物主来说，一种醉的欣喜：——我曾经以为，世界便是这样。

于是，我也曾经像所有背后世界的人一样，将我的幻想抛到了人类的彼岸。真的抛到了人类的彼岸吗？

啊，你们这些兄弟们，我创造的这位上帝，像所有的神祇一样，是人类的作品、人类的疯狂！

他曾经是人，只不过是人和自我的一块可怜的残片：对我来说，是出自自我的灰烬与炭火，这幽灵，真的，在我看来，他不属于彼岸！

我的兄弟们，当时发生了什么事情？我克服了自我，这受苦受难者， 36
我把我自己的灰运到山里，我为自己发明了一种更明亮的火焰。瞧！那幽灵和我相**分离**！

相信这样的幽灵，现在在我看来是痛苦，是对大病初愈者的折磨：现在他对我来说是痛苦和羞辱。我对背后世界的人如是说。

他曾是痛苦与无能——这造就了所有背后世界的人；以及那短暂的幸福中的疯狂，这只有最痛苦的人才能体会到。

是那种想要一蹴而就的疲乏，要命的一蹴啊，一种可怜而无知的疲乏，连要都懒得再要：是它创造了所有的神祇和背后世界。

我的兄弟们，相信我吧！这是对身体绝望的身体，——它用鬼迷心窍的手指触摸最后的墙壁。

我的兄弟们，相信我吧！这是对大地绝望的身体，——它听到存在之腹的诉说。

这时候它要带着脑袋一起通过最后的墙壁，不仅仅带着脑袋，——到那“彼岸世界”去。

可是，“彼岸世界”是人类完全看不见的，那个去人性化的、非人性的世界，它是一个上天的无；而存在之腹除非作为人类，是完全不会对人类说话的。

真的，一切存在都是很难证明、很难让它发言的。你们这些兄弟们，告诉我，难道不是万物中最奇特的事物最好证明吗?

是的，这个自我，以及自我的矛盾和纷乱，最正直地谈论自己的存在，这创造中、要求中、评判中的自我，它是万物的尺度和价值。

而这最正直的存在，这自我——甚至在虚构、如痴如醉地谈论、用折断的翅膀拍击的时候，它还谈论身体，要求身体。

那自我，它总是学着越来越正直地谈论：而越学习，它便越有更多的话语来谈论身体和大地，越是尊敬身体和大地。

37 我的自我教我一种新的高傲，我将这种高傲教给人们：——不再将脑袋埋在天国之物的沙里，而是自由地扛着它，一个创造了大地之意义的大地脑袋！

我教人们一种新的意志：要求走人类盲目地走过的道路，认可它，不再像病人和将死的人那样悄悄从这道路上溜到一边去！

是病人和将死的人蔑视身体和大地，发明出天国及救赎之血滴[1]：可

---

① 参见《圣经·彼得前书》第1章第19节：“乃是凭着基督的宝血，如同无瑕疵无玷污的羔羊之血。”

是甚至连这些甜蜜而不祥的毒药，他们也是取自身体和大地！

他们要逃离他们的苦难，而星星却离他们太远。这时候他们叹息道："哦，可惜没有上天之路，悄悄带你到另一种存在和幸福之中！"——于是他们就为自己发明了他们的花招和小小的血腥饮料！

现在他们误以为自己脱离了自己的身体和这大地，这些忘恩负义者。可是，他们要将他们超脱时的痉挛和快感归功于谁呢？是他们的身体和这大地。

查拉图斯特拉对病人很温和。真的，他并不对他们自我安慰的方式和忘恩负义的方式感到愤怒。但愿他们成为痊愈者和克制者，为自己创造出更高级的身体！

查拉图斯特拉甚至对依恋不舍地目送着自己的妄想、半夜三更自己在上帝墓边默默转悠的痊愈者也不感到生气：可是在我看来，痊愈者的眼泪仍然是病和有病的身体所致。

在从事虚构和寻求上帝的人中间，总是有许多病人；他们极其仇恨认知者，仇恨最新的美德，这美德就是：正直。

他们总是回头望着黑暗的时代：那时候，妄想和信仰无疑是另一回事；理智的癫狂是同上帝的相似，怀疑是罪恶。

我太了解这些和上帝相似的人了：他们要求被相信，而怀疑便是罪恶。我也太知道他们自己最相信什么。

真的，不是相信背后世界和救赎之血滴：而是连他们也最相信身体， 38
他们的身体对他们来说，便是他们的自在之物。

可是他们的身体对他们来说是有病之物：他们很想脱颖而出。因此他们倾听宣教死亡的布道者，自己也宣教背后世界。

我的兄弟们，更爱好倾听健康身体的声音吧：这是一种更正直、更纯粹的声音。

健康的身体、完美而方正的身体更正直、更健康地谈论：它谈论大地的意义。

查拉图斯特拉如是说。

关于身体的蔑视者

39 我有话要对身体的蔑视者说。我希望他们不用改变学习和教学，而只要向他们自己的身体告别——从而三缄其口。

“我是身体和灵魂”——小孩子如是说。而为什么人们不应该像小孩子一样说话呢?

可是，清醒者、智者说：我完全是身体，此外什么也不是；灵魂只是身体上某一部分的名称。

身体是一个大理性，是一种意义的多样性，是战争与和平，羊群与牧羊人。

你的小小理性也是你身体的工具，我的兄弟，你称之为“精神”，你的大理性的一件小小工具与玩具。

你说“我”，并为这个词感到骄傲。可是，你不想要相信，还有更伟大的东西是，——你的身体和你的大理性：它不言“我”，而行“我”。

感官之感觉，精神之认识，本身绝无尽头。可是，感官和精神想要说服你，它们是万物的终端：它们如此虚荣。

感官和精神是工具和玩具：在它们背后还有“自己”。“自己”也用感官的眼光来搜寻，用精神的耳朵来倾听。

40 “自己”始终倾听和搜寻：它比较、战胜、征服、摧毁。它统治，甚至是“我”的统治者。

在你的思想和感情背后，我的兄弟，站立着一位强大的统治者，一位无名的智者——名叫“自己”。他居住在你的体内，他就是你的身体。

在你的体内，比你的最佳智慧中，有更多的理性。究竟谁知道为什么你的身体恰恰需要你的最佳智慧呢?

你的“自己”嘲笑你的“我”及其高傲的跳跃。“这些思想的跳跃和飞行对我来说算是什么呢?”它自言自语，“是舍近求远达我目的的方法。我是牵引‘我’的绳索，是其观念的教唆者。”

“自己”对“我”说：“在这里感受痛苦吧!”于是它就痛苦，并思考着它如何不再痛苦——而且它就是**该**想想这个问题。

“自己”对“我”说：“在这里感受快乐吧!”于是它就高兴，并思考着它如何经常高兴——而且它就是**该**想想这个问题。

对于身体的蔑视者，我有一句话要说。是他们的敬重造成了他们的轻蔑。创造了敬重、轻蔑、价值、意志的是什么呢?

从事创造的“自己”为自己创造了敬重与轻蔑，它为自己创造了快乐与痛苦。从事创造的身体为自己创造了精神，作为其意志之手。

即使是你们的愚蠢和轻蔑，你们这些身体的蔑视者，也是为你们的“自己”服务的。我告诉你们：你们的“自己”本身要求死亡，抛下生命而去。

它不再能够做它最愿意做的事情：——超越自己而创造。那是它最想要的，那是它的全部热情。

但是，现在它做这事已经太晚：——于是你们这些身体的蔑视者啊，你们的“自己”要求毁灭。

你们的“自己”要求毁灭，所以你们变成了身体的蔑视者！因为你 41
们不再能够超越自己而创造。

所以你们现在迁怒于生命与大地。在你们那种轻蔑的白眼中，有一种无意识的嫉妒。

我不走你们的路，你们这些身体的蔑视者！对我来说，你们不是通往超人的桥梁！——

查拉图斯特拉如是说。

关于欢乐与激情

42 我的兄弟，如果你有一种美德，而且这就是你自己的美德，那你就不要和任何人共同拥有它。

当然，你要叫它的名字，和它亲热一番；你要扯扯它的耳朵，和它闹着玩一玩。

那么你瞧！现在你和大众共同拥有它的名字，和你的美德一起变成了芸芸众生！

你最好说："使我灵魂既痛苦又甜蜜，并且还是使我内脏饥饿的东西，是无法表述的、无名的。"

让你的美德清高得使以任何名称来亲近它都成为不可能吧：如果你不得不谈起它，那你就不要羞于为它张口结舌。

所以你就这样结结巴巴地说："这是我所爱的**我自己**的善，所以，它使我全心全意地喜欢，我只想要这样的善。

我不要它作为一位神的法则，我不要它作为一种人的章程和人的生计所需：对我来说，它不应该是指向大地之上、指向天堂的路标。

它是一种我所爱的世俗美德：其中没有什么智慧，最缺的便是所有人的理性。

可是这只鸟在我这里筑起了鸟巢：我因此而爱它，拥抱它，——现在它就伏在我这里的金蛋上。"

所以你应该张口结舌来赞美你的美德。

43 你曾经有过激情，并称之为恶。可是现在你只有你的美德：这些美德出自你的激情。

你让这些激情关注你的最高目标：于是它们变成了你的美德与欢乐。

虽然你属于性情暴躁的一族，或者属于淫乐者或狂热信徒或一心复仇的人：

但是最终你的全部激情变成了美德，你的全部魔鬼变成了天使。

你在你的地窖里曾经有过狂犬：但是它们最终变成了鸟类和迷人的歌唱家。

你用毒药为自己制成了香脂；你的痛苦便是你挤奶的奶牛，——现在你饮下了从它乳房挤出的甜奶。

除非从你美德间的争斗中滋生的恶，今后不再有恶从你那里滋生出来。

我的兄弟，如果你很幸运，那你就只有一个美德，仅此而已：这样你更容易从桥上过去。

有很多美德固然让你脸上增光，却是命途多舛；有些人走到沙漠里，结果了自己，就因为厌倦了成为美德之间的争斗和美德的战场。

我的兄弟，莫非战争和争斗是恶？可是这种恶是必然的，在你的美德中，妒忌、猜疑、诽谤都是必然的。

瞧，你的每一个美德都是如何有着最高的贪欲：它要你的全部精神都成为**它的**先行者，它要求拥有你愤怒与爱憎中的全部力量。

每一个美德都妒忌另一个美德，妒忌是一件可怕的事情。甚至美德也能死于妒忌。

为妒忌之火围绕的人，最终会像蝎子一样，将毒刺蜇向自己。

啊，我的兄弟，你还从没见过一个美德自我诽谤，自我刺蜇的吗？ 44

人类是某种必然要被超越的东西：所以你应该爱你的美德，——因为你将因这些美德而死去。——

查拉图斯特拉如是说。

关于苍白的罪犯

45 你们这些法官和祭祀者，你们不想在动物低头以前杀戮吗？你们瞧，苍白的罪犯低下了头：他眼中的伟大轻蔑说话了。

“我的‘我’是应该被超越的东西：我的‘我’对我来说，是对于人类的伟大轻蔑”：这眼睛里有话如是说。

他做了自我判断，这是他最崇高的时刻：不要让崇高者重新回到他的卑下中！

对于为自己吃苦的人，除非从速死去，无有任何救赎。

你们这些法官，你们杀人应该是一种同情，而非复仇。而当你们杀人的时候，你们要留意为生命辩护！

你们和你们杀死的人和解是不够的。让你们的悲哀成为对超人的爱吧：这样你们才为你们的幸存做出了辩解！

你们应该说“敌人”，而不是说“恶棍”；你们应该说“病人”，而不是说“无赖”；你们应该说“傻瓜”，而不是说“罪人”。

而你，红色的法官，如果你要大声说出你在思想中所做的一切：那么每个人都会喊叫：“这垃圾和有毒的爬虫，滚开！”

46 可是思想是一回事，行为是一回事，行为的映像又是一回事。因果之轮不在它们之间转动。

一个映像使这个苍白之人苍白。在他做出行为的时候，他和他的行为是相匹配的：但是在他做出行为的时候，行为的映像却使他承受不了。

他始终将自己看作一个行为的执行者。我称之为疯狂：在他身上，特例颠倒为本质。

抚摩使母鸡着迷；他做的蠢事使他的弱智着迷——我称之为事后的疯狂。

你们这些法官听着！还有另一种疯狂：而那是在事前。啊，你们还没有足够深入地爬到我这灵魂里！

红色的法官如是说："为什么这个罪犯杀了人？他是要抢劫。"可是我告诉你们：他的灵魂需要的是血，而不是赃物：他渴望刀的幸福！

可是他可怜的理性不理解这种疯狂，它说服他。"血有什么要紧的！"它说，"你难道不想至少就此做一次抢劫？报复一下吗？"

他听从了他可怜的理性：它的话如铅块一般压在他头上，——于是他杀人时进行了洗劫。他不想为他的疯狂感到羞愧。

而现在，他的负疚之铅块又压在他的头上，他可怜的理性重又如此死板、如此麻痹、如此沉重。

如果他只要能够摇头，他的重负就会掉落：可是谁摇这个头呢？

这个人是什么呢？一堆通过精神朝世界蔓延的疾病：所以它们想要有它们的猎取物。

这个人是什么呢？一堆很少相安无事的猛蛇，——它们各自走开，到世上寻找猎物。

你们看这可怜的身体！这可怜的灵魂向自己说明了身体的痛苦与渴 47
望，——它将此解释为杀人的欲望和对刀的幸福之贪欲。

谁现在得了病，时下的恶便落到他头上：他要用使他痛苦的东西来使人痛苦。可是曾经有过其他的时代，有过一种别的善恶。

怀疑曾经是恶，"自己"意志曾经也是恶。当时病人变成了异教徒，变成了女巫：他作为异教徒和女巫而受苦，也要让人受苦。

可是你们的耳朵听不进去这个：这会损害你们中间的好人，你们告诉我。可是你们的好人同我有何相干！

你们的好人身上有许多东西使我厌恶，真的，使我厌恶的并非他们的恶。我想要让他们有一种疯狂，让他们像这个苍白的罪犯一样死于这种疯狂！

真的，我想要让他们的疯狂叫做真理或者忠诚或者正义：可是他们有自己的美德，为的是长寿和苟且偷生。

我是大河边的栏杆：谁能抓住我，就请抓住我吧！不过我不是你们的拐杖。——

查拉图斯特拉如是说。

关于读写

在一切书写中，我只爱一个人用自己的血写下的东西。用血书写吧： 48
你将体验到血是精神。

理解陌生的血，也许不太容易：我恨无所事事而读书的人。

了解读者的人不为读者做更多的事情。读者再过一个世纪——而精神本身却将腐烂发臭。

每个人都可以学习读书，这在长期中不仅败坏了书写，而且损害了思想。

精神曾经是上帝，然后它变成了人，现在它竟然变成了乌合之众。

用血和格言书写的人是不要被人阅读，而是要被人背诵的。

在山里，最近的捷径是从一座山峰到另一座山峰：可是为此你得有长腿。格言应该是山峰：那些被对话的人应该又高又大。

空气稀薄而又纯净，危险近在咫尺，精神充满一种快乐的恶意：相互间配合如此默契。

我要有小精灵在我周围，因为我很勇敢。吓走鬼神的勇气本身就创造出小精灵，——勇气要求嘲笑。

我的感觉不再和你们的相同：我在脚下看到的这云，我嘲笑的这沉 49
甸甸的乌云，——这正是你们的雷雨云。

如果你们渴望提升，你们就看上面。而我则看下面，因为我已经被提升。

你们当中有谁既能笑，同时又能被提升呢?

谁登上最高的山，谁就嘲笑所有游戏的悲哀和认真的悲哀。

勇敢、无所谓、嘲讽、残暴——这就是智慧所要求于我们的：它是一个女人，始终只爱一个武士。

你们对我说："生命难于承受。"可是为什么你们会早晨清高而夜晚屈从呢？

生命难于承受：可是不要在我面前装作如此温柔的样子！我们全部都是好样的雌雄驮驴。①

我们和玫瑰花蕾有什么共同之处呢？它因为有一滴露水躺在自己身上就颤抖起来。

真的：我们热爱生命，不是因为我们习惯于活命，而是因为我们习惯于爱。

爱中总是有某种疯狂。但是疯狂中始终还有某些理性。

而在我这个爱好生命的人看来，蝴蝶、肥皂泡以及人类中的类似物似乎最懂得幸福。

看到这些轻飘、愚蠢、纤小、动人的小精灵翩翩飞翔——这诱使查拉图斯特拉流下了眼泪，又唱起歌来。

我应该只相信一个懂得跳舞的神。

而当我看见我的魔鬼时，我发现他认真、彻底、深刻、庄严：这是重力之神，——万物因他而下落。

人们不是以愤怒，而是以笑杀戮。来吧，让我们杀死重力之神！

50 我学了走路：从此我让自己奔跑。我学了飞行：从此我不需要被推一下才挪动地方。

现在我很轻，现在我飞行，现在我看见我下面的我，现在一个神在我浑身上下跳舞。

查拉图斯特拉如是说。

---

① 参见《圣经·马太福音》第21章第5节："看哪，你的王来到你这里，是温柔的，又骑着驴，就是骑着驴驹子。"

关于山上的树①

查拉图斯特拉的眼睛看到，一个少年在回避他。而当他一天晚上独 51
自从那个叫“彩牛”的城市周围的山中走过的时候：瞧啊，他当时在行走中发现这个少年靠在一棵树上坐着，向山谷里投去疲倦的目光。查拉图斯特拉抓住那少年靠着坐的那棵树，如是说：

“如果我想要用我的双手摇撼这棵树的话，我该是做不到的。

但是，我们看不见的风却折磨它，随心所欲地把它刮得歪歪扭扭。我们最糟糕地受到无形双手的扭曲与折磨。”

于是少年惊愕地站起来说：“我听到查拉图斯特拉的声音，我刚才还想到他。”查拉图斯特拉回答说：

“你为什么为此而惊讶？——人和树的情况是一样的。

他越是要到高处、光明处，他的根就越是猛烈地伸向大地中，越是向下，越是进入到黑暗中、进入到深处，——进入恶的里面。”

“甚至进入恶的里面！”少年喊道，“你怎么可能发现我的灵魂呢？”

查拉图斯特拉笑言道：“有些灵魂人们永远发现不了，除非人们首先将其发明出来。”

“甚至进入恶的里面！”少年再次喊道。 52

“你说出了真理，查拉图斯特拉。自从我要到高处以来，我就不再相信自己，也没有人再相信我，——可这是怎么发生的呢？

我改变得太快：我的今天驳斥了我的昨天。当我攀登的时候，我经

---

① 参见《圣经·约翰福音》第1章第48节：耶稣对拿但业说：“……你在无花果树底下，我就看见你了。”关于本节中查拉图斯特拉与少年的谈话，参见《圣经·马太福音》第19章中耶稣与少年的谈话。

常跳过一些台阶，——没有一个台阶因此而原谅我。

我在上面的时候，发现我自己总是孤零零的。没有人同我说话，孤独的冰霜使我颤抖。我究竟要在高处干什么呢?

我的轻蔑和我的渴望结伴增长；我攀登得越高，我越是蔑视登高的人。他究竟要在高处干什么?

我多么为我的攀登和踉跄感到羞愧！我如何嘲弄我的气喘吁吁！我何等憎恨那飞行者！我在高处真累!”

少年至此缄口不言。查拉图斯特拉打量他们站立其旁的那棵树，如是说道：

“这棵树孤独地站立在这里的山上；它高高在上地生长，凌驾于人与动物之上。

如果它要说话，它不会遇到能理解它的人：它生长得如此之高。

现在它等了又等，——可它在等什么呢? 它住得离云的所在太近：它一定在等第一道闪电?”

当查拉图斯特拉说出此话时，少年以强烈的表情喊道：“是啊，查拉图斯特拉，你说出了真理。当我要向高处走的时候，我渴望着我的毁灭，而你就是我等待的闪电！瞧，自从你出现在我们这里，我还算是什么呢? 是我对你的**嫉妒**摧毁了我!”——少年如是说，痛哭流涕。可是查拉图斯特拉用手臂搂住他，引他同自己一起走开。

53 当他们一起走了一会儿之后，查拉图斯特拉开始如是说：

这撕碎了我的心。你的眼神比你的言辞更好地告诉了我你所有的危险。

因为你还不自由，所以你还要追求自由。你的追求使你彻夜不眠，过于清醒。

你要到自由自在的高处，你的灵魂渴望着星星。可是甚至你糟糕的本能冲动也渴望自由。

你的野狗要求自由；当你的精神致力于废除所有的监狱时，它们在地窖里快乐地吠叫。

在我看来，你仍然是为自己虚构出自由的囚犯：啊，在这样的囚犯那里，灵魂变得聪明，但也变得奸诈和恶劣。

精神得到解放的人仍然不得不洗心革面。他身上仍留有许多监狱的东西和污垢：他的眼光仍需要变得纯净。

是的，我了解你的危险。但是凭着我的爱和希望，我恳求你：不要抛弃你的爱和希望！

你仍然感觉自己很高贵，其他怨恨你、向你投来恶意眼光的人也仍然感觉你很高贵。要知道，对于所有人来说，都有一个高贵者挡着他们的道。

一个高贵者甚至挡好人的道：即使好人们也把他称作一个好人，他们也是要以此来把他弄到一边去。

高贵者要创造新的事物，和一种新的美德。好人要古老的东西，要求古老的东西始终得到保留。

高贵者变成好人，并不是高贵者的危险，危险的是他变成了一个狂妄者、一个讥讽者、一个毁灭者。

啊，我了解丧失了其最高希望的高贵者。而这时，他们诽谤一切崇高的希望。

这时他们无耻地生活在短暂的欢乐中，过一天算一天。

“精神也是淫欲”——他们如是说。这时候，他们的精神折断了翅 54
膀：这时它四处爬行，在咬啮中弄得一片狼藉。

他们曾经想成为英雄：可现在却是荒淫之徒。对他们来说，英雄便是一种伤心和恐惧。

可是凭着我的爱和希望，我恳求你：不要在你的灵魂中抛弃英雄！神圣地维护你的最高希望！——

查拉图斯特拉如是说。

关于死亡说教者

55 有死亡说教者的存在：因为大地充满了这样一些人，他们需要接受决绝生命的说教。

大地充满了多余的人，生命遭到太多太多人的败坏。但愿有人用“永生”引诱他们离开此生！

“黄颜色”：人们这样称呼死亡说教者，或者称之为“黑颜色”。可是我还要展示给你们看他们的其他颜色。

有那么些可怕的家伙，他们携猛兽在体内同行，除满足兽欲或自我撕裂之外别无他法。而甚至连他们的兽欲满足也还是自我撕裂。

这些可怕的家伙，甚至还不是人：但愿他们宣讲决绝生命，自己去赴黄泉！

有那么些灵魂的痨病鬼：他们刚一生下来就已经开始死亡，渴望着学会倦怠与放弃。

他们喜欢死去，我们应该成全他们的意愿！让我们不要去唤醒这些死者，不要损坏了这些活棺材！

他们遇见一个病人或一个年迈者或一具尸体；他们立刻说：“生命遭到驳斥！”

可是只有他们和他们的眼睛才遭到驳斥，因为他们只看到存在的一副面孔。

56 笼罩在浓浓的忧郁中，渴望着带来死亡的小小不测：于是他们等待着，咬紧牙关。

要不然：他们伸手去抓甜品，同时又嘲笑自己的孩子气：他们抓住他们的救命稻草，却又嘲笑他们还在抓住一根稻草不放。

他们的生活格言是："一个仍然活着的傻瓜，可是在这个意义上，我们都是傻瓜！这实在是最愚蠢的活物！"——

"生命只是受苦受难"——其他人如是说，他们没有说谎：所以留意让你们自己停下来吧！所以留意让只是受苦受难的生命停息吧！

而你们的美德学说如是说："你应该自杀！你应该悄悄地一走了之！"——

"淫欲是罪恶，"一个进行死亡说教的人说，"让我们隐退，不生孩子！"

"生孩子很辛苦，"其他人说，"为什么还要生孩子？人们只是生下不幸者！"而他们也是死亡说教者。

"必须有同情，"第三拨人说，"接受我所有的！接受我所是的！生命对我的约束因此就更少！"

假如他们是彻底的同情者，那他们就会败坏他们邻居对生命的兴趣。作恶——那将是他们真正的善。

可他们是要摆脱生命的：他们用链条和礼物更结实地束缚住别人，这同他们有什么关系呢？——

还有你们，你们把生命看成疯狂的工作和不安：你们不是非常厌倦生命了吗？你们不是已经很成熟地来听取死亡说教吗？

你们所有这些爱好疯狂工作，爱好快捷、新颖、陌生事物的人，——你们忍受不了自己，你们的努力便是逃逸和自我遗忘的意志。

如果你们更多地相信生命，你们就会更少拜倒在短暂片刻的脚下。 57
可是你们身上没有足够的内涵来供你们等待——甚至偷懒！

到处都响彻死亡说教者的声音：而大地则充斥着必须对其进行死亡说教的人。

要不然便是"永生"：这对我来说是一样的，——只要他们快快赴黄泉而去！

查拉图斯特拉如是说。

关于战争和斗士

58 我们不要得到我们劲敌的宽容，也不要得到我们真正热爱的那些人的关照。那就让我把真话告诉你们！

我在战争中的兄弟们！我打心底里热爱你们，我是，也曾经是，像你们一样的人。而我也是你们的劲敌。那就让我把真话告诉你们！

我了解你们内心的仇恨和嫉妒。那就变得足够伟大而不用为你们自己感到羞愧吧！

假如你们不能当知识的圣人，那我就请你们至少当它的斗士吧。这是这种圣人的伙伴和先驱。

我看见许多士兵：但愿我看见许多斗士！他们"一式"的穿着，人们称之为"制服"：但愿他们以此掩盖起来的不是一式的内容！

你们在我看来应该是这样的人，你们的眼睛应该始终在搜寻敌人——搜寻你们的敌人。而在你们当中的有些人那里，却有一种一眼就能看出的仇恨。

你们应该搜寻你们的敌人，你们应该打你们的仗，而且是为你们的思想而战！如果你们的思想失败了，那你们的正直在这时仍然应该呼唤胜利！

你们应该把和平作为导致新战争的手段来热爱。而且比之长期的和平，更应该热爱短暂的和平。

59 我劝你们不要工作，而要斗争。我劝你们不要和平，而要胜利。让你们的工作成为斗争，你们的和平成为胜利吧！

如果你有弓箭，你就只能默默闲坐：要不然你就瞎扯和骂娘。让你们的和平成为一种胜利吧！

你们说，这是甚至使战争都神圣化的好事？我告诉你们：这是使每一件事神圣化的好战争。

战争和勇气比博爱做了更多伟大的事情。至今为止，不是你们的同情，而是你们的勇敢拯救了遇难者。

什么是善？你们问。勇敢就是善。要是让小女孩来说，那么："善就是既漂亮又动人。"

人们说你们冷酷无情：可你们的心是真诚的，我爱你们衷心的羞愧。你们为自己的涨潮感到羞愧，而别人为他们的退潮感到羞愧。

你们是丑陋的？那好吧，我的兄弟们！那你们就给自己披上崇高，那丑陋之物的外衣！

而如果你们的灵魂变得伟大，那它也会变得傲慢，在你们的崇高中有恶毒。我了解你们。

傲慢者与懦弱者在恶毒中相遇。可是他们互相误解。我了解你们。

你们只可以有应该被憎恨而不是被蔑视的敌人。你们不得不为你们的敌人感到骄傲：那么，你们敌人的成功也就是你们的成功了。

反抗——这是奴隶的骄傲。让你们的骄傲成为服从吧！让你们的命令本身成为一种服从吧！

"你应该"在一个好斗士听起来比"我要"更舒服。而你们爱好的一切，你们都应该首先让自己受命去实施。

让你们的生命之爱成为你们最高的希望吧：让你们的最高希望成为关于生命的最高思想吧！

可是你们应该由我来把你们的最高思想命令给你们——这就是：人 60
类是某种应该被超越的东西。

那你们就过着你们服从与战争的生活吧！长寿有何意义！哪个斗士要被宽容！

我不宽容你们，我打心底里热爱你们，我在战争中的兄弟们！——

查拉图斯特拉如是说。

关于新偶像

61 哪里都有人民和人群，然而在我们这里不是这样，我的兄弟们：这里有的是国家。

国家？这是什么？那好吧！现在给我把耳朵竖直了，因为我现在要说给你们听我关于人民之死的话。

所有冷酷的怪兽中之最冷酷者叫国家。它也冷酷地撒谎；这样的谎言从它的嘴巴里爬出来：“我，国家即人民。”

这是谎言！这是创造了人民并将爱和信仰悬于他们头顶上的创造者：也就是说他们为生命服务。

这是为许多人设立陷阱并称之为国家的毁灭者：毁灭者将剑和上百种情欲悬在他们头顶上。

哪里还有人民，哪里的人民就不理解国家，视其为邪魔的目光和反对法律道德的罪恶而憎恨它。

我给你们这个标记：每个民族都说它自己的善恶之语言：邻人是不懂这种语言的。它在道德和法律中为自己发明出自己的语言。

可是国家用各种各样的善恶语言撒谎；而无论它说什么，它都是在撒谎——无论它有什么，它都是偷来的。

它身上的一切都是假的；它这个好咬人的家伙用偷来的牙齿咬人。甚至它的内脏也是假的。

62 善与恶的语言混乱：我将此作为国家的标记给予你们。真的，这个标记意味着死亡意志！真的，它招呼着死亡说教者！

人出生得太多太多：国家就是这样为这些多余之人发明出来的！

你们给我看一下吧，国家如何把他们吸引过来，这太多太多人！它如何吞噬他们，咀嚼而又咀嚼！

“在大地上，没有东西比我更大：我就是上帝理清万事万物的手指”——那怪兽如是咆哮着。何止是长耳朵、短眼光的家伙匍匐在地啊！

啊，甚至对着你们，你们这些伟大的灵魂，它也喃喃地说着它阴暗的谎言！啊，它猜出了乐于挥霍自己的富有心灵！

是的，它甚至猜透了你们，你们这些古老上帝的战胜者！你们在战斗中变得疲劳，而现在，你们的疲劳又为新的偶像服务！

它乐意在自己周围树立英雄和正派人，这新的偶像！它很喜欢沐浴于良心的阳光中，——这冷酷的怪兽！

如果**你们**朝拜它，这新的偶像，它就要给予你们一切：于是它为自己买到了你们那种美德的光华和你们高傲的目光。

它要用你们去引诱太多太多人！是的，这里发明了地狱的把戏，一匹死神之马，披着神圣荣誉的装饰，叮当作响！

是的，这里发明出一种许多人的死亡，它自夸为生命：真的，对所有死亡说教者的一种诚挚的服务！

我所谓的国家，那是所有饮鸩者，包括善人、恶人，所在的地方；那是所有善人、恶人在那里自行消亡的地方；那是所有人的慢性自杀——被称为“生”的地方。

你们给我看一下这些多余之人吧！他们窃取了发明家的作品和智者 *63*
的财富：他们将他们的偷盗称为文化——对他们来说，一切都变成了疾病与不幸！

你们给我看一下这些多余之人吧！他们总是有病，吐出毒汁，却称之为报纸。他们互相吞噬，却消化不了。

你们给我看一下这些多余之人吧！他们得到财富，却因此而变得更贫穷。他们要权力，首先是要权力的杠杆，要许多钱，——这些无能之辈！

你们看他们爬上爬下，这些敏捷的猴子！他们互相越过对方往上爬，却互相扯到泥浆里、深渊里。

他们都想要登上王位：这是他们的疯狂，——好像有幸福端坐在王位上！其实王位上往往是泥浆——而经常是王位在泥浆上。

在我看来，他们所有人，还有攀缘的猴子和过于狂热的家伙，都疯了。他们的偶像，那冷酷的怪兽，散发出让我恶心的气味：他们所有人，这些偶像崇拜者，一起散发出让我恶心的气味！

我的兄弟们，你们竟然要在他们的血盆大口和欲望的气息中窒息！还不如打破窗户跳出去！

离开这恶浊的气味吧！远离多余之人的偶像崇拜！

离开这恶浊的气味吧！远离这些人肉祭品的烟雾！

大地现在仍然对伟大灵魂开放，对于孤独者和两人世界的人来说，还有许多地方是空的，在这些地方周围，吹送着静谧之海的气息。

一种自由自在的生活仍然对伟大灵魂开放。真的，谁占有得少，便更少被占有：让小贫民得到赞美吧！

在国家终止的地方，才开始有不多余的人：必要的人之歌，那无与伦比、不可替代的旋律，才从此开始。

64 在国家**终止**的地方，——你们朝我这边看哪，我的兄弟们！难道你们没有看见它，那彩虹和超人的桥梁吗？——

查拉图斯特拉如是说。

关于市场之蝇

我的朋友，逃到孤独中去吧！我看到你因大人物的喧闹而昏眩，为 65
小人物的怨恨所蜇伤。

森林与岩石懂得庄严地和你一起沉默。重新像你所爱的枝丫宽展的大树那样吧：它安静而专注地伸展于大海之上。

市场始于孤独终止的地方，伟大演员之喧闹和毒蝇之嗡嗡始于市场开市的地方。

世界上最好的事情若没有人去体现则毫无价值：老百姓把这些体现者称为伟人。

老百姓很少理解伟大，即：创造性。但是他们赏识所有伟大事物的体现者和演员。

世界围着新价值发明者转：——它无形地旋转。可是大众和荣誉围着演员转：这就是世界的运转。

演员有灵魂，但没有灵魂的良知。他始终相信他借以让人最强烈地相信的东西，——让人相信**他自己**。

明天他有一个新的信仰，后天他有一个更新的信仰。他像大众一样，有敏锐的感受力，和变化无常的气味。

推翻——对他来说，也就是：证明。让人发疯——对他来说，也就 66
是：说服。在他看来，鲜血便是一切理由中最令人信服者。

只能钻进敏锐耳朵的一条真理，他称之为谎言和虚无。真的，他只相信在世界上大吵大闹的诸神！

市场充满一本正经的玩闹之人——而大众却为他们的这些大人物自豪！这些人对他们来说便是当前令人瞩目的先生们。

可是时间逼迫他们，他们就逼迫你。他们甚至要你说出个是与否来。哎呀，你要把你的凳子置于赞成与反对之间？

为了这些绝对而迫不及待之人的缘故而不要有所妒忌吧，你这位真理爱好者！真理从未吊在一个绝对者的膀子上呢。

为了这些唐突者的缘故而回到你的安全中去吧：只有在市场上你才猛地遭遇是或否的问题。

对于所有深井来说，体验事物是很慢的：它们必须等待很久，才能知道，是什么掉到了它们的深处。

所有伟大都产生于市场和荣誉以外的地方：新价值的发明者始终居于市场和荣誉以外的地方。

我的朋友，逃入你的孤独吧：我看到你被毒蝇蜇伤。逃到刮着刺骨劲风的地方去吧！

逃入你的孤独吧！你生活在离卑微者、不幸者太近的地方。在他们无形的复仇面前逃走吧！对于你，他们只有复仇。

不再向他们举起胳膊！他们不计其数，而你的命运不是去做蝇拍。

这些卑微者、不幸者不计其数；而对于有些壮观的建筑来说，雨点和杂草就带来了毁灭。

67 你不是石头，可是你已经因许多雨点而凹了进去。你在我看来，将由于雨点而破碎与爆裂。

我看见你被毒蝇弄得精疲力竭，我看见你千疮百孔，鲜血直流；而你的高傲甚至都不想发泄一下怒火。

他们全然出于无辜而要拥有你的鲜血，因为他们无血的灵魂渴望着鲜血——因此他们蜇咬全然出于无辜。

可是你这位深沉者，哪怕是小伤，你也受痛苦太深；在你痊愈之前，同样的毒虫在你手上爬行。

我感觉你太高傲而不会杀死这些爱吃甜食的家伙。可是小心不要让承受他们的一切不公正成为你的厄运！

他们甚至以他们的赞美围着你嗡嗡地转悠：他们的赞美就是纠缠不休。他们要接近你的皮肤和你的鲜血。

他们谄媚你，就像谄媚一位神灵或魔鬼；他们在你面前哀诉，就像在一位神灵或魔鬼面前一样。算什么呢！不过就是谄媚者和哀诉者而已！

他们也经常在你面前表现出和蔼可亲的样子。可是那始终是怯懦者的聪慧。是的，怯懦者很聪明！

他们对你完全是以小人之心度君子之腹，——你在他们看来始终是可疑的！多加考虑的一切都变得可疑。

他们因为你的全部美德而惩罚你。他们彻底原谅你的只是——你的错误做法。

因为你很温和，有正义感，所以你说："他们卑微的生存是无辜的。"可是他们的小肚鸡肠想道："一切伟大的生存都是有罪的。"

即使你对他们温和，他们也总是感到为你所蔑视；他们暗中对你以怨报德。

你无言的高傲始终违背他们的趣味；一旦你足够谦虚而显得浅薄，他们就幸灾乐祸。

我们在一个人身上辨认出来的东西，我们也在他身上激发出来。所以要当心卑微之人哦！

他们在你面前自我感觉卑微，他们的卑微在无形的复仇中向你闪烁 68
和燃烧。

你没有看出来，当你走近他们的时候，他们经常是缄口不言，他们的力量又是如何像熄灭之火的烟一般离开他们的呢？

是的，我的朋友，你使邻人感到愧疚：因为他们不配你对他们好。所以他们恨你，很想要吸你的血。

你的邻人将永远是毒蝇；你身上伟大的东西，——这本身便必然使他们变得更恶毒，越来越像飞蝇。

我的朋友，逃入你的孤独，逃到刮着刺骨劲风的地方去吧！你的命运不是去做蝇拍。——

查拉图斯特拉如是说。

关于贞操

69 我爱森林。在城市里生活很糟糕：那里有太多情欲强烈的人。

落入一个凶手之手不比落入一个情欲强烈的女人之梦更好吗？

你们就给我看一下这些男人吧：他们的眼睛说——他们不知道地球上有什么比和一个女人躺在一起更好的事情了。

他们的心底是烂泥；哎呀，但愿他们的烂泥还有精神！

但愿你们至少作为动物是完美的！可是无辜属于动物。

我劝你们杀死你们的感官吗？我劝你们在感官上变得无辜。

我劝你们恪守贞操吗？贞操在有些人那里是一种美德，可是在许多人那里几乎是一种恶习。

这许多人大概很节制：但是从他们所做的一切当中，都妒忌地闪着淫荡母狗的眼光。

这动物极其不和地追随他们抵达他们美德的高度，直至进入他们冷冰冰的精神。

如果淫荡母狗要一块肉遭到拒绝，那么它会多么懂得彬彬有礼地乞讨一点点精神啊！

你们爱好悲剧和一切使人心碎的东西吗？可是我不相信你们的母狗。

70 你们在我看来有太残酷的眼睛，贪婪地看着受苦的人。你们的欲望不是伪装起来，自称为同情吗？

我也给予你们这个比喻：不少人想要驱走他们的魔鬼，却自己进了母猪群里。①

---

① 参见《圣经·马太福音》第8章第28—32节：“耶稣既渡到那边去……就有两个被鬼附的人……鬼就央求耶稣说，若把我们赶出去，就打发我们进入猪群吧。耶稣说，去吧。鬼就出来，进入猪群……”

对于难守贞操的人就要劝他，不要让贞操成了通往地狱之路——也就是说通向烂泥和灵魂的情欲。

我在谈论肮脏事物吗？这在我看来不是最糟糕的。

不是在真理很肮脏的时候，而是在真理很浅薄的时候，认知者才不愿意跨入它的水中。

真的，有一些彻头彻尾的贞洁者：他们心地比你们更温和，他们笑得比你们更可爱、更丰富。

他们嘲笑贞操，并问道："贞操算什么！

贞操难道不是愚蠢吗？然而是这种愚蠢来找我们，而不是我们去找它。

我们给这位客人提供住宿，敞开心怀：现在他住在我们这里，——它想待多久就待多久吧！"

查拉图斯特拉如是说。

关于朋友

71 “就是一个人在我周围也总是多余”——隐居者如此想。“始终是‘一’‘一’——时间久了，就得出‘二’来！”

主体的我和客体的我总是太热心地交谈：若是没有一个朋友，如何能够忍受？

对于隐居者来说，朋友始终是第三者：第三者是软木塞，它阻止两人的谈话往深度里进行。

啊，对于所有的隐居者来说，有太多的深度。所以他们如此渴望一位朋友，渴望着他的高度。

我们相信别人，却透露出这正是我们喜欢相信我们自己的地方。我们渴望一位朋友，这就泄露了我们的秘密。

我们经常只是以爱越过嫉妒。我们经常攻击一个敌人，并相互为敌，以掩盖我们可受攻击的事实。

“你至少应该成为我的敌人吧！”——不敢求取友谊的敬畏如是说。

如果你想要有一个朋友，你就不得不也为他去进行战争：而为了进行战争，你就必然要能当敌人。

一个人仍然应该关注他朋友身上敌人的一面。你能十分接近你的朋友而不投靠他吗？

72 一个人应该在他朋友身上找到他的劲敌。当你反对他的时候，你应该身心最接近于他。

你要在你朋友面前不穿衣服吗？你以你本来面目呈现于你朋友面前，这应该是尊重你的朋友吧？可是他却因此而让你去见魔鬼！

毫不隐讳自己的人很气愤：你们是多么天经地义地害怕裸露啊！是

的，假如你们是神，你们就会为你们的衣服感到羞愧了！

你无法为你的朋友把自己装点得足够美丽：因为你对他来说应该是一支箭和一种对超人的渴望。

你已经见过你朋友睡觉，——因而你了解他外表长得怎样？你朋友的脸通常是什么呢？是你自己的脸映在一面粗糙而不完美的镜子上。

你已经见过你朋友睡觉了吗？你不为你朋友的这副模样感到吃惊吗？哦，我的朋友，人类是某种必然要被超越的东西。

朋友应该是推测和保持沉默的大师：你不必想要看见一切。你的梦应该向你揭示你朋友醒时所做的事情。

让你的同情成为一种推测：首先了解你的朋友是否需要同情。也许他爱你那种百折不挠的眼力和永恒的眼光。

让对朋友的同情隐藏在一层你一口咬上去会咬掉一颗牙齿的坚硬外壳底下吧。这样它才会有它的精美和甜蜜。

你对你的朋友来说，是纯洁的空气、孤独、面包和良药吗？有些人不能解除自己的链条，可对朋友来说，却是一位救世主。

你是一个奴隶？所以你不能做朋友。你是一个暴君？所以你不能有朋友。

女性身上太长久地隐藏着一个奴隶和一个暴君。因此女性尚无法论 73
友谊：她们只懂爱情。

女性在爱情中对她们所不爱的一切存有不公正与盲目性。甚至在知情的女性之爱中，也始终有着突发奇想、闪电和半明半暗的情况。

女性尚无法论友谊：女性始终还是猫儿与鸟儿。或者，在最好的情况下，母牛而已。

女性尚无法论友谊。可是告诉我，你们这些男人，你们当中究竟谁能论友谊呢？

哦，你们这些男人，你们的贫穷，你们的心地吝啬，真是可怜！你们给予朋友多少，我要同样给予我的敌人多少，而且自己一点也不会因此而少了什么。

现有的是伙伴关系：但愿会有友谊！

查拉图斯特拉如是说。

关于一千零一个目标

74 查拉图斯特拉曾见过许多国家、许多民族：于是他发现了许多民族的善与恶。查拉图斯特拉在大地上没有发现比善恶更大的力量。

一个民族不首先进行评价就无法生存；可是一个民族要自我保存，就不可以用邻邦的评价方式来进行评价。

许多东西被这个民族称为好的，却被另一个民族称为讽刺和耻辱：我看到的情况就是如此。许多东西我发现在这里被称为坏的，在那里却被装点得荣耀有加。

一位邻居从来不理解另一位：他的灵魂始终为邻居的妄想和恶毒感到惊讶。

一块标志财富的匾额悬在每个民族的头顶上。你瞧，这是它凯旋胜出之匾额；你瞧，这是它的强力意志①之声音。

它认为困难的正是可赞美的；既不可避免又困难的正是好的，而罕见的、最困难的、有待于从最大困境中解救出来的，——它赞为神圣。

---

① 这是尼采思想中的一个重要概念，尼采在后来的著作中大量论述、探讨了这个概念。这个概念的德文原文是 Wille zur Macht，国内有多种译法，最常见的是“权力意志”，译成“强力意志”的也较普遍，两者都可接受。这个德文词组中的 Wille 是“意志”的意思，这个没有问题，zur 是由两个德文词组缩写而成：介词 zu 和第三格阴性定冠词 der，含有“求”或“诉求”的意思。对于 Macht 这个词，可理解为“力”、“支配力”、“权力”等。所以，从“支配力”的角度看，这个概念翻译成“权力意志”是没有问题的。但是，在中文里，“权力”这个词无法像英语的“power”那样，可以和德文的“Macht”比较充分地相对应。如果译成“力”，那么和“Macht”的完整含义的对应倒更为充分了，然后再在“力”前面加一个含有动词意味的“强”字，这样，德文词 zu 的意思也就出来了。所以译者选择了“强力意志”这一译法，这样既包含了权力意志的意思，又可避免因过于狭窄地理解这个概念而产生不必要的误解。另外，“权力意志”和“强力意志”这两种译法在读音上比较接近，替换起来也比较容易。

它称雄一方、克敌制胜、灿烂辉煌，使它的左邻右舍恐惧而又嫉妒：这被它视为崇高，视为万物之首、万物之尺度、万物之意义。

真的，我的兄弟，要是你了解一个民族的需求、国土、天空、邻邦：你就会猜到它克敌制胜的法则，以及它为什么登上这通向其希望的梯子。

“你应该始终是第一，优先于他人：除了朋友之外，你的嫉妒之心不 75
应该爱任何人”——这使一个希腊人的灵魂颤抖：由此他走上了伟人之径。

“讲真话和善于使用弓箭”——这对于我的名字——我同时感觉既亲切又棘手的名字——之由来的民族来说，似乎既亲切又棘手。

“尊敬父母，从心底里顺从他们的意志”：另一个民族将这块克敌制胜的匾额悬挂于自己头顶上，并因此而变得强大与永恒。

“信守忠诚，为了忠诚的缘故而不惜将荣誉和鲜血投入到险恶的事业上”：另一个民族自我克制而如此教导自己，而如此自我克制着，它又孕育起沉甸甸的巨大希望。

真的，人类将其一切善恶馈赠予自己。真的，他们不曾取之，不曾察之，善恶非为天意而降之于他们。

人为自我保存而置价值于万物，——他为万物创造了意义，一种人的意义！因此他自称为“人”，即：评价者。

评价就是创造：听着，你们这些创造者！评价本身便是一切被评价事物之珍宝。

只有通过评价才有价值：没有评价，生存之坚果便只是空壳。听着，你们这些创造者！

价值的改变，——即创造者的改变。谁进行摧毁，谁便一定是创造者。

创造者首先是各个民族，后来才是个人；真的，个人本身还不过是新近的创造物。

各个民族曾给自己头上悬一块善行牌匾。想要统治的爱和想要服从的爱共同为自己创造了这样的牌匾。

津津乐道于群体比津津乐道于自我更古老：只要问心无愧指的是群 76

体，那么愧疚指的就是："我"。

真的，狡猾的"我"，这个要在许多人的好处中得到自己好处的无情者：这不是群体之源，而是群体之沉沦。

始终是爱者和创造者创造了善恶。爱火与怒火以全部美德的名义燃烧。

查拉图斯特拉见过许多国家、许多民族：查拉图斯特拉在大地上没有发现有比爱者的作品更伟大的力量。这些作品的名称叫做"善"与"恶"。

真的，这种褒贬力量是一种怪物。你们告诉我，兄弟们，谁来为我制服它？你们告诉我，谁来将锁链套上这怪兽的上千根脖颈？

至今有一千个目标，因为有一千个民族。只是还没有套在上千根脖颈上的锁链，没有这"一个"目标。人类还没有目标。

可是你们告诉我，我的兄弟们：如果人类还没有目标，是不是也没有——人类本身呢？——

查拉图斯特拉如是说。

关于爱邻人

你们趋之若鹜，围住邻人，美言相待。可是我告诉你们：你们的爱 77
邻人，就是对你们自己的不爱。

你们为躲避自己而逃向邻人，想要由此而为自己成就一桩美德：可是我看透了你们的“无私”。

“你”比“我”老；“你”被追谥为圣人，而“我”则不然：所以人类趋之若鹜地跑向邻人。

我劝你们爱邻人吗？我还是劝你们逃避邻人，爱最远者吧！

高于对邻人之爱的，是对最远者与未来者之爱；高于对人类之爱的，是对事物之爱与对幽灵之爱。

我的兄弟，在你面前跑的这幽灵比你更美；你为什么不给予它你的肉、你的骨头呢？可是你害怕你自己，跑向你的邻人。

你们忍受不了你们自己，爱你们自己爱得不够：现在你们要引诱邻人去爱，以邻人的谬误给自己镀金。

我但愿你们不要忍受所有的邻人和邻人的邻人；所以你们会不得不把你们自己创造成你们的朋友，让他的沸腾之心出自于你们自己。

当你们想要称赞自己的时候，你们就给自己请来一位证人；当你们 78
引诱他，使他认为你们很好的时候，你们也认为自己很好。

不仅说话违背其知识的人在说谎，而且更有甚者，说话违背其无知的人也在说谎。所以你们在交流中相互谈论自己，用你们自己来欺骗邻人。

傻瓜如是说：“同人打交道会破坏刚强性格，尤其是在你没有刚强性格的时候。”

一个人去邻人那里，因为他寻求自我，而另一个人去邻人那里，因为他想要丧失自我。你们不爱你们自己，使孤独成为你们的一所监狱。

是较远者为你们对邻人之爱付出了代价；而如果你们相互之间是五个人，那么第六个人就总得死去。

我甚至也不爱你们的庆祝活动：我发现那里有太多的演员，甚至观众的举止也经常像演员一样。

我给你们讲授的不是邻人，而是朋友。让朋友对你们来说成为大地的节日和一种超人的预感吧。

我给你们讲授朋友及其漫溢之心。可是，你若想为漫溢之心所爱，便不可不懂得如何成为一块海绵。

我给你们讲授内心存在着完美世界的朋友，一个有善之内涵的外壳，——那种始终有完美世界来馈赠的创造者朋友。

正如世界为他而旋转着离散，又为他而一圈圈地旋转着聚拢，这便是恶的过程生成善，偶然生成目的。

让未来和最远者成为你的今日之起因吧：在你朋友的身上，你应该爱作为你起因的超人。

79 我的兄弟们，我不劝你们爱邻人：我劝你们爱最远者。

查拉图斯特拉如是说。

关于创造者之路

我的兄弟，你要想变得孤独吗？你要寻找通向你自己的道路吗？迟 80
缓一下，请听我讲。

“追求者很容易迷失方向。一切孤独都是罪过”：群体如是说。而你早就属于群体。

群体的声音将还在你心中响起。而如果你说“我不再和你们拥有一样的良心”，这将是一种抱怨和痛苦。

你瞧，这同样的良心生出这痛苦本身：这良心的最后余光仍然燃烧着你的哀伤。

可是你要走你那通向你自己的哀伤之路吗？那么就请给我看一看你这样做的权利和力量吧！

你是一种新的力量和一种新的权利吗？一种第一运动？一个自转的轮子？你甚至能迫使星星围绕你转动吗？

啊，有这么多对高处的渴求！有这么多野心家的手忙脚乱！请你给我看一看，你不是渴求者和野心家！

啊，有这么多伟大的思想，它们的所作所为不过像一只风箱：它们鼓起来，却更加空空如也。

你说你自己是自由的？我要听一听你的主要思想，而不是听说你摆 81
脱了一个枷锁。

你是个可以摆脱一个枷锁的人吗？有一些人，当他们扔掉他们被奴役者身份的时候，也扔掉了他们最终的价值。

摆脱什么呢？这同查拉图斯特拉有什么关系！很清楚，可是你的眼睛应该告诉我：为什么而摆脱？

你可以把你的善恶给予自己，把你的意志像一种法律一样高悬于自己头顶吗？你可以当你自己的法官和有你自己法律的复仇者吗？

单独和有自己法律的法官和复仇者相处是可怕的。有如一颗星星被抛入荒漠的空间，抛入孤独的冰冷气息中。

你一个人，今天仍然吃了许多人的苦头：今天你仍然完全拥有你的勇气和你的希望。

可是有朝一日，孤独会让你疲惫，你的高傲会卑躬屈膝，你的勇气会喀嚓一声土崩瓦解。有朝一日，你会喊叫："我很孤独！"

有朝一日，你将不再看见你之高，而太接近地看见你之低；你的崇高会像幽灵一样使你害怕。有朝一日，你会喊叫："一切都是假的！"

有想要杀死孤独者的感情；如果它们不成功，那么它们就不得不自己死去！可是你能当凶手吗？

我的兄弟，你认识"蔑视"一词吗？你的正义苦于对蔑视你的人也得公正。

你迫使许多人改变对你的看法，他们要你为此付出沉重代价。你接近他们，却擦身而过：这一点他们决不会原谅你。

你越过他们：可是你攀登得越高，妒忌的眼光就把你看得越小。而飞行者是最受到憎恨的。

82 "你们竟然要对我公正！——你必然说——我为自己选择你们的不公正，作为归于我的那部分。"

他们将不公正和污秽扔向了孤独者：可是，我的兄弟，如果你想要当一颗星星，那你仍然得因此而照亮他们！

提防善和公正吧！它们很愿意把为自己发明出自己美德的人送上十字架，——它们憎恨孤独者。

也提防神圣的纯朴吧！一切不纯朴的东西在它看来，都是不神圣的；它还很喜欢玩火呢——火刑柱子。

还要提防你的爱之发作吧！孤独者太快地将手伸向了那碰见他的人。

对于有些人，你不可以将手给他们，而只给爪子：而且我还要求你的爪子是利爪。

可是你所能碰到的最危险的敌人却始终会是你自己；你在洞穴里、树林里暗中伏击你自己。

孤独者，你走通向你自己的路吧！你的道路从你自己这儿经过，也经过你的七个魔鬼！

你将成为对你自己唱反调的人，成为巫婆、预言者、傻瓜、怀疑者、亵渎者、坏人。

你不得不想要在你自己的火焰里烧毁自己：如果你没有变成灰，你如何想要有新生！

孤独者，你走创造者的道路：你要用你的七个魔鬼为自己创造一位神灵！

孤独者，你走爱者的道路：你爱你自己，所以你蔑视你自己，就像只有爱者蔑视一样。

爱者要创造，因为他蔑视！不是不得不恰恰蔑视自己所爱之物的人，关于爱知道些什么呀！

我的兄弟，带着你的爱，带着你的创造，进入你的孤独吧；正义远远地落在你的后面。

我的兄弟，带着我的眼泪进入到你的孤独中去吧。我爱想要超越自 83
己而进行创造，并因此而毁灭的人——

查拉图斯特拉如是说。

关于老老少少的小女人

84 “查拉图斯特拉，你为什么如此羞怯地悄悄走在朦胧中？你将什么东西小心藏在你的大衣里面？

这是一件别人送给你的宝贝，还是一个别人为你生下的孩子？抑或你现在自己走上了偷盗之路，你这恶人之友？”——

真的，我的兄弟！查拉图斯特拉说，这是一件别人送给我的宝贝：我拿着的是一个小小的真理。

可是它像一个小孩一样难以管束；如果我不捂住它的嘴，它就会过于响亮地叫喊。

当我今天独自走在路上，到了太阳下山的时候，有一个年老的小女人遇见了我，于是她对我的灵魂说：

“查拉图斯特拉也曾对我们女人说过许多，可是他从来没有对我们谈论过女人。”

而我反驳她：“人们应该只对男人谈论女人。”

“也同我谈论女人吧，”她说，“我已经够老了，听过就忘。”

我满足那位年老的小女人的意愿，对她如是说：

女人身上的一切都是一个谜，女人身上的一切有一个谜底：它叫做怀孕。

85 男人对女人来说是一个手段：孩子始终是目的。可是女人对于男人来说是什么呢？

纯粹的男人要求两件事：危险与游戏。所以他要求女人充当最危险的玩具。

男人应该受参战的教育，女人应该受教育来使战士恢复健康：一切别的都是愚蠢。

太甜的水果——战士不喜欢。所以，战士喜欢女人；最甜的女人也是苦的。

比起一个男人来，女人更懂得孩子，可是男人比女人更孩子气。

在纯粹的男人身上藏着一个孩子：孩子要玩。来，你们这些女人们，给我去发现男人身上的孩子吧！

让女人成为一件玩具，像宝石一样纯洁、精致，为一个尚未来到的世界之美德所照耀。

让一颗星星的光芒在你们的爱中闪耀！让你们的希望说："愿我生出超人！"

让你们的爱中有勇敢吧！你们应该用你们的爱冲向引起你们恐惧的人！

让你们的爱中有你们的荣誉吧！要不然女人不懂得荣誉的问题。可是让这成为你们的荣誉吧：始终比你们被爱的程度更多地去爱吧，决不做第二名。

让男人在女人爱的时候害怕她吧：这时候她会献上一切祭品，而一切其他东西对她来说都没有价值。

让男人在女人恨的时候害怕她吧：因为男人在灵魂深处只是恶，可女人在灵魂深处则是坏。

女人最恨谁？——铁对磁石如是说："我最恨你，因为你有吸引力，却不够强大，不足以把别人吸引到你这里。"

男人的幸福叫做：我要。女人的幸福叫做：他要。

"你瞧，现在世界变得完美了！"——每一个女人在以全部的爱服从时都如是想。

女人不得不服从，并为她的表面找到一个深度。表面是女人的气质， 86
一层覆盖在浅水上面波涛汹涌的动态薄膜。

而男人的气质是深邃，他的水流在地下的洞穴中涌动：女人感觉到他的力量，却不理解它。——

这时候那年老的小女人对我说："查拉图斯特拉说了许多美好的东

西，尤其对那些很年轻，足以接受这些东西的人而言。

很奇怪的是，查拉图斯特拉不了解女人，可是他关于她们说的话有道理！这种事情的发生是因为在女人那里，没有一件事情是不可能的吗？

而现在作为感谢，我请你接受一个小小的真理！我已经够老了，不在乎啦！

把它裹住了，捂住它的嘴：要不然，它就过于响亮地叫喊，这小小的真理。”

“把你小小的真理给我吧，女人！”我说。而那年老的小女人如是说：

“你到女人那里去吗？不要忘记鞭子！”——

查拉图斯特拉如是说。

关于毒蛇咬的伤口

有一天，由于天气很热，查拉图斯特拉在一棵无花果树下睡着了， 87
他把胳膊放在脸上。这时候来了一条毒蛇，在他脖子上咬了一口，痛得查拉图斯特拉大叫起来。当他把胳膊从脸上拿开时，他看着毒蛇：这时毒蛇认出了查拉图斯特拉的眼睛，它笨拙地转过身，想要离开。“不要走，”查拉图斯特拉说，“你还没有接受我的感谢呢！你及时叫醒了我，我的路还长着呢。”“你的路很短了，”毒蛇伤心地说，“我的毒汁致人于死命呢。”查拉图斯特拉笑了。“什么时候有过一条龙死于一条蛇的毒汁的？”——他说，“可是把你的毒汁拿回去吧！你不够富裕，不足以将它拿来送给我。”这时候，毒蛇重新拥抱他的脖子，舔他的伤口。

当查拉图斯特拉有一次将此告诉他的门徒时，他们问道：“哦，查拉图斯特拉，你故事的道德寓意是什么？”查拉图斯特拉如是回答道：

善者和正义者称我为道德的摧毁者：我的故事是非道德的。

可是，如果你们有一个敌人，你们不要以德报怨：因为这会令人羞愧。你们要证明，他对你们做了好事情。

宁愿发怒，也不要让人羞愧！如果你们受到诅咒，那么我是不会喜 88
欢你们想要去祝福别人的。宁愿也一起来一点诅咒吧！

如果一个巨大的不公降临到你们头上，那就赶快给我添上五个小的不公吧！看着不公单独压迫着的人是很可怕的。

你们知道这个吗？分担的不公是一半的公正。能够承担不公的人应该将其承担起来！

一个小的复仇比完全没有复仇更人道。而如果惩罚对于违法者来说不也是一种权利和荣誉，那我就不喜欢你们的惩罚。

承认自己不公比维护公正更高尚，尤其是当你有理的时候。只是你必得富裕到足以这样去做。

我不喜欢你们冷冰冰的正义；在你们法官的眼睛里，我总觉得是刽子手的眼光和他冷冰冰的刀剑。

你们说，哪里有这样的正义，它就是有着明察秋毫之眼的爱呢？

那你们就给我发明出这样的爱，它将不仅承受所有的惩罚，而且承受所有的过失！

那你们就给我发明出这样的正义，除了审判者以外，它将宣告所有人无罪！

你们也想要听一听这个吗？对于想要彻底公正的人来说，甚至谎言也变成了博爱。

可是我怎么会想要彻底公正！我怎么能给每一个人以他自己的东西！我只给予每个人以我自己的东西，这对我来说应该已经足矣。

最后，我的兄弟们，避免对所有隐士有所不公！一位隐士怎会遗忘！他怎会回报！

一位隐士就像一口深井。扔进一块石头很容易；可是告诉我，如果它沉到井底，那么谁想要把它重新取出来呢？

89 避免伤害隐士吧！可是如果你们现在已经伤害了，那就干脆杀了他吧！

查拉图斯特拉如是说。

关于孩子与婚姻

我有一个单让你一个人回答的问题，我的兄弟：我将这个问题像一 90
个测锤一样扔进你的灵魂，以便知道，你的灵魂有多深。

你很年轻，希望要孩子和婚姻。可是我问你：你是一个可以希望自己要一个孩子的人吗？

你是胜利者、自我克制者、意识的主宰、你美德的主人吗？我如是问。

或者是动物按你的意愿说话，是生计所需？抑或是孤独？还是同你自己不和？

我所要的是，你的胜利和你的自由渴望有一个孩子。你应该为你的胜利和你的解放建造活的纪念碑。

你应该超越自己来建造。可是首先你得给我把自己建造出来，造出有棱有角的身体和灵魂。

你不仅应该向前繁衍生息，而且应该向上！让婚姻的花园来帮助你这样做吧！

你应该创造一个更高级的肉身，一个第一运动，一个自转的轮子，——你应该创造一个创造者。

婚姻：我如此称呼成双的意志，这种意志要创造出大于创造者的一。我把婚姻称为怀着这样一种意志的人之间的相互敬畏。

让这成为你的婚姻之意义与真理吧。可是，太多太多人，即那些多 91
余人，称之为婚姻的东西，——啊，我叫它什么好呢？

啊，成双成对灵魂的这种贫困！啊，成双成对灵魂的这种污秽！啊，成双成对的这种可怜惬意！

他们把这一切叫做婚姻；他们说，他们的姻盟是在天国缔结的。

嗨，我不喜欢它，这多余人的天国！不，我不喜欢他们，这些被天国之网缠住的动物！

让上帝也远离我吧，他一瘸一拐地走上前来祝福他没有撮合的事情！

我让你们不要笑话这样的婚姻！哪个孩子会没有理由来为其父母哭泣呢？

这个男人在我看来似乎很可尊敬，已经成熟，可以理解大地的意义：可是当我看见他的女人时，大地在我看来似乎成了一所疯人院。

是啊，如果一位圣人同一个蠢女人互相交媾，我宁愿要大地在痉挛中震颤。

这个人像英雄一样出去寻找真理，结果却为自己缴获了装饰起来的谎言。他称之为他的婚姻。

那个人很难交往，精挑细选。可是他一次就永远毁坏了他的交往：他称之为他的婚姻。

再一个人寻求一个有着天使美德的侍女。可是一下子他成了一个女人的侍女，现在他有必要在这个问题上成为天使。

我现在发现所有的购买者都小心翼翼，所有人都有狡诈的眼睛。可是甚至最狡诈的人也还是盲目地购买他的妻子。

许多短暂的愚昧——也就是你们所谓的爱。而你们的婚姻作为一种长期的愚笨，结束了许多愚昧。

你们对女人的爱和女人对男人的爱：啊，但愿它是对受苦受难的、被遮蔽的诸神的同情！可是两只动物多半是互相猜透的。

92 然而即使是你们最佳的爱情，也不过是一种如痴如醉的比喻和一种痛苦的火焰。它是一个火炬，会照亮你们更高的历程。

将来你们应该超越自己去爱！所以你们首先学习如何去爱吧！为此你们不得不从圣杯中饮下你们爱情的苦酒。

苦涩也在最佳爱情的圣杯中：因此它造成对超人的渴望，因此它引起你这位创造者的干渴！

干渴对于创造者来说，是爱欲之箭和对超人的渴望：说吧，我的兄弟，这就是你的婚姻意志吗？

我称这样一种意志、这样一种婚姻为神圣。——

查拉图斯特拉如是说。

关于自由的死神

93 许多人死得太晚，有些人死得太早。“恰逢其时地死去”，这样的准则听起来仍很陌生。

恰逢其时地死去：查拉图斯特拉如是教导。

然而，从来生不逢时的人，如何会恰逢其时地死去呢？但愿他从来没有出生！——我如是劝说那些多余人。

可是，连多余人也以他们的死来炫耀，即使是空了心的坚果也要在砸开时发出喀嚓的声响。

所有人都极为看重死亡：但是死亡不是一个庆典。人们还没有学会如何使最美好的庆典变得神圣。

我给你们说一说功德圆满之死，它变成为对生者的一种鞭策和许愿。

功德圆满之死，死于胜利之中，周围是希冀者和许愿者。

所以人应该学会死亡；垂死者不能在庆典上使生者的誓言变得神圣，那就不该有如此庆典。

这样死最好；次好的是战死，挥霍掉一颗伟大的灵魂。

可是，你们那好笑的死神令战士讨厌，同样也令胜利者厌烦，它像小偷一样偷偷地溜近——却俨然是主人的到来。

94 我向你们赞美我的死神，这位自由的死神，它朝我走来，因为**我**愿意。

而我将在什么时候愿意呢？——有一个目标和一位继承人的人，愿意死神恰逢其时地在有目标和继承人的时候到来。

出于对目标和继承人肃然起敬的心情，他将不再把枯萎的花环挂在生命的圣地。

真的，我不愿像制作绳索的工人那样：他们把绳索延长，自己却总是退后去。

有些人甚至变得太老了，承受不了他们的真理和胜利；一张没牙的嘴不再拥有对每一条真理的权利。

追逐名望者不得不及时告别荣誉，操练有难度的本领，以求恰逢其时地离去。

当你的味道最佳时，你就不再让别人来吃你：那些想要长期为人所爱的人都知道这一点。

当然，酸苹果总是有的，其命运要它们等到秋季的最后一天：而在同时，它们熟了、黄了，起了褶子。

或是心先老，或是神先衰。更有少年皓首者：可青春迟暮，却长久持有青春。

或者生命一败涂地：毒豸攻心。那就等着格外成功的一死吧。

更有永不变甜者，在夏天即已腐烂。是怯懦使它们牢牢扒在树枝上。

活着的太多太多，它们太久太久地挂在树枝上。但愿来一场暴风雨，把所有这些腐烂的、被虫咬过的果子从树上摇落！

但愿有宣讲**速**死的布道者到来！对我来说，这将是真正的暴风雨和生命之树的摇撼者！可是我只听见宣讲悠悠而死，和对整个"尘世"之容忍。

啊，你们宣讲对尘世的容忍吗？这尘世便是对你们有太多容忍的那 *95*
个世界，你们这些诽谤者！

真的，那些宣讲悠悠而死的布道者所尊敬的那位希伯来人死得太早：从此以后，他死得太早就成了许多人的灾难。

当时他还只知道眼泪和希伯来人的忧郁，连同那些善人与正义者的恨，——这位希伯来人耶稣：于是他突然感到死的渴望。

但愿他待在沙漠里，远离善人和正义者！也许他能学会生活、学会热爱大地——以及喜笑①！

---

① 参见《圣经·路加福音》第6章第25节："你们喜笑的人有祸了。"

相信我，我的兄弟们！他死得太早；到了我的年纪，他自己就会收回他的信条！他高贵得足以使他做如此的收回！

可是他还不成熟。少年不成熟地爱、也不成熟地恨人类和大地。他的性情和精神的翅膀仍受到羁绊，很是沉重。

可是成年人比少年更是孩子，更少忧郁：他更懂得死与生。

自由而死，死而自由，如果不再有时间说“是”，那就神圣地说“不”：他如是懂得死与生。

你们的死不会是对人类与大地的亵渎，我的朋友们：那是我从你们灵魂的蜜糖中所讨得。

你们虽死，却仍有你们的精神和美德像围绕大地的晚霞一样通红：要不然，你们的死就不可取。

所以是我自己愿意死，让你们这些朋友为了我的缘故而更爱大地；我要重返大地，从而在生我的大地中安息。

真的，查拉图斯特拉曾有一个目标，他传出他的球：现在你们这些朋友是我目标的继承者，我向你们传过去金色的球。

96 我尤其想要看到你们，我的朋友们，传出金色的球！所以我还在大地上滞留一会儿：请原谅我！

查拉图斯特拉如是说。

关于馈赠者美德

1

查拉图斯特拉离开他心中牵挂的那个名叫“彩牛”的城市时，—— 97
许多自称为他门徒的跟随他、伴送他。于是他们来到一个十字路口：查拉图斯特拉对他们说，现在他要独自行走；因为他是独行之友。可是他的门徒在告别时递给他一根手杖，手杖的金手柄上盘踞着一条围绕太阳的蛇。查拉图斯特拉很喜欢手杖，倚杖而立；然后他对门徒如是说。

请告诉我吧：金子是如何实现最高价值的？因为它非同寻常而无用，发光而光泽柔和；它始终拿自己来做出馈赠。

只有作为最高美德的写照，金子才有最高价值。馈赠者的目光像金子一样发光。金子的光辉锁定了日月间的和平。

最高的美德非同寻常而又无用，发光而又光泽柔和：一种馈赠者美德就是最高的美德。

真的，我猜透了你们，我的弟子们：你们像我一样，追求馈赠的美德。你们与猫、狼之间会有何共同之处呢？

自己成为牺牲品和礼品，是你们的渴望：所以你们渴望在你们的心 98
灵中堆积起所有的财富。

你们的心灵不知满足地追求金银财宝和珍品，因为你们的美德有不知满足的馈赠愿望。

你们迫使万物流向你们、流入到你们里面去，以便万物又可以作为你们爱的赠品从你们的源泉回流出来。

真的，这种馈赠者的爱必然成为所有价值的掠夺者；可是我将这种自私称为完好与神圣。

还有另一种自私，一种太过于贫困的、饥饿的、总是想要偷盗的自私，那种病人的自私，病态的自私。

它向所有发光体投过去贼的眼光；它以饥者的贪婪打量有丰富食品的人；它总是悄悄溜到馈赠者的桌子周围。

疾病，以及无形的蜕化，表达了这样的渴望；这种自私所具有的窃贼式渴望谈论着久病不愈的身体。

告诉我，我的兄弟们：我们认为什么是坏的，什么是最坏的？这是不是**蜕化**？——而我们却总是猜想，哪里没有馈赠者的心灵，哪里就会有蜕化。

我们的道路往上走，从物种走向超物种。可是我们感觉恐惧的是那种蜕化的意识，它说的是："一切皆为己"。

我们的意识向上飞：所以它是我们身体的一种比喻，一种提升的比喻。这种提升的比喻便是美德的名字。

于是身体经历历史，一位生成者和一位战斗者。而精神——对于身体来说它是什么呢？是它的斗争和胜利的宣告者、伙伴和反响。

比喻是善恶之全部名称：它们不明说，它们只暗示。傻子才想要从它们那里得到知识呢！

99 你们给我注意了，我的兄弟们，注意你们的精神要用比喻来说话的每一个时刻：这就是你们美德的起源。

你们的身体高高在上，得到了复活；它在极乐中使精神欣喜若狂：它成为了创造者、评价者、施爱者和万物的造福者。

如果你们的心潮像河流一样宽广雄浑，滚滚而来，对附近的居民是一种恩赐，也是一种危险：那么，这就是你们美德的起源。

如果你们超越于赞美与责备之上，你们的意志要作为一个施爱者的意志向万物发号施令：那么，这就是你们美德的起源。

如果你们蔑视舒适和柔软的床榻，却不能就寝于足够远离温柔乡的地方：那么，这就是你们美德的起源。

如果你们怀有一种意愿，而且这种转变全部困境的意愿对你们意味着不可欠缺：那么，这就是你们美德的起源。

真的，它是一种新的善恶观！真的，一种崭新而深沉的潺潺声，一个新的泉涌之声！

它是力量，这新的美德；它是一种主导思想，在它周围是一颗智慧的心灵：一个金色的太阳，太阳周围是知识的长蛇。

2

在这里，查拉图斯特拉沉默了一会儿，宠爱地朝他的门徒望去。然后，他继续如是说：——他的声音已发生了变化。

你们要给我忠实于大地，我的兄弟们，以你们美德的力量！让你们馈赠者的爱和你们的知识服务于大地之意义吧！我如是请求、恳求你们。

你们不要让它飞离尘世，用翅膀拍击永恒之墙！啊，总是有这么多 100
飞错方向的美德！

像我一样，将飞错方向的美德领回到大地上吧——是的，回到身体和生命：让它将其意义赋予大地，一种人的意义！

至今，精神和美德都已经上百次地飞错方向、抓错东西。啊，在我们的身体里现在仍然有所有这些妄想和失策：它们在那里变成了身体和意志。

至今，精神和美德都已经上百次地尝试、误入歧途。是的，人类就曾是一种尝试。啊，许多无知和谬误在我们身上得到了体现！

不仅上千年的理性——而且还有上千年的疯狂在我们身上爆发出来。做继承人是很危险的。

我们仍然一步一步地同偶然性这巨大的怪物作斗争，至今，仍然是荒诞、无意义统治着整个人类。

让你们的精神和你们的美德服务于大地的意义吧，我的兄弟们：万物的价值将由你们来重新决定！所以你们应该是战士！所以你们应该是创造者！

身体有意识地净化自己；它有意识地尝试着使自己崇高；认知者的一切本能都使自己神圣化；崇高者的灵魂变得快活。

医生，你帮助自己吧①：如此你也帮助了你的病人。让他亲眼看到一个自己恢复健康的人，这对他来说会是最佳帮助。

有上千条没有人走过的小径，有上千种健康和上千个隐藏的生命之岛。人类和人类的大地始终是不能穷尽的、未知的。

醒一醒，好好地听着，你们这些孤独者！从未来传过来一阵阵拍击翅膀形成的气流，给灵敏的耳朵带来好消息。

你们这些今日的孤独者，你们这些被淘汰出局的人，你们应该有一
101 天成为一个民族：你们挑选了自己，应该从你们当中形成一个精选的民族：——再从这个民族产生出超人。

真的，大地应该要成为一个康复之地！大地周围已经有一种新的气味，一种带来幸运的气味，——以及一个新的希望！

3

查拉图斯特拉说了这些话以后，就像一个还没有说出最后一句话的人那样，沉默了；有很长时间，他都怀疑地在手中掂量那根手杖。最终他如是说：——他的声音已发生了变化。

我现在要独自走，我的弟子们！你们现在也独自离开吧！我愿意这样。

真的，我劝你们：离开我，提防查拉图斯特拉吧！为他而感到羞愧就更好了！也许他骗了你们。

有知识的人必然不仅能爱他的仇敌，而且能恨他的朋友。②

如果你始终是弟子，那么你就不会报答老师。为什么你们不想要揪下我的花冠呢？

你们尊敬我；可是，如果有一天你们的尊敬突然改变了，会怎么样呢？当心啊，不要让丰碑倒下来砸死你们！

你们说，你们相信查拉图斯特拉？可是查拉图斯特拉有何重要！你

---

① 参见《圣经·路加福音》第4章第23节："耶稣对他们说，你们必引这俗语向我说，医生，你医治自己吧。"

② 参见《圣经·马太福音》第5章第43—44节："你们听见有话说：'当爱你的邻舍，恨你的仇敌。'只是我告诉你们，要爱你们的仇敌。"

们是我的信徒：可是信徒又有何重要！

你们尚未寻找自己：这时，你们却找到了我。所有的信徒都是如此，所以所有的信仰才如此微不足道。

现在我命令你们丢失我，找到你们自己；只有当你们全部否定我的时候，我才会回到你们身边。①

真的，我的兄弟们，那时候我将刮目相看地寻找我所失去的；那时 102
候我将用另一种爱来爱你们。

你们会再次成为我的朋友，成为拥有同一种希望的孩子：那时候我要第三次待在你们中间，和你们一起庆祝伟大的正午。

这是伟大的正午，这时候人类在动物和超人之间，站在他历程的中途，庆祝他前往夜晚的最高希望之行：因为这是通向一个新早晨的道路。

这时候，没落者将祝福自己成为跨越者；他的知识的太阳将在正午适合于他。

"诸神都死了：现在我们愿意让超人活着。"——让这句话终有一天在伟大的正午时分成为我们的遗愿！——

查拉图斯特拉如是说。

① 参见《圣经·马太福音》第10章第33节："凡在人面前不认我的，我在我天上的父面前，也必不认他。"

第二卷

只有当你们全部否定我的时候，我才会回到你们身边。

真的，我的兄弟们，那时候我将刮目相看地寻找我所失去的；那时候我将用另一种爱来爱你们。

《查拉图斯特拉如是说》，第一卷，关于馈赠者美德

持镜子的孩子

然后，查拉图斯特拉又回到山里，回到他洞穴的寂寞中，避开人群： 105
像一个播撒了种子的人一样等待着。可是他的灵魂变得很不耐烦，充满着对他所爱者的渴望：因为他还有许多东西要给他们。也就是说，这是最难做到的：出于爱，把张开的手合上，作为馈赠者留下了羞涩的面容。

于是这孤独者过了月复一月，年复一年；可是他的智慧增加了，智慧的丰盈使他疼痛。

有一天早晨，他在曙光出现之前醒来，在床上思考了很长时间，最后对自己的心说：

“为什么我在梦中惊醒？不是有一个持一面镜子的孩子朝我走来吗？

‘哦，查拉图斯特拉，’——孩子对我说——‘看看镜子里的你自己！’

可是，当我朝镜子里看时，我尖叫起来，我的心大为震惊：因为我在镜子里看到的不是我自己，而是魔鬼的鬼脸和冷笑。

真的，我太懂得梦的预兆和告诫了：我的**教义**处于危险中，稗子想要做小麦呢①！

我的敌人变得很强大，扭曲了我教义的形象，也就是说，我的最爱 106
者不得不为我给他们的礼物而感羞愧。

我失去了我的朋友；该是我寻找失去者的时候了！”——

说了这些话，查拉图斯特拉跳了起来，可是不像一个害怕者寻求喘息，而更应该说像一个才智暴发的先知和歌手。他的鹰和蛇惊讶地望着

---

① 参见《圣经·马太福音》第13章第25节：“有仇敌来，将稗子撒在麦子里，就走了。”

他：因为他的面容上有一种像曙光一样的未来的幸福。

我发生了什么事，我的动物们？——查拉图斯特拉说。但愿我没有变形！天堂的幸福不是像风暴一样降临到我头上吗？

我的幸福是愚蠢的，它将会说出愚蠢的东西：它还太年轻——所以你们对它耐心点！

我受到我幸福的伤害：所有的痛苦者对我来说都应该是医生！

我可以重新下山，到我的朋友们那里去，也去我的仇敌那里！查拉图斯特拉可以重新演讲、馈赠、为亲者做最亲爱的事情！

我的不耐烦的爱漫溢成河，向下，流向日出日落的地方。我的灵魂轰鸣着冲出沉默的群山和痛苦的疾风暴雨，奔向山谷。

我渴望得太久，太久地眺望远方。我太久地从属于孤独：于是我忘记了沉默。

我完全变成了嘴巴，一条溪水从高山岩石中奔腾而出：我要把我的言论倾倒到山谷里。

让我的爱河倾入没有路的地方！一条河流怎么会最终找不到通向大海的道路！

我心中真的有一个湖泊，一个隐僻的、自足的湖泊；可是我的爱河携着它奔流而下——直至大海！

107 我走新的路，我有新的话要说；我像所有的创造者一样，厌倦了老生常谈。我的精神不愿再踩着敝屣走路。

所有的演讲对我来说都跑得太慢：——风暴啊，我跳进你的战车！我甚至要用我的恶毒鞭策你！

像一阵喊叫和欢呼，我要驶向宽阔的海面，直到我找到我的朋友们逗留的幸福之岛：——

以及我在他们中间的仇敌！我现在多么热爱我可以与之说话的每一个人！甚至我的仇敌也属于我的天堂幸福。

当我要跨上我最疯狂的骏马时，我的长矛始终是扶我上马的最佳助手：它是随时准备为我的脚服务的侍者：——

我投向仇敌的长矛！我多么感谢我的仇敌，我终于可以投掷它了！

我的云层密布：在闪电的笑声之间，我要将冰雹投入深渊。

我的胸口强烈地隆起，它将风暴强烈地吹向山顶：于是它轻松了。

真的，我的幸福和自由像风暴一样来临！可是我的仇敌应该相信，恶在他们头顶上咆哮。

是的，甚至你们也会由于我的野性智慧而惊慌，我的朋友们；也许你们和我的仇敌一起逃遁。

啊，但愿我懂得用牧人之笛把你们引诱回来！啊，但愿我的母狮——我的智慧学会含情脉脉地吼叫！我们已互相学习了很多！

我的野性智慧在寂寞的山上怀了孕；在粗糙的石头上生下了她的小孩子，最小的孩子。

现在她愚蠢地跑入蛮荒之地，找了又找，寻找和美的草地——我的古老而又野性的智慧！

在你们心田的和美草地上，我的朋友们！——她喜欢把她的最爱放 108
入你们的爱！

查拉图斯特拉如是说。

在幸福之岛上

109 无花果从树上掉下来，它们好甜美；在它们掉下来的时候，红色的果皮绽开。对于成熟的无花果来说，我就是一阵北风。

于是，像无花果一样，这些教义归你们，我的朋友们：现在你们饮它们的汁液，吃它们甜美的果肉！周围是秋天，纯净的天空，清新的下午。

你们瞧，我们周围是怎样的丰盈啊！从这种过度的丰盈望开去，眺望遥远的大海，这真是美事一桩。

当人们眺望遥远的大海时，他们曾经说起上帝；可是现在我教你们说：超人。

上帝是一个假定：可是我要求你们的假定不超出你们的创造意志。

你们能**创造**一位神？——那么你们就给我对所有的神三缄其口！可是你们真的能创造超人。

也许不是你们自己，我的兄弟们！可是你们能把自己改造成超人的父辈和祖先：这是你们的最佳创造！——

上帝是一个假定：可是我要求你们的假定限于可以设想的范围。

你们能**想象**一位神吗？——可是让这对于你们来说意味着求真意志
110 吧，让一切都变成人可以想象、人可以看见、人可以感觉的东西吧！你们应该彻底思考你们自己的意义！

你们称为世界的东西，应该首先由你们自己创造出来：你们的理性、你们的形象、你们的意志、你们的爱，都应该成为这种东西本身！真的，成为你们的天堂幸福，你们这些认知者！

如果没有这种希望，你们要如何忍受生活呢，你们这些认知者？你们既没有降生在不可理解的世界中，也没有降生在非理性的世界中。

可是，让我向你们敞开整个心扉，你们这些朋友们：假如有神，那么我怎么受得了自己不是神！所以就没有神。

也许我得出了结论；可是，现在结论得出了我。——

上帝是一个假定：可是谁喝下这假定的苦酒而不死呢？应该剥夺创造者的信仰，剥夺老鹰的远程飞行吗？

上帝是一种观念，它使一切直的变弯，一切静止的旋转。怎么了？时间会不复存在，一切短暂的会只是谎言？

想到这一点，人的全部肢体都会感到天旋地转，胃里直想呕吐：真的，这样的假定，我称之为眩晕病。

我称之为邪恶和敌视人类：所有这一切关于单一、完全、不动、饱和、不朽的信条。

一切不朽的东西——这只是一种比喻！诗人说谎太多。——

可是最好的比喻应该是谈论时间和生成：它们应该是一种赞美，一种对所有短暂性的辩解！

创造——这是对痛苦的巨大解脱，生存由此而变得轻松。可是，要使创造者出现，必须有痛苦和大量变化。

是的，你们的生存中必然有许多痛苦的死亡，你们这些创造者！也 111
就是说，你们是所有短暂性的代言人和辩护者。

要使创造者自己成为新生的孩子，他必须也要成为产妇和产妇的痛苦。

真的，我走我的路，经历上百个灵魂，上百个摇篮和分娩的阵痛。我已经有过不少次告别，我知道令人心碎的最后时刻。

可是，我的创造意志，我的命运，要求这样。或者，让我更诚实地对你们说：我的意志要求的——正是这样的命运。

一切感情都为我所苦，受到禁锢：可是我的意愿在我看来始终是我的解放者和愉悦者。

意愿带来解放：这是关于意志和自由的真正教义——查拉图斯特拉如是将它教给你们。

不再想要、不再珍惜、不再创造！啊，让这种大疲乏始终远离我吧！

甚至在认识中，我也只感觉到我意志的生殖乐趣和生成乐趣；如果我的知识中有贞洁，那是因为它有生殖意志。

这意志引诱我远离上帝与诸神；假如有了——诸神，创造还算是什么东西！

可是它总是重新把我驱赶到人那里，我的炽热的创造意志；它驱使大锤砸向石头。

啊，你们这些人，我觉得在石头里睡着一个塑像，我的塑像中最美之塑像！它必然睡在最坚硬、最丑陋的石头中！

现在我的大锤无情地咆哮着砸向它的监狱。石头的碎块飞溅：这与我有何相干？

112 我要将它完成：因为一个影子来过我这里——万物中最安静、最轻盈的事物曾经来到我这里！

超人之美作为影子来过我这里。啊，我的兄弟们！还与我有何相干——这些神！——

查拉图斯特拉如是说。

关于怜恤者

我的朋友们，有人对你们的朋友说了一句讽刺话：“你们只要看一看查拉图斯特拉！他走在我们中间不是有如走在动物中间一样吗？” 113

可是，这样说就更好了：“认知者走在人中间就是走在动物中间。”

可是，人本身对于认知者来说就意味着：有着红脸颊的动物。

这是怎么回事？不是因为他不得不太经常地害羞吧？

哦，我的朋友们！认知者如是说：廉耻、廉耻、廉耻——这是人的历史！

因此，高贵者要求自己不要让人感到廉耻：他尤其要求自己对痛苦者感到廉耻。

真的，我不喜欢他们，这些慈善者，他们在自己的怜恤之中有福了：他们太没有廉耻。①

如果我不得不同情，那么我就不要称之为同情；如果我是同情了，那我喜欢在远处同情。

我甚至喜欢把脑袋遮起来，在我被认出来以前逃走：所以我命令你们干吧，我的朋友们！

但愿我的命运总是把无憾者，就像把你们一样，引导到我的路上，还有我**可以**与之分享希望、宴席、蜂蜜的人！

真的，我也许对痛苦者做了这事那事：可是当我学会了更加感到高兴的时候，我似乎总是在改进自己。 114

自从有人类以来，人类就太少感到高兴：我们的原罪，我的兄弟们，

---

① 参见《圣经·马太福音》第5章第7节：“怜恤人的人有福了。”

仅此而已！

如果我们学会更加感到高兴，那么我们最好忘记给别人造成痛苦，忘记去构想出痛苦。

所以我洗了帮助过痛苦者的手，所以我擦干净我的灵魂。

因为当我看着痛苦者痛苦的时候，我由于他有廉耻也对自己的做法感到廉耻；当我帮助他的时候，我严重伤害了他的自尊。

伟大的义务不让人感激，而是让人充满复仇心；如果小恩小惠不被忘记，由此产生的不过是慢慢蚕食的小虫子。

“你们要对接受感到淡漠！以此来使你们的接受与众不同！”——我如是劝说那些没有什么好馈赠的人。

可是我是馈赠者：我喜欢馈赠，作为朋友馈赠给朋友。可是，陌生人和穷人喜欢自己从我的树上摘取果子：这样更不让人羞愧。

不过，人们应该完全赶走乞丐！真的，你给予他们，你会生气，不给予他们，你也会生气。

同样也赶走罪人和愧疚者！相信我，我的朋友们：良心受到刺痛教人们去刺痛别人。

然而最糟糕的是卑贱的念头。真的，就是做坏事也比卑贱的念头强！

虽然你们说：“对小恶毒的乐趣使我们避免了一些大恶行。”可是，人们不应该在这里要求节俭。

恶行就像一个脓疮：痒痒，搔痒，溃烂——，它说话很诚实。

“瞧，我是疾病”——恶行如是说；这便是他的诚实。

115 可是，卑贱的观念像真菌一样：它爬行、蜷缩、不求去向何方——直到整个身体都在小小的真菌面前腐烂、萎缩。

可是，对于着魔者，我凑近他的耳朵说出这句话：“你最好把魔鬼抚养大！甚至对于你来说，也还有一条通向伟大的道路！”——

啊，我的兄弟们！人们关于每一个人的事情知道得太多了！有的人在我们面前变得很透明，可是我们仍然远远不能因此而看透他们。

和人一起生活很难，因为沉默如此之难。

我们不会最不合理地对待让我们厌恶的人，而对同我们毫不相干的人则不然。

可是，如果你有一个痛苦的朋友，那么就给他的痛苦当一个休憩的所在吧，然而要当一张硬邦邦的床，一张行军床：这样你就对它有最大的好处。

如果一个朋友对你做了坏事，那你就说：“我原谅你对我做的事情；可是如果你对你自己做了这事，——我如何可以原谅！”

所有伟大的爱都如是说：它甚至克制住宽恕和同情。

人们应该牢牢抓住自己的心；因为如果你松开它，你会多么迅速地对自己的头脑失去控制！

啊，世界上哪儿有比在同情者那里产生过更大的愚蠢？世界上有什么比同情者的愚蠢酿成更多的痛苦？

所有那些还没有达到超越于其同情之上高度的施爱者都有祸了！

魔鬼曾经对我如是说：“甚至上帝也有他的地狱：这就是他对人类的爱。”

最近我听见他说了这些话：“上帝死了，上帝死于他对人类的同情。”——

所以你们给我警惕着不要同情：**由此**而有一块沉甸甸的云雾压到了 116
人的心头！真的，我精通天气征兆！

可是你们也要记住这句话：所有伟大的爱都超越于它所有的同情之上：因为它还要创造——被爱者！

“我把自己奉献给我的爱，**也把我的邻人像我自己一样**奉献给我的爱”——所有创造者都如是说。

可是所有创造者都是无情的。——

查拉图斯特拉如是说。

关于教士

117 有一次，查拉图斯特拉向他的门徒做了一个手势，对他们说了这些话：

“这里是一些教士：尽管是我的仇敌，但是你们的剑不许出鞘，给我静悄悄地从他们身边经过！

他们中间也有英雄；他们中间许多人受了太多的痛苦——：所以他们想要让别人也受苦。

他们是凶恶的敌人：没有什么比他们的谦卑更充满复仇心。接触他们的人很容易玷污自己。

可是，我的血和他们的血有亲缘关系；我要知道我的血也在他们的血里受到尊敬。”——

当他们走过去之后，查拉图斯特拉感到痛苦；但是他在痛苦中挣扎了不久，就开始如是说：

我同情这些教士；他们也同我的趣味相左；但是自从我来到人们中间，这对我来说是最微不足道的事情。

然而我和他们在一起，现在和过去都很痛苦：对于我来说，这是些囚犯和复制品。他们称之为拯救者的人，给他们戴上了镣铐：——

在虚假价值和谵语的禁锢中！啊，但愿一个人能把他们从他们的拯救者手中拯救出来！

当大海使他们晕头转向时，他们曾以为登上了一个岛屿；可是，瞧，这是一只熟睡的巨大怪物！

虚假价值和谵语：这对于凡人来说，是最糟糕的巨大怪物，——长期以来，命运在它们身上休眠、等待。

可是，它终于来临，醒过来，狼吞虎咽，吞噬掉在它上面为自己建起小屋的一切。 118

哦，你们给我看一下这些教士们为自己建的小屋吧！他们将自己芳香的洞穴称为教堂。

哦，在这伪造的光之上，这沉闷的空气啊！在这里，灵魂不可以——飞向它的顶峰！

而他们的信仰则如是命令："跪着爬上台阶，你们这些罪人！"

真的，我宁愿看见无耻的人，也不愿意看到他们充满羞愧和虔诚的扭曲目光！

谁为自己创造了这洞穴和忏悔台阶？不是那些想要躲藏起来，羞于见到纯净天空的人吗？

只有当纯净的天空重新透过破碎的覆盖物投下它的目光，望着破墙上的草和红罂粟的时候，——我才愿意把我的心重新转向这上帝的所在。

他们称反对他们、给他们以痛苦的东西为上帝：真的，在他们的朝拜中颇有英雄气概！

除了把人钉上十字架，他们不知道其他爱其上帝的方法！

他们打算做行尸走肉，用黑颜色裹起尸体；从他们的言谈中我嗅到了停尸房里让人恶心的香料味道。

谁在他们附近生活，谁就是住在黑水潭的附近，水中的蟾蜍以甜美的深沉歌唱。

他们本应该给我唱更加动听的歌，我才会学着去相信他们的救世主：在我看来，他的门徒本应该显得更多地得到了拯救的样子！

我想要看见他们赤身裸体：因为只有美才应该宣讲忏悔之说。可是这种裹起来的哀伤说服得了谁！

真的，你们的救世主们自己也不是来自自由，不是来自自由的第七重天！真的，他们自己从来没有在知识的地毯上走过！

这些救世主的精神由空白构成；可是在每一个空白中，他们置入了 119
他们的幻觉，他们的替代品，他们称之为上帝。

他们的精神溺死在他们的同情里，当他们膨胀起来，漫溢着同情的时候，上面总是游动着大愚蠢。

他们喊叫着拼命驱赶他们的羊群走过他们的小木桥：好像通向未来的就只有一座小木桥！真的，这些牧羊人仍然属于羊群呀！

这些牧羊人有狭隘的思想、宏大的灵魂：可是，我的兄弟们，甚至最宏大的灵魂至今也是怎样的小国寡民啊！

他们在他们走的道路上写下了血字，他们的愚蠢教导说，人们用血来证明真理。

可是，血是真理的最糟之见证；血将最纯洁的信条毒化成心的幻觉和仇恨。

如果一个人为了他的信条而赴汤蹈火，——这证明了什么！更真实的是从自己的火焰中产生出自己的信条！

抑郁的心和冷静的头脑：两者碰到一起，就产生出泡腾效应，产生出“救世主”。

真的，有比人们称为救世主的、这些迷人的泡腾效应产生的人更伟大、更出身高贵的人呢！

我的兄弟们，如果你们想要找到通向自由的道路，你们就必然为比所有救世主都更加伟大的人所拯救！

从来还没有过一位超人。我看见赤裸裸的两个人，最伟大的人和最卑微的人：——

他们还是太相像了。真的，就是最伟大的人，我也发现他——太人性了！

查拉图斯特拉如是说。

关于有德者

人们不得不用雷声和天上的烟火来对麻木不仁的感官说话。 120

可是美的声音说话很轻：它只悄悄溜进最清醒的灵魂里。

我的盾今天轻轻抖动，对我笑；这是美的神圣笑容和颤动。

你们这些有德者，我的美今天笑话你们了。它的声音如是传到我这里："他们还要求——给钱呢！"

你们还要求给钱，你们这些有德者！你们为美德要求酬劳，为地要求天，为你们的今日要求永恒？

现在你们对我生气，就因为我教导别人说没有付酬劳者和发薪者吗？真的，我甚至没有教人说过，美德是它自己的酬劳。

啊，这是我的悲哀：人们将酬劳和惩罚的谎言置入了万物的土壤——现在甚至进入了你们灵魂的土壤，你们这些有德者！

可是，我的话应该有如公猪的嘴巴一样，拱开你们的灵魂之土；我很愿意称你们为犁铧。

你们土壤的所有秘密都应该暴露到光天化日之下；如果你们被翻起来，一块块地躺在阳光下，那么你们的谎言也就会从你们的真理中被排除。

因为这是你们的真理：你们相对于复仇、惩罚、酬劳、报答这些字 121
眼的污秽来说，是太纯洁了。

你们爱你们的美德，就像母亲爱她的孩子：可是你什么时候听说过一个母亲要求给钱来偿付她的爱呢？

这是你们最可爱的自我，你们的美德。你们身上有圆的渴望：每个圆拼命转动，都是为了重新抵达自我。

你们美德的每一个行为都像熄灭的星辰一样：它的光始终在途中，在漫游——何时它不再在途中呢？

所以，你们的美德之光仍然在途中，尽管行为已经完成。尽管行为现在被遗忘，已经不复存在：它的光束仍然活着，漫游着。

你们的美德应该就是你们的自我，不是一种他人的东西，一种表皮，一种掩饰：这是出自你们灵魂之土的真理，你们这些有德者！——

可是当然有这样的人，在他们看来，美德就是鞭子下的痉挛：你们在我看来，是太多地听信了他们的吆喝！

有另外一些人，他们称美德为他们恶习的怠惰；当他们的仇恨与嫉妒有一天伸展开四肢的时候，他们的"正义"就醒了，揉着它惺忪的睡眼。

还有另外一些人，他们被拖下去：他们的魔鬼拽着他们。可是，他们越往下沉，他们的眼睛越是放光，对上帝的渴望越是强烈。

啊，他们的喊叫也灌进你们的耳朵，你们这些有德者："我所不是者，我视之为上帝与美德！"

还有另外一些人，他们笨重地、吱吱嘎嘎地走来，像运载石头下坡的大车：他们大谈尊严和美德，——他们管制动器叫美德！

还有另外一些人，他们就像工作日里上了发条的钟表；它们发出滴答声，要求人们把滴答声称为——美德。

122 真的，我对这些钟表很有兴趣：无论在哪里，只要我看到这样的钟表，我就要嘲讽地给它们上发条；它们在我看来应该是在呼呼作响！

另外一些人对他们的少量正义很自豪，为此而亵渎万物：于是世界被溺死在他们的不公正之中。

啊，"美德"一词多么恶劣地出自他们之口！当他们说"我很公正"的时候，听起来始终像是："我报了仇！"①

他们要用他们的美德来挖掉敌人的眼睛；他们自高，只是为了降他

---

① "公正"和"报了仇"在德语里分别是"gerecht"和"gerächt"，这两个词只差一个字母，但发音是一样的。

人为卑。①

还有这样的人，他们坐在他们的泥地里，从芦苇丛中如是解释说：“美德——就是安静地坐在泥地里。

我们不咬人，也躲开要咬人的人；在一切事物中，我们没有自己的看法。”

还有这样的人，他们喜欢做姿态，认为：美德是一种姿态。

他们的膝盖总是在跪拜，他们的双手是对美德的赞美，可是他们的心却对美德一无所知。

还有这样的人，他们认为，说“美德是必要的”就是美德；可是他们实际上只相信警察是必要的。

有的人看不到人们的高大，就把太仔细地看到他们的卑微称为美德：也就是说，他把他的恶毒眼光称为美德。

有些人想要振奋精神，想要受到鼓舞，称此为美德；另外的人想要被彻底改变——也称此为美德。

这样，几乎所有人都相信参与了美德；至少每一个人都要当关于“善”与“恶”的专家。

可是，查拉图斯特拉的到来，不是为了对所有这些说谎者和傻瓜说： 123
“关于道德，你们知道些什么！关于道德，你们能知道些什么！”——

他要说的是，你们，我的朋友们，也许厌倦了你们从傻瓜和说谎者那里学来的陈词滥调：

厌倦了“酬劳”、“报答”、“惩罚”、“正义的复仇”之类的字眼——

厌倦了说：“一个行为因为不自私，所以就是好的。”

啊，我的朋友们！你们的自我在行动中，有如母亲在孩子心中一样：但愿我将此视为你们关于美德的承诺吧！

真的，我从你们那里收下了上百个承诺，以及你们美德发出的八音盒一般最动听的声音；现在你们对我发火，就像孩子生气一样。

他们在海边玩，——然后来了一个浪头，把他们的八音盒卷到了深

---

① 参见《圣经·马太福音》第23章第12节：“凡自高的必将为卑，自卑的必升为高。”

海里：现在他们哭泣着。

可是这同一个浪头应该会给他们带来新的八音盒，在他们面前撒下了新的色彩鲜艳的贝壳！

于是他们得到了安慰；像他们一样，你们，我的朋友们，也应该得到你们的安慰——和新的色彩鲜艳的贝壳！——

查拉图斯特拉如是说。

关于恶棍

生命是喜悦之泉；可是，在恶棍也一起喝水的地方，所有的井水都 124
有了毒。

我喜欢所有纯净的东西，可是我不喜欢看见裂开的嘴和不洁之人的干渴。

他们将眼光投入井里：现在我看见他们讨厌的微笑从井里反照出来。

他们用他们的渴望给神圣之水下了毒；当他们将他们的肮脏梦想称为快乐时，他们也使这些话有了毒。

当他们把湿漉漉的心放到火边上去时，火焰变得很不耐烦；在恶棍走近火焰的地方精神本身也在沸腾、冒烟。

他们手中的果子变得甜蜜而汁液过多：他们的目光使果树经不起风吹，树梢枯萎。

有些抛弃生命的人只是抛弃了恶棍：他们不要和恶棍分享井水、火焰和果子。

有些进入荒漠和野兽一起忍受干渴的人只是不愿意和肮脏的赶骆驼者一起坐在蓄水池周围。

有些像毁灭者、像下在果园里的冰雹一样来临的人只是想要用脚踩住恶棍的喉咙，让他窒息。

知道生存本身需要敌对、死亡和殉道者的十字架，这并不是我通常 125
难咽的苦酒：——

难咽的是我自己的发问，我几乎被它窒息而死：怎么？生存也需要恶棍吗？

有毒的井水，散发恶臭的火，肮脏的梦，生命之面包中的蛆虫，难道都是必要的吗？

不是我的憎恨，而是我的恶心，拼命侵蚀我的生命！啊，当我发现恶棍也富有精神的时候，我经常厌倦了精神！

统治就是就权力——同恶棍——做交易和讨价还价，当我注意到统治者们现在这样来看待统治时，我就背过身去，不理睬统治者！

我塞住耳朵，住在语言不通的民族中间：为的是他们做交易的语言和对权力的讨价还价对我仍然是陌生的。

我捏住鼻子，闷闷不乐地经历昨天与今天的一切：真的，昨天与今天的一切都散发着文人恶棍的恶臭！

像一个变得又聋又瞎又哑的残废人：就这样我活得很久，可以不必和权力恶棍、文人恶棍、淫乐恶棍同流合污。

我的精神费力地、小心地登上台阶；喜乐给它的布施是使它振作的饮料；拄着拐杖的盲目者就渐渐失去了活力。

可是，我这里发生了什么？我怎么摆脱了恶心？谁使我的眼睛变得年轻？我如何飞向不再有恶棍坐在井边的高处的？

我的恶心本身为我创造了翅膀和泉水般涌来的预感力？真的，我不得不飞向最高处，以便重新发现喜悦之泉！

哦，我发现了它，我的兄弟们！这里在最高处，喜悦之泉向我涌来！有一种没有任何恶棍可以同饮的活力！

126 你几乎过于凶猛地向我涌来，喜悦之泉！因为你要注满水杯，你往往一再把杯中水倒空！

我还得学会更谦虚地接近你：还有我的心太凶猛地向你涌去：——

我的夏天在我心上燃烧，这短暂、炎热、沉闷、过于倾向于天堂快乐的夏天：我的夏天之心如何渴望你的清凉！

我的春天之犹豫不决的痛苦过去了！我的六月雪花之恶毒过去了！我完全变成了夏天和夏天的正午！

一个高处的夏天，有着清凉的泉水和天堂的宁静：哦，你们来吧，我的朋友们，让宁静充满更多天堂的幸福！

因为这是**我们的**高处、我们的家园：对于所有不洁的人及其干渴来说，我们在这里住得太高、太陡。

把你们纯净的目光投入到我们的喜悦之泉中去吧，你们这些朋友们！它怎么会因此而变得浑浊呢！它应该以**它的**纯净对你们笑脸相迎。

在未来之树上我们建起我们的巢穴；老鹰应该用鹰之喙给我们这些孤独者带来食物！

真的，没有不洁之人可以分享的食品！但愿他们误以为可以食火，烫伤自己的嘴巴！

真的，在这里我们没有一个家园是给不洁之人的！愿我们的幸福意味着他们的肉体和精神的冰窟窿！

狂风是老鹰的邻人、雪的邻人、太阳的邻人，我们愿意像狂风一样在他们头顶上生活：狂风就是这样生活的。

有一天我要像一阵风一样吹到他们之间，以我的精神使他们的精神喘不过气来：我的未来就要是这样。

真的，对于所有低洼处来说，查拉图斯特拉就是狂风；他用这样的 127
建议劝说他的敌人和作祟、啐唾沫的一切：“你们要谨防**朝**风啐唾沫！”

查拉图斯特拉如是说。

关于毒蜘蛛

128 瞧，那是毒蜘蛛的洞穴！你想要亲眼看见它吗？这里挂着它的蜘蛛网：碰一碰它，让它颤动。

毒蜘蛛欣然走过来：欢迎你，毒蜘蛛！你的背上是黑色的三角形，这是你的标志；我也知道，你的灵魂中是什么。

你的灵魂中是复仇：无论你咬哪里，哪里就会长出黑痂；你的毒素和复仇一起使你的灵魂眩晕！

于是我用比喻对你们这些使灵魂眩晕的人说话，你们这些平等的说教者！对于我来说，你们就是毒蜘蛛和藏匿的一心复仇者！

但是我要把你们的藏匿处暴露到光天化日之下：所以我以我高处的笑容对着你们的面孔笑。

所以我撕你们的网，要让你们发怒，把你们从你们的谎言洞穴里引出来，让你们的复仇从你们的“正义”一词背后跳出来。

因为**让人类摆脱复仇**：这在我看来是通向最高希望的桥梁和长久雷雨之后的彩虹。

然而毒蜘蛛要求的却不一样。“让世界充满我们复仇的雷雨天，这对我们来说恰恰就是正义”——他们互相间如是说。

“我们要对所有跟我们不一样的人实行复仇，辱骂他们”——毒蜘蛛的心发誓说。

129 “‘平等意志’——这本身就应该在今后成为美德之名；针对拥有权力的一切，我们要提高嗓门喊叫！”

于是你们这些平等之说教者，无能暴君之疯狂，大声疾呼“平等”：你们最秘密的暴君欲望就此以美德的言辞做外衣！

苦恼的自负，压抑的嫉妒，也许是你们父辈的自负和嫉妒：从你们这里作为火焰和复仇的疯狂爆发出来。

父亲沉默的东西从儿子那里说出来，我经常发现儿子就是被揭示的父亲之秘密。

他们像是热情洋溢者：可是使他们热情洋溢的不是内心，——而是复仇。如果说他们变得精细冷静，那么使他们精细冷静的不是精神，而是嫉妒。

他们的嫉妒也引导他们走上思想家的小径；这是他们嫉妒的标志——他们总是走得太远：以致他们的疲乏最终不得不躺在雪上睡觉。

他们的任何抱怨都发出复仇的声音，在他们的任何赞美中都有一种尖刻；当法官对他们来说有如天堂幸福。

可是，我如是劝说你们，我的朋友们：不要相信所有惩罚欲望强烈之人！

这是劣等民族，血统不好；从他们脸上射出的是刽子手和密探的眼光。

不要相信所有那些奢谈其正义的人！真的，他们的灵魂缺乏的不仅是蜂蜜。

如果他们自称“善人与正义者”，那么你们不要忘记，他们当法利赛人，除了权力之外，已什么都不缺了！

我的朋友们，我不要与人掺和与混淆。

有这样的人，他们宣扬我的生命学说：同时他们又是平等之说教者和毒蜘蛛。

他们关于生命说些中听的话，尽管他们坐在洞穴里，这些毒蜘蛛， 130
背离生命：这是因为他们要以此刺痛别人。

他们要以此刺痛的是那些现在有权的人：因为这些人仍然最在行关于死亡的说教。

否则毒蜘蛛的说教就会不一样：正是他们，从前曾是最大的世界诽谤者和烧死异教徒的人。

我不愿意与这些平等之说教者掺和与混淆。因为正义对我如是说：

“人是不平等的。”

人甚至不应该变得平等！如果我有别的说法，那么我对超人的爱究竟会怎样呢？

人应该在上千座大小桥梁上挤向未来，应该有越来越多的战争和不平等置于他们之间：我的伟大之爱使我如是说！

他们怀着敌意，应该成为幻象与幽灵的发明者，并以他们的幻象与幽灵在相互间进行至高无上的斗争！

善恶、贫富、高低，以及各种名目的价值：应该成为武器，以及响当当的标志，表明生命必须一而再、再而三地超越自己！

生命本身用柱子和台阶高高在上地建构自己：它要眺望远方，直看到天堂至美，——所以它需要高度！

因为它需要高度，所以它需要台阶以及台阶和攀登者的矛盾！生命要攀登，在攀登中超越自己。

可是你们给我看一下，我的朋友们！在这个毒蜘蛛的洞穴之所在，拔地而起一座古代寺庙的废墟，——你们就以雪亮的眼睛给我朝那里看一眼吧！

131 真的，曾经在这里用石头高高垒起思想的人，就像最有智慧的人一样懂得全部生命的秘密！

甚至在美中也有斗争和不公平，有争夺权力和优势的战争：他在这里以最明晰的比喻如是教导我们。

这里的拱顶和穹隆在拼搏中互相映衬得多么神圣：它们如何以光与影互相对抗，这些神圣地对抗着的东西——

那就让我们确切地在美之中成为敌人吧，我的朋友们！我们要神圣地互相对抗！——

哎呀！毒蜘蛛咬了我，我的夙敌！它以神圣的确定性、神圣的美，咬了我的手指！

“必须有惩罚和正义——它如是想：他在这里不应该是徒劳地为敌对唱赞歌！”

是的，它复仇了！哎呀！现在它将以复仇使我的灵魂也晕眩起来！

可是，不要让我晕眩吧，我的朋友们，把我牢牢地绑在这根柱子上！我更愿意做柱子上的圣徒，而不愿意做复仇的旋涡！

是的，查拉图斯特拉不是旋风和龙卷风；如果说他是一位舞者，他也绝不是毒蜘蛛舞者！——

查拉图斯特拉如是说。

关于著名的智者

132 你们曾为人民和人民的迷信服务，你们所有这些著名的智者！——没有为真理服务！正因为此，人们崇敬你们。

人们甚至因此而容忍你们的无信仰，因为无信仰对于人民来说是一个笑话和一条迂回之路。于是主人听他的奴隶自便，还对他们的放肆感到赏心悦目。

可是，那种像狼遭到狗的讨厌一样让人民讨厌的人：他是自由精灵、枷锁之敌、无所崇拜者、林中栖身者。

把他从藏身处驱赶出来——这在人民那里始终意味着“正义感”：人民始终驱使他们牙齿最尖利的狗来对付他。

“因为人民在哪里，真理就在哪里！哎呀，追寻者有祸了！”一向都回响着如是的声音。

你们要让你们的人民有理由受到尊敬：你们称此为“求真意志”，你们这些著名的智者。

你们的内心总是在对自己说：“我来自人民：从那里也向我传来上帝的声音。”

你们作为人民的代言人，始终像毛驴一样固执而机敏。

有些想要和人民一起和睦相处的有权者还在他们的骏马前头套了——一头小毛驴：一位著名的智者。

133 现在我愿意，你们这些著名的智者，让你们最终把身上的狮子皮彻底扔掉！

这兽皮，这杂色斑点之皮，以及这位探究者、寻觅者、征服者的毛。

啊，让我学会相信你们的“求真”吧，你们首先得给我打破你们的崇敬意志。

求真——我如是称呼那种进入无神的荒漠之中，其崇敬之心已破碎的人。

在黄沙中烈日炎炎，他十分渴望清泉喷涌的绿洲，那里有生命在绿荫下休憩。

可是，他的干渴无法说服他变得像那些舒舒服服者一样：因为在有绿洲的地方就有偶像。

饥饿、残暴、孤独、无神：狮子的意志自愿如此。

免去奴仆的快乐，摆脱神和崇拜，无畏而可怕，伟大而孤独：这就是求真之人的意志。

荒漠中历来住着求真之人，作为荒漠的主人，这些自由精灵；可是在城市中却住着饱食终日者，著名的智者，——这些役畜们。

因为他们作为毛驴，始终拉着——**人民的**大车！

并不是我为此生他们的气：但是在我看来，他们始终是仆役和被驾驭者，尽管他们的挽具金光灿灿。

他们经常是好仆役和值得雇佣的人。因为美德如是说：“如果你不得不当仆役，那就寻找你的服务对其最有用的人！

你主人的精神和美德应该增长，因为你是他的仆人：所以你自己和他的精神与美德一起成长！”

真的，你们这些著名的智者，你们这些人民的仆人！你们自己和人民的精神与美德一起成长——而人民则通过你们而成长！我说这话是要向你们表示尊敬！

可是，在我看来，你们尽管有你们的美德，却始终是人民，是眼神 *134*
不好的人民，——不知道精神为何物的人民！

精神是本身像刀子一样插入生命之中的生命：依靠自己的痛苦，它增加了自己的知识，——你们可曾知道否？

精神的幸福是这样的：被涂上油膏，在人们的泪水中被作为牺牲品贡献出去，——你们可曾知道否？

盲人的盲目，以及他的寻求和摸索，应该仍能证明他注意到的太阳之威力，——你们可曾知道否？

认知者应该学会用大山来**建房**！精神移动大山不费吹灰之力，——你们可曾知道否？

你们只知道精神的火花：可是你们没有看见精神是铁砧，没有看见它的大锤的残酷！

真的，你们不知道精神的高傲！可是你们更不能忍受精神的谦虚，假如这种谦虚一旦想要表白的话！

你们决不可以将你们的精神扔到雪坑里：你们还没有足够的热量来应付！所以你们也不知道其寒冷之妙处。

可是，总而言之，在我看来，你们跟精神打得过于火热；你们经常用智慧建造起拙劣诗人的贫民院和医院。

你们不是老鹰：所以你们甚至体会不到精神惊恐中的快感。不是鸟类者，就不应该栖身在深渊的上方。

你们在我看来不冷不热①：可是深刻的知识都清冷地流动。最内在的精神之井是冰冷的：是灼热之双手与行为的清凉剂。

在我看来，你们受人尊敬地站在那里，直挺挺的，腰板笔直，你们这些著名的智者！——烈风和强大的意志也动弹你们不得。

你们从未见过鼓起的风帆越过大海，在狂风暴雨中颠簸？

135 像风帆一样，我的智慧越过大海，在精神的狂风暴雨中颠簸——我的疯狂的智慧！

可是你们这些人民的仆人，你们这些著名的智者，——你们如何能与我同行！——

查拉图斯特拉如是说。

---

① 参见《圣经·启示录》第3章第16节：“你既如温水，也不冷也不热，所以我必从我口中把你吐出去。”

夜之歌

夜已降临：现在所有的喷泉都更加响亮地侃侃而语。而我的灵魂也 136
是一股喷泉。

夜已降临：现在才有所有爱者之歌的复苏。而我的灵魂也是一位爱者的歌。

一种不平静的、不可平静的东西在我身上；它将变得很响亮。我身上有一种对爱的渴望，它自己说着爱的语言。

我是光：啊，但愿我是夜！我被光所围绕，可这正是我的孤独。

啊，但愿我是黑暗和夜色！我多么愿意吮吸着光的乳房！

我愿意祝福你们，你们这些闪烁的小星星，天上的萤火虫！——由于你们光的赠予，我享受天国之乐。

但是我生活在我自己的光里，我重新吞下从我身上爆发出来的火焰。

我不懂得收受者的幸福；经常在梦中想，偷一定比受更为有福。①

这是我的贫乏：我的手从不停止给予；这是我的嫉妒：我看见等待的眼光和星光照亮的渴望之夜。

哦，一切施予者的不幸啊！哦，我的太阳变得暗淡无光！哦，对渴 137
望的渴望！哦，饱食中的突发性饥饿！

他们向我索取：但是我触到他们的灵魂了吗？在施予和收受之间有一条鸿沟，而最小的沟壑要最后才架桥梁。

一种饥饿从我的美中生出：我想伤害我所照亮的人们，我想抢劫我所给予的人们——于是我渴望着恶毒。

有人朝我的手伸出手来时，我却缩回我的手；就像瀑布在急降时犹

---

① 参见《圣经·使徒行传》第20章第35节：“……当记念主耶稣的话，说，施比受更为有福。”

豫了一下——于是我渴望着恶毒。

我的充裕构思了这样的复仇：从我的孤独中涌出这样的恶意。

我在施予中得到的幸福，也在施予中死亡，我的道德已经厌倦了它自己的充裕！

始终的施予者，其危险在于：他会丧失羞耻；始终分发的人，其手、其心就会由于纯粹的施予而生出茧子。

我的眼睛不再为恳求者的羞愧而落泪；我的手变得冷酷无情，感觉不到收受者的手在颤抖。

我眼睛里的眼泪和我心中的细腻到哪里去了？哦，所有施予者的孤独！哦，所有照耀者的沉默！

许多太阳在荒芜的空间转圈：对所有黑暗的东西，它们用它们的光来说话——它们对我却缄口不言。

哦，这是光对照耀者的敌意，它毫无怜悯地沿着它的道路前进。

发自内心最深处对发光体的不公，对各种太阳的冷漠——每个太阳如是行。

太阳循着它们的轨道有如一场风暴般飞行，这便是它们的行。它们服从它们无情的意志，这便是它们的冷漠。

138 哦，你们这些黑暗与夜色，只有你们才从发光体取得温暖！哦，只有你们才从光的乳房畅饮乳汁与慰藉！

啊，冰在我周围，冰冷的东西烫伤了我的手！啊，我心中干渴，渴望着你们的渴。

夜已降临：啊，我竟必须是光！以及对夜色的渴望！以及孤独！

夜已降临：我的要求像泉一般从我身上涌出——要求我言语。

夜已降临：现在所有的喷泉都更加响亮地侃侃而语。而我的灵魂也是一股喷泉。

夜已降临：现在才有所有爱者之歌的复苏。而我的灵魂也是一位爱者的歌。——

查拉图斯特拉如是唱。

舞之歌

有一天晚上，查拉图斯特拉和他的门徒一起穿越森林；在他寻找一 139
口井的时候，瞧，他来到了一片绿色草地上，周围有大树和灌木丛围绕：草地上有姑娘们在一起跳舞。姑娘们一认出查拉图斯特拉，便停止了跳舞；可是，查拉图斯特拉神情友善地朝她们走去，说出如下的话来：

“不要停止跳舞，你们这些可爱的姑娘！来到你们跟前的，不是什么带着恶魔眼光的败兴者，不是少女之敌。

我是在魔鬼面前的上帝代言人：魔鬼是重力之神。我怎么可以，你们这些神圣的轻盈者，与神圣的舞蹈为敌？或者与踝骨玲珑的少女之足为敌？

我无疑是一片森林，一片幽暗树木之黑夜：可是谁不怕我的黑暗，谁就也会在我的柏树下找到开满玫瑰的斜坡。

他也肯定会发现女孩们最喜爱的小爱神：他静静躺在井边，闭着眼睛。

真的，他竟然在大白天睡觉，这游手好闲的家伙！大概他追逐蝴蝶追得太多了？

你们这些美丽的舞者，假如我惩罚一下小爱神，不要生我的气！他当然会喊叫、哭泣，——可是他就是在哭泣中也还是很可笑！

他会含着眼泪请求与你们共舞；我自己也要为他的舞蹈唱一支歌：

一支舞蹈歌曲和一支对重力之神讽刺的歌曲，我的最高、最强大的 140
魔鬼，人们把他说成是‘世界的王’①。”——

---

① 参见《圣经·约翰福音》第 12 章第 31 节：“现在这世界受审判，这世界的王要被赶出去。”

这就是丘比特与姑娘们一起跳舞时查拉图斯特拉所唱的歌。

我最近注视你的眼睛，哦，生命！在那里，我似乎陷入了无底深渊。

可是，你用金色的钓竿把我拽出；当我说你深不见底时，你讽刺地笑了。

“这就是所有鱼的语言，”你说，“**它们**不探究的东西便是深不见底。

然而，我不过是可以改变的，尚未开垦的，总而言之，是一个女性，一个无德的女性：

尽管我把你们男人叫做‘深刻者’或者‘忠诚者’、‘永恒者’、‘深奥莫测者’。

然而你们男人总是赋予我们以你们自己的美德——啊，你们这些有德者！”

于是，她笑了，这不可置信的家伙；可是当她说自己不好时，我从来不相信她和她的笑。

当我私下里同我的疯狂智慧谈话时，她愤怒地对我说：“你要求，你渴望，你爱，仅仅因为此，所以你才**赞美**生命！”

我几乎要恶毒地做出回答，并把真相告诉这位愤怒者；你做出回答时，再恶毒不过的便是对你的智慧“说出真相”。

我们三者之间就是这样。从心底里说，我只爱生命——真的，当我恨它的时候，也最爱它！

但是我喜欢智慧，往往太喜欢了：这是因为她十分强烈地让我想起了生命！

她有她的眼睛、她的笑，甚至她的金色钓竿：两者相互间如此相像，我有什么办法？

141 有一次生命问我：智慧，究竟是谁？——这时候我急切地回答说：“啊，是的，智慧！

人们渴望她，不厌其烦透过面纱看她，透过网眼捕捉她。

她美吗？我怎么知道！可是用她来做鱼饵，连最老的鲤鱼也会上钩。

她是可以改变的，又是倔强的；我经常看见她咬自己的嘴唇，倒着梳自己的头发。

也许她恶毒而虚伪，总之是个女人；可是当她说自己不好时，恰恰是她最有诱惑力的时候。”

当我把这告诉生命的时候，它狡黠地笑了，闭上了眼睛。“你究竟是在说谁？”它说，“是在说我吗？

即使你说得有道理，——你怎么竟然当面对我**这样**说呢！可是现在说说你的智慧吧！”

啊，现在你又重新睁开眼睛，哦，可爱的生命！我似乎觉得，我又陷入无底深渊。——

查拉图斯特拉如是唱。可是当舞蹈结束，女孩们离去时，他变得很伤心。

“太阳早已下山，”他终于说，“草地湿漉漉的，林中吹来凉气。

我周围有一种不熟悉的东西沉思着凝视我。怎么！你还活着，查拉图斯特拉？

为什么活着？为何缘故活着？何以活着？何去何从？如何活着？仍然活着，不是很愚蠢吗？——

啊，我的朋友们，这是黄昏在我心中如是问道。请原谅我的悲伤！

是黄昏时分了：黄昏已经来临，请原谅我！”

查拉图斯特拉如是说。

坟之歌

142 “那里是坟墓之岛，宁静的岛屿；那里也是我的青春之墓。我要拿去一个常青的生命之花环。”

于是我心中下定决心，航行越过大海。——

哦，你们，我青春的幻觉和幻象！哦，你们大家这些爱的目光，你们这些神圣的时刻！在我看来，你们消逝得多快啊！我今天怀念你们，就像怀念我自己的先人。

从你们那里，我最亲爱的死者，向我传来一股甜蜜的气息，令人柔肠寸断，催人泪下。真的，它震颤了、融化了孤独航行者的心。

我仍然是最富有者和最受嫉妒的人——我这个最孤独的人！因为我拥有你们，你们也仍然拥有我：请告诉我，这样的红苹果从树上落下，可曾掉落到谁家，就像掉落到我手中一样？

我始终是你们的爱之继承人和土地，为纪念你们，艳丽的美德之野花竞相盛开，哦，你们这些最亲爱者！

啊，我们被置于相邻的位置，你们这些可爱的、陌生的奇迹；你们不是像胆怯的鸟类那样来到我和我的渴望跟前——不是，而是作为信赖者来到信赖者跟前！

是的，为忠诚而造就，像我一样，为了亲切的永恒而造就：现在我
143 不得不根据你们的不忠来称呼你们，你们这些神圣的目光和时刻：我还没有学会别的名称。

真的，在我看来，你们死亡得太快，你们这些逃亡者。可是，你们既躲不开**我**，我也躲不开你们：我们相互之间的不忠，大家都清白无辜。

为了杀死我，人们掐死了你们，你们这些为我的希望鸣叫的蝉！是

的，你们这些最亲爱者，恶意之箭总是射向你们——要击中我的心！

箭已中的！因为你们始终是我最真挚的，我的所有和我的迷狂：所以你们不得不英年早逝，死得太早，太早！

人们把箭射向我最易受伤之处：正是你们，皮肤像绒毛一样，更像转眼即逝的微笑！

可是，我要这样对我的敌人说：与你们对我所做的事情相比，所有对人类的屠杀又算得了什么！

你们对我做的，比所有对人类的屠杀都更加恶毒；你们从我这里拿走的，是无法挽回的东西：——我对你们如是说，我的敌人们！

你们谋杀了我青春的幻境和最亲爱的奇迹！你们夺走了我的游伴，天堂的精灵！我给你们的记忆放下这花环和诅咒。

这个诅咒给你们，我的敌人们！你们使我的永恒缩短，就像一个声音在寒夜里破碎！永恒来到我跟前几乎不及神圣之眼的闪烁，——转瞬即逝！

我的纯粹在好时光中曾如是说："一切事物对于我都应该很神圣。"

这时候你们突然驱使肮脏的鬼魂纠缠我；啊，那好时光躲到哪里去了！

"所有的日子对于我都应该是神圣的"——我青春的智慧曾如是说：真的，一种快乐智慧之言！

可是，你们这些敌人偷走了我的夜晚，将它们出卖给无眠的痛苦：啊，那种快乐智慧躲到哪里去了？

我曾渴望好兆头：你们却让我碰上了猫头鹰怪物，一个凶兆。啊， 144
我的亲切的渴望躲到哪里去了？

我曾发誓不再有恶心：你们却把我的亲近者和最亲近者变成了疖子。啊，我最高贵的誓言躲到哪里去了？

作为盲目者，我曾走过升天之路：你们却将污垢扔在盲人道上：现在让他厌恶了古老的盲人道。

当我做我最困难的工作、庆祝我的克敌制胜时：你们却使爱我者大呼小叫，我给爱我者造成了最大的痛苦。

真的，这始终是你们的所作所为：你们让我的最佳蜂蜜，让我最佳蜜蜂的努力，变成了我的苦涩。

你们总是把最放肆的乞丐送来接受我的善行，你们总是让不可救药的无耻之徒挤在我的同情周围。于是你们伤害了我的美德的信赖。

如果我仍然拿我最神圣的东西来做出牺牲：你们的虔诚立刻就添加上它更为丰厚的礼品：于是我的最神圣物品在你们那些油脂的烟雾缭绕中窒息。

我曾想要跳舞，跳我还从未跳过的舞：我要跳着舞越过整个苍天。这时你们却在那里劝服了我最亲爱的歌手。

现在他唱出一支可怕而沉闷的曲子；啊，他朝我耳朵发出嘟嘟的声音，就像阴森森的号角！

要命的歌手，恶的工具，最无辜者！我正准备跳最好的舞蹈：你却以你的声音扼杀了我的陶醉！

只有在舞蹈中我才懂得如何说出最高尚事物的比喻：——现在我的最高比喻无言地留在我的四肢中！

我的最高希望保持了沉默，始终未从痛苦中得到救赎！我青春的幻影和安慰全成泡影！

只是我是如何忍受的呢？我如何熬过并战胜这样的伤痛？我的灵魂是如何从这些坟墓中复活的？

145 是的，我有一种不受伤害、不被埋葬的东西，一种摧毁岩石的东西：那就是我的意志。它默默地行走，长年不变。

它靠我的脚来走路，我的古老的意志；它的意识是无情的、不受伤害的。

我只有脚后跟不受伤害。你始终在那里存活，一成不变，最坚忍者！但愿你冲破所有的坟茔！

在你心中仍然活着我青春未被救赎的东西；你作为生命和青春满怀希望地坐在这里，坟茔的黄色废墟上。

是的，在我看来，你是所有坟茔的摧毁者：万岁，我的意志！只是在有坟茔之处，就有复活。——

查拉图斯特拉如是唱。

关于自我超越

你们这些最有智慧的人，驱使你们、使你们激动不已的东西，你们 146
称之为“求真意志”吗?

认为一切存在物都可以想象的意志：**我**如是称呼你们的意志!

你们想要首先**使**一切存在物都可以想象：因为你们十分怀疑它是否可以想象。

可是，它应该同你们相适应，服从你们！你们的意志如是要求。它应该变得顺溜，臣服于精神，作为它的镜子和映像。

这就是你们作为一种强力意志的全部意志，你们这些最有智慧的人；尽管你们谈论善恶，谈论价值判断。

你们还要创造你们可以跪拜的世界：所以这是你们最后的希望和陶醉。

当然，无才智者，大众——他们就像河流，小船在上面漂流：在船上庄重地坐着化了妆的价值判断。

你们将你们的意志和你们的价值置于变化的河流之上；为我显露出一个古老的强力意志，这就是大众相信是善恶的那种东西。

正是你们，你们这些最有智慧的人，将这样的客人放在了船上，给它们以富丽堂皇和骄傲的名字，——你们和你们的统治意志!

河流载着你们的小船继续向前：它**不得不**载着它。无论浪花是否溅 147
起、是否狂怒地拍打龙骨，都没有关系!

你们的危险、你们善恶的终结不是这河流，你们这些最有智慧的人：而是那种意志本身，那种强力意志，——那种不可穷尽的、具有生殖力的生命意志。

可是，为了让你们理解我的善恶之名言：我另外还要对你们说生命之名言，关于一切有生命事物的性质之名言。

我探究有生命的事物，我走最大的大路和最小的小路，以认识其性质。

当它闭上嘴的时候，我用千面镜抓住它的目光：让它的眼睛同我说话。它的眼睛已经同我说了话。

可是，只要在有生命事物的地方，我也听到关于服从者的谈话。一切生物都是一种服从的事物。

而我听到的第二点是：不能服从自己的人就要被人命令。所以这是生物的性质。

可是，我听到的第三点是：命令比服从更难。不仅命令者承担所有服从者的重负，而且这种重负很容易将他压垮：——

在我看来，似乎所有的命令中都有一种尝试和冒险；无论何时，只要有生命的事物一发出命令，它就因此而自己冒了风险。

甚至在它命令自己的时候，它也不得不为自己的命令受到惩罚。它不得不成为它自己法则的法官、复仇者和牺牲品。

这究竟是怎么发生的！我如是问自己。是什么东西说服了生物既服从又命令，在命令中贯彻服从？

你们现在听我言，你们这些最有智慧的人！认真地检验一下，我是否钻进了生命本身的心脏，直达它的心脏之根本！

148 在我发现有生命事物的地方，我就发现强力意志；我还在仆人的意志中发现了当主人的意志。

弱者应该为强者服务，弱者的意志劝说他，弱者的意志是要当更弱者的主人：他单单不想放弃这种乐趣。

正如卑微者屈从于伟大者，从而能从最卑微者那里获取乐趣和力量：最伟大者也为了强力的缘故而屈从，并贡献——生命。

这是最伟大者的屈从：它是冒险、危难和孤注一掷。

在有牺牲、服务和爱恋眼光的地方：也有做主人的意志。弱者走秘密小径溜进城堡，直抵强者的心脏——在那里偷走了强力。

生命本身把这个秘密告诉我。“瞧，”它说，“我就是**总是不得不超越自我的东西**。

当然，你们称之为生殖意志，或者目的冲动，求更高、更远、更多样性的目的冲动：可是这一切都是唯一的秘密。

我宁愿毁灭，也不愿意放弃这唯一；真的，在有毁灭和落叶的地方，瞧，就有生命做自我牺牲——为了强力！

我不得不是斗争、生成、目的和目的间的对立：啊，猜得出我的意志的人，也就猜出我的意志不得不走怎样**曲折的**道路！

无论我创造了什么，无论我多么爱它，——不久我必然成为它和我之所爱的对手：我的意志要求如此。

甚至你这位认知者，也只是我的意志的一条小径和足迹：真的，我的强力意志踩着你的求真意志的足迹行走！

向真理射去‘存在意志’之言的人当然是射不中真理的：这种意志——不行！

因为：不存在的东西，是不可能有意志的；而已经存在的东西，怎 149
么可能还要实现存在！

只是，在有生命的地方也有意志：然而不是求生意志，而是——我如是教给你听——强力意志！

有许多东西被有生命的事物评价得比生命本身更可贵；可是作为评价本身发言的是——强力意志！”——

生命曾如是教导我：由此我还给你们，你们这些最有智慧的人，解开你们的内心之谜。

真的，我告诉你们：不会消失的善恶——是不存在的！它不得不一再自愿地克制自己。

你们以你们的价值和善恶言论来施行你们的权力，你们这些价值判断者：这是你们的秘密之爱，你们灵魂的闪烁、颤抖和漫溢。

可是，一种更强大的权力从你们的价值中生长出来，一种新的超越：鸡蛋和鸡蛋壳在它那里碰得粉碎。

不得不成为善恶之创造者的人，真的，不得不首先成为一个摧毁者，粉碎价值。

于是，最高的恶属于最高的善：可这是创造者的善。——

你们这些最有智慧的人，让我们只是谈论它是否同样糟糕。沉默更糟糕，一切沉默的真理都变得有毒。

让能被我们的真理粉碎的一切都粉碎吧！还有一些房子要盖！

查拉图斯特拉如是说。

关于崇高者

我大海的海底很宁静：谁会猜得到它隐藏着爱开玩笑的怪兽！ 150

我的内心深处是坚定的：可是它闪烁着飘忽不定的谜和笑声。

今天我看见一位崇高者，一位庄重者，一位精神的赎罪者：哦，我的灵魂如何地嘲笑他的丑陋啊！

挺起胸膛，像在做吸气：他如此站在那里，那位崇高者，一言不发：

身上挂着丑陋的真理，他的猎获物，还有许多撕破的衣服；他身上还挂着许多荆棘——可是我看不见玫瑰。

他还没有学到笑和美。这位猎人脸色阴沉地从知识的森林里回来。

他从同野兽的搏斗中归来：可是，在他的严肃目光中，透出另一只野兽——一只未被征服的野兽！

他像一只想要跳跃的老虎一样始终站在那里；可是我不喜欢这种紧张的灵魂，我的趣味讨厌所有这些退缩者。

你们告诉我，朋友们，不应该进行关于趣味和品味的争论？可是所有生命都是趣味和品味之争！

趣味：它同时是重量、天平、称重者；所有那些想要不用进行重量、 151
天平、称重者之争而生活的生物都有祸了！

这崇高者，在他厌倦了他的崇高时：这时候，他的美才会开始，——这时候，我才要品味他，发现他有趣味。

只有在他避开自己时，他才会跳过自己的阴影——真的！才会进入到**他的**阳光里。

他在阴影里坐得太久，精神赎罪者的脸颊都变得苍白了；他期待得快要饿死了。

他的眼里仍有着蔑视，他的嘴上隐匿着厌恶。虽然他现在是在休憩，可是他的休憩尚未沐浴在阳光里。

他应该像公牛一样行事；他的幸福应该散发大地的气味，而不是对大地之蔑视。

我想看见他是一条白色的公牛，看它如何呼呼作响地咆哮着走在犁铧的前头：它的咆哮应该赞美大地的一切！

他的面貌仍然黝黑，手的阴影在他脸上跳跃。他眼睛的感官仍然被蒙上了阴影。

他的行为本身仍然是他身上的阴影：人手遮蔽了行为的人。他尚未克制他的行为。

我的确爱他的牛脖子：但是我现在也要看见天使的眼睛。

他甚至还不得不忘却他的英雄意志：他在我看来应该是一位高雅者，不仅是一位崇高者：——苍穹本身将把他举起，这位无意志者！

他战胜了怪兽，他解开了谜：可是他还应该拯救他的怪兽，他的谜，他应该把它们变成上天的孩子。

他的知识尚未学会微笑，而且没有嫉妒；他的奔腾的激情尚未在美中变得安宁。

152 真的，他的渴望不应该在满足中，而应该在美中变得沉默并隐匿起来！优美属于伟大思想者的慷慨。

把胳膊放在头上：英雄应该如此休息，他还应该如此战胜他的休息。

可是，恰恰对于英雄来说，美是所有事物中最难的。美不是所有强烈的意志都可以得到的。

多一点，少一点：在这里恰恰是多，在这里恰恰是最多。

处于肌肉懒散、意志不受束缚的状态：这对于你们所有人，你们这些崇高者，是最难的！

当强力变得仁慈，降临到可见事物中：我就把这样的降临称为美。

我要求于你的美，甚于其他任何人，你这位强有力者：你的善就是你对自我的最终胜利。

我相信你会做出一切恶事来，所以我要求于你的是善。

真的，我经常嘲笑弱者，他们相信自己是善的，因为他们有一瘸一拐的爪子！

你应该竭力仿效柱子的美德：它越是高高耸立，它就变得越美、越精致，但是内在地，它也变得越坚挺，越有承受力。

是的，你这位崇高者，有一天你会很美，把镜子举到你自己的美跟前。

这时候，你的灵魂将在神圣的渴望面前战栗；在你的虚荣中也仍然会有朝拜！

因为这是灵魂的秘密：只有当英雄抛弃它的时候，才会在梦中有——超英雄走近它。

查拉图斯特拉如是说。

关于教化之邦

153 我飞入到未来中太远：突然感到一种恐惧。

当我看周围时，瞧！只有时间是我唯一的同时代人。

这时我飞回去，飞回家去——越飞越急迫：于是我来到你们这里，你们这些现代人，进入到教化之邦。

我第一次用眼睛来看你们，还有满心的渴望：真的，我怀着渴望而来。

可是我遇上了什么？尽管我也感到害怕，——但是我不得不笑！我的眼睛从来没有看见过如此五彩缤纷的斑点！

我笑了又笑，这时候我的脚颤抖起来，我的心也颤抖起来："这里简直是所有颜料罐的家乡！"——我说。

脸上和四肢上画了五十块彩色图案：你们如此坐在那里，让我很是吃惊，你们这些现代人！

你们周围有五十面镜子恭维和重复你们的色彩变幻！

真的，你们这些现代人，你们根本不可能有比你们自己的脸更好的面具了！谁能够——认出你们来！

写满了过去的符号，这些符号又画上了新的符号：所以你们在所有符号解说者面前很好地把自己藏匿了起来！

即使有人要对你们做彻底检查：你们也不会让人相信有什么东西好检查的！你们似乎是用颜料烘烤出来的，还有黏合在一起的小卡片。

154 所有的时代和民族都可从你们的面纱上看出，看到的是五彩缤纷；所有的习俗和信仰都以你们的表情谈话，谈得是眉飞色舞。

若有谁去掉了你们的面纱、斗篷、颜料和表情：留下的东西恰好够用来吓唬飞鸟。

真的，我自己就是惊弓之鸟，曾因看到你们光着身子、毫无色彩而受了惊吓；当那骷髅向我暗送秋波的时候，我逃之夭夭。

我更愿意在阴间、在过去的幽灵那里打短工！——甚至阴间里的人也比你们更丰腴、更丰满！

这，是的，这就是让我的内脏感到苦涩的事情：我既不能忍受你们赤身裸体，也不能忍受你们穿衣戴帽，你们这些现代人！

未来一切可怕的东西，让迷失方向的飞鸟感到惊恐的东西，真的比你们的“现实”更亲切、更自在。

因为你们如是说：“我们完全是现实的，没有信仰和迷信”：于是你们昂首挺胸——啊，甚至没有胸膛！

是的，你们应该怎样才**能够**信仰，你们这些彩色斑点！——你们便是画着曾被信仰之一切的图画！

你们是对信仰本身之活生生的反驳，是所有思想的错位。**不可信的人：我**如是称呼你们，你们这些现实的人！

所有时代都在你们的思想里喋喋不休地对抗，所有时代的梦和闲谈都比你们的清醒更现实！

你们不会生育：**所以**你们没有信仰。可是，不得不进行创造的人也始终有着其能应验的梦想和黄道十二宫的征兆——并相信信仰！——

你们是半开的大门，掘墓人就等在门边。这是你们的现实：“一切都值得一死。”

啊，你们站在那里是怎样的一副样子啊，你们这些不会生育的人，155
多么瘦骨嶙峋！你们中间有些人一定明白了这一切。

他们说：“一定是有一个神趁我睡觉时悄悄偷走了我的东西吧？真的，足以用它来给自己塑造一个小女人了！

奇妙的是我的瘦骨嶙峋！”有些现代人如是说。

是的，你们让我只想笑，你们这些现代人！尤其是在你们对自己感到惊奇的时候！

要是我不会笑你们的惊奇，不得不喝下你们盆子里所有那些令人恶心的东西，那就让我倒霉去吧！

可是，我要把你们变轻，因为我不得不挑**重担**；如果甲虫和金龟子坐在我的重担上，我是无所谓的！

真的，它不会因此而让我感觉更重一点！我的巨大疲劳不是来自于你们，你们这些现代人。——

啊，带着我的渴望，我现在该往何处攀登！我从所有的山上眺望，寻找祖国和本土。

可是，我哪儿也找不到家乡：我在所有的城市里都不得安宁，在所有大门边都是一段旅程的开始。

我的心最近驱使我遇见的现代人是我所陌生的，是对我的一种讽刺；我从祖国和本土被驱逐出去。

所以我单单还爱我的**童子之邦**，在最遥远的海上尚未发现的地方：我吩咐我的船帆苦苦搜寻。

我是我父辈的孩子，为这一点，我要对我的孩子做出弥补：对未来做出弥补——为了**这个**现在！

查拉图斯特拉如是说。

关于无瑕疵的认识

昨天月亮升起时，我误以为他①要生出一个太阳来：他卧在地平线 156
上，宽宽大大地挺着大肚子。

可是，在我看来，他是一个说自己怀孕的说谎者；我宁愿相信月亮上的男人，而不相信女人。

当然，他也不是什么男人，这胆怯的夜游神。真的，他心中有鬼地从屋顶上走过。

因为他贪婪又嫉妒，这月中的僧侣，他贪恋尘世大地，贪恋爱者的所有欢乐。

不，我不喜欢他，这屋顶上的猫儿！所有偷偷摸摸围着半闭的窗户转来转去的东西我都讨厌！

他虔诚地默默走到布满星星的地毯上：——可是我不喜欢所有轻轻走路的男人之脚，在上面都没有一副马刺格格作响。

每一个诚实者的脚步都会说话；可是，猫儿偷偷摸摸在地上溜走。瞧，月亮犹如猫儿一般不诚实地走过来。——

我把这个比喻给你们这些感伤的伪君子，你们这些“纯粹的认识者”！**我**叫你们——贪婪者！

甚至你们也爱大地和尘世：我猜得出你们！——可是，你们的爱中有羞耻，有愧疚，——你们就像月亮！

有人说服你们的精神而不是你们的内脏去蔑视尘世：而**内脏**却是你 157

---

① 在德语中，“月亮”是阳性词，“太阳”和“大地”是阴性词。考虑到尼采在本篇中有意识地从性别的角度来探讨这三者之间的关系，所以在本篇中，“月亮”都以“他”来指代，“太阳”和“大地”则用“她”来指代。

们身上最强大的东西!

现在你们的精神羞于顺从你们的内脏，由于它自己的羞愧而走秘密小径和谎言之路。

“我觉得这是最高尚的”——你们好说谎的精神自言自语——“毫无欲念地，而不是像垂涎的狗一样来观望生活:

在观望中感到幸福，消解了意志，没有私心杂念的支配与贪欲——全身冰凉、苍白，然而却带着一双陶醉的月亮之眼!

这是我的最爱，”——被诱惑者如是诱惑自己说——“热爱大地，像月亮热爱大地一样，只用目光来触摸她的美。

我称此为对万物的**无瑕疵的**认识：我无求于万物，除非我可以像一面有一百只眼睛的镜子一样横在它们面前。”——

哦，你们这些感伤的伪君子，你们这些贪婪者！你们在欲念中缺乏清白无辜：现在你们因此而败坏了渴望的名誉!

真的，你们不是作为创造者、生殖者、为生成而欢欣者来热爱大地的!

无辜在哪里？在有生殖意志的地方。而想要超越自我而创造的人在我看来就是拥有了最纯粹的意志。

美在哪里？在我**不得不**以全部意志**欲求**的地方；在我欲爱欲死，从而使形象不仅仅是形象的地方。

爱与死：自古以来就互相一致。求爱的意志：也就是说，愿意去死。我对你们这些懦夫如是说!

可是，你们却要把失去了男子气的斜视称作“宁静”！把怯懦的眼光触摸到的东西起名为“美”！哦，你们这些高贵名称的玷污者!

可是，这应该是你们的诅咒，你们这些无瑕疵者，你们这些纯粹的

158 认识者：你们将永远不会生育，尽管你们宽宽大大地挺着大肚子卧在地平线上!

真的，你们满嘴高贵的辞藻：我们就应该相信你们是情不自禁吗，你们这些撒谎大王?

可是，**我的**话是微不足道的话、受蔑视的话、拐弯抹角的话：我很

愿意拾起你们吃饭时掉到桌子底下去的东西。

我始终能用这些话——对伪君子说出真理！是的，我的鱼刺、贝壳、针叶应该——挠你们这些伪君子的鼻子，让它痒痒！

你们和你们膳食的周围空气总是很糟糕：你们的贪婪念头、你们的谎言和秘密真的都散发在空气中！

首先要敢于相信你们自己——相信你们自己和你们的内脏吧！不自信者总是说谎。

你们在自己面前挂着一个神的面具，你们这些“纯粹者”：在一个神的面具里藏着你们令人毛骨悚然的环节动物。

真的，你们欺骗，你们这些“宁静者”！甚至查拉图斯特拉也曾经被你们的神圣外皮蒙骗，他没有猜到外皮里面满满地盘绕着蛇的身体。

我曾误以为在你们的游戏中看到了一位神的灵魂在玩耍，你们这些纯粹的认识者！我曾误以为没有什么艺术比你们的艺术更好！

距离对我隐瞒了蛇的污秽和恶臭：蜥蜴狡诈贪婪地在这周围爬来爬去。

可是我走**近**你们：这时我发现白昼降临——现在它到你们那里去，——月亮的私通到此为止！

你们往那边看！它被逮住，脸色苍白地站在那里——在朝霞面前！

因为她已经来了，这灼热体，——**她**对大地的爱来了！无辜和创造者的渴望便是全部的太阳之爱！

你们往那边看，她如何迫不及待地来到大海上空！你们没有感受到 159
干渴和她的爱之热烈气息吗？

她要吮吸大海，要喝下大海的深度，将其变成自己的高度：这时候大海的渴望随着千万个胸膛高涨。

它**要**被太阳的干渴亲吻和吮吸；它**要**变成空气、高度、光的小路以及光本身！

真的，我像太阳一样热爱生命和大海的全部深度。

这**对我来说**意味着认识：一切深度都应该上升——到我的高度！

查拉图斯特拉如是说。

关于学者

160 当我躺着睡觉时，一只绵羊吃起了我头上的常青藤花冠，——一边吃一边说："查拉图斯特拉不再是学者了。"

它说了这话以后，便大摇大摆地、高傲地走开去。一个孩子将此告诉了我。

我喜欢躺在这里，挨着断墙，在大蓟和红罂粟花底下，这里有孩子们在玩耍。

我对孩子们来说，甚至对大蓟和红罂粟花来说，还是一位学者。他们是无辜的，甚至他们的幸灾乐祸也是无辜的。

可是，对于绵羊来说，我不再是学者：我的命运如是要求——愿主赐福于命运吧！

因为这就是实情：我搬出了学者之家：而且还在我身后甩手关上了门。

我的灵魂饿着肚子太长久地坐在学者的桌子旁；我不像他们那样专门受训练来认识事物，犹如砸开坚果一般。

我热爱自由和清新大地上的空气；我更愿意睡在牛皮上，而不愿意睡在他们的体面和尊严上。

161 我太热了，被自己的思想烤焦了：它经常让我喘不过气来。我必须到外面去，离开所有灰尘堆积的房间。

可是，他们冷漠地坐在清凉的背阴处：他们只要当宇宙中的旁观者，避免坐在太阳烧灼台阶的地方。

就像那些站在街上，目不转睛地盯着过往人群的人：他们如此等待着、盯着他人已想到的念头。

如果你伸手去抓他们，他们就像面粉口袋一样无意识地在自己周围扬起一阵灰尘：可是，谁能猜得到你们的灰尘来自谷物，来自夏天田间的金色狂喜？

当他们表现出很聪明的样子时，他们那些狭隘的格言和真理却使我不寒而栗：他们的智慧上经常有一种味道，好像这种智慧是来自于沼泽地：真的，我甚至听到有青蛙从这种智慧中呱呱叫唤！

他们很灵敏，有灵巧的手指：在他们的多样性那里，**我的**单一性有什么好要求的呢！他们的手指懂得各种穿针引线与编织的工作：于是他们编织精神之袜！

他们是出色的钟表结构：你只要留意给他们上好发条就行了！然后他们就准确无误地指示时间，同时发出轻轻的声响。

他们犹如磨房的齿轮机构和打夯机一样工作：你只要把玉米种子朝他们扔过去就行！——他们知道把谷物碾碎了，把白色的灰尘清除出去。

他们互相严密监督，互相不太信任。尽管他们创造性地耍弄一些小聪明，但他们却等待着这样一些人，这些人的知识依靠跛脚行走，——他们像蜘蛛一样等待。

我看见他们总小心翼翼地准备毒品；这时候，他们总在手指上套上玻璃套子。

他们甚至懂得玩骰子欺诈；我发现他们玩得如此投入，竟然满头大汗。

我们互相很陌生，在我看来，他们的美德比他们的欺诈行为和欺诈 162
性的骰子更倒胃口。

当我住在他们那里的时候，我住在他们上面。所以他们怨恨我。

他们不愿意听到有人在他们头顶上走动；所以他们把木头、泥土、垃圾放在我和他们的脑袋之间。

于是他们减弱了我的脚步声：至今我的声音最不容易被最好的学者听到。

他们把所有人的缺点和弱点都放在我和他们之间：——他们称之为他们家中的“假天花板”。

可是，尽管如此，我还是以我的思想**在**他们头顶**上**行走；甚至当我要在我自己的错误上行走时，我也还是在他们上面，在他们的头顶上。

因为人是**不**一样的：正义如是说。我想要的，**他们**不可以要！

查拉图斯特拉如是说。

关于诗人

“自从我更好地认识了身体，”——查拉图斯特拉对他的门徒之一说——“精神在我看来似乎还只是精神而已；而所有‘不朽之物’——这也只是一种比喻。” 163

“以前我曾听你说过，”那位门徒回答，“当时你还补充说：‘可是诗人说谎太多。’你为什么说诗人说谎太多呢？”

“为什么？”查拉图斯特拉说，“你问为什么？我不属于那些你可以追问其为什么的人。

难道我的经验是从昨天来的吗？我体验我观点的依据已经很久了。

如果我要想随时带着我的依据，我不就得成为一只记忆之桶了吗？

保留我的观点本身对我来说就已经要求过高了，有些鸟儿已经飞走。

有时候我也在我的鸽子棚里发现一只飞来的陌生动物，我伸手去抓它的时候，它颤抖着。

可是查拉图斯特拉曾对你讲过什么？说诗人说谎太多？——可是查拉图斯特拉也是一位诗人。

你现在相信他在这里谈论真理吗？为什么你相信这一点？”

门徒回答说：“我相信查拉图斯特拉。”可是查拉图斯特拉摇摇头，笑了。

信不赐福于我，他说，尤其是对我自己的信。[①] 164

但是，假定有人十分认真地说，诗人说谎太多：那么他说对了，——**我们**是说谎太多。

---

① 参见《圣经·马可福音》第16章第16节：“信而受洗的必然得救，不信的必被定罪。”

我们也知道得太少，是糟糕的学者：所以我们不得不说谎。

而我们这些诗人中，有谁不在他的酒里掺水呢？有些有毒的混杂物就出现在我们的地窖里，有些无法形容的事情就是在那里做出来的。

因为我们知道得少，所以我们从心底里喜欢精神贫困者，尤其是当这是一位年轻小女子的时候！

我们甚至还渴望老女人们在晚上互相讲述的事情。这种事情在我们身上，我们称之为永恒的女性因素。

就好像有一条专门通向知识的秘密通道，它**不容**那些学习知识的人通过：于是我们就相信人民大众及其“智慧”。

可是，所有的诗人都相信这一点：躺在草地上或孤独的山坡上，竖起耳朵，就会感受到某种天地之间的事物。

如果诗人在柔情绵绵的时候，他们总是认为自然本身爱上了他们：

她轻轻来到他们身旁，对着他们的耳朵说出秘密心事和钟爱之言：为此诗人们在所有世人面前自鸣得意，趾高气扬。

啊，天地之间有这么多只有诗人才会梦想到的事情！

尤其**在**天**上**：因为所有的神都是诗人的比喻和诗人的骗术！

真的，我们总是被牵引上升——也就是说，前往云的王国：我们让我们五彩缤纷的洋娃娃躯体坐在云之上，然后称之为神和超人：——

但愿它们的分量轻到足以让这样的座位承受得起！——所有这些神和超人。

165 啊，我多么厌倦所有难以企及却被完全说成是真事似的东西！啊，我多么厌倦诗人！

查拉图斯特拉如是说时，他的门徒对他很生气，但是他一言不发。查拉图斯特拉也保持沉默；他的目光投向内心，好像看到了遥远的远方。最后他叹息着吸了口气。

我属于今天和以前，这时候他说；可是我心中有某种属于明天、后天和以后的东西。

我厌倦了诗人，厌倦了老诗人和新诗人：在我看来，他们全都是肤浅之人，是浅海而已。

他们思考得不够深刻：所以他们的感情没有深入到内心深处。

有一点淫欲，有一点无聊：这曾是你们的最佳思考。

他们的竖琴发出的叮咚声，在我听来全都是鬼哭狼嚎；至此为止，他们对音调的热情奔放知道些什么！——

他们在我看来也不够纯粹：他们全都把水搅浑，让它看上去有深度。

他们因此很喜欢以调解人自居：可是，在我看来，他们始终是中介和搅和器，一半对一半，很不纯粹！——

啊，我妥善地在他们的大海里撒下我的网，意图抓到好鱼；可是我拉上来的却始终是一位古老之神的脑袋。

大海就是这样，给了我这饥饿者一块石头。而他们一定很喜欢源自大海。

无疑，人们在他们身上发现珍珠：他们自己格外像坚硬的介壳类动物。我在他们那里找到的不是灵魂，而是咸味的黏液。

他们还从大海学到了它的虚荣：大海不是孔雀中的孔雀吗？

在天下最丑陋的水牛面前它也会展开它的尾羽，它从不会厌倦它银 *166*
光闪闪、丝一般的高级扇面。

水牛很有戒心地望过去，它在灵魂中接近于沙滩，更接近于灌木丛，可是最接近于沼泽地。

对它来说，美、大海、孔雀羽毛又算得了什么！我对诗人说出这样的比喻。

真的，他们的精神本身就是孔雀中的孔雀，一片虚荣的大海！

诗人的精神要求有观众：即使观众是水牛！——

可是我厌倦了这样的精神，我看到它厌倦自己之时刻的来临。

我看见诗人发生了改变，他们把目光转向了自己。

我看到精神之赎罪者的来临：他们从诗人中产生出来。

查拉图斯特拉如是说。

关于伟大事件

167 海上有一个岛屿——在离查拉图斯特拉的幸福之岛并不远的地方——岛上有一座火山在不断冒烟；大众谈论它，尤其是大众中的年长女人说，这岛屿像一块大岩石一样被置于地狱之门前：可是有一条羊肠小道在其下穿过火山，通向这地狱之门。

就在查拉图斯特拉在幸福之岛上逗留之际，发生了这样的事：一艘船来到这矗立着一座冒烟火山的岛边停泊；船员们上岸打兔子。可是到了中午时分，船长和他的手下重新聚到一起的时候，他们突然看见一个人从空中向他们走来，一个声音清晰地说：“是时候了！时间紧迫！”可是，当这个人影走到离他们极近的时候——他却像一道光影一样迅速飞过，冲火山所在的方向而去——他们十分惊讶地认出，这就是查拉图斯特拉；因为除了船长以外，他们都曾见过查拉图斯特拉，他们曾经爱过他，就像大众现在爱他一样：也就是说，等量的爱和畏惧同时在一起。

“你们给我看哪！”年老的舵手说，“查拉图斯特拉奔地狱而去！”——

168 就在这些水手登上火山岛的同时，有谣言流传，说查拉图斯特拉失踪了；当人问起他的朋友时，他们说他夜间上船了，没有说他要去何处旅行。

于是产生了一种不安；可是，三天后，船员们讲的故事又加重了这种不安——现在所有人都说魔鬼拿下了查拉图斯特拉。尽管他的门徒们嘲笑这种流言飞语；他们当中有一个人甚至说：“我宁可相信查拉图斯特拉拿下了魔鬼。”可是，在灵魂深处，他们全都充满着忧虑和渴望：所以，当第五天查拉图斯特拉出现在他们中间的时候，他们喜出望外。

下面描述的就是查拉图斯特拉与火狗的谈话：

他说，大地有一张皮；这张皮有各种疾病。例如，其中之一叫做“人”。

而另一种病叫做“火狗”：关于**火狗**，人类互相说了许多假话，并允许互相说假话。

我越过大海去探究这个秘密：我看见了真理赤身裸体，光着脚，直裸露到脖子。

现在我知道，这同火狗有什么关系了；同样也知道这同不仅仅老妇害怕的所有喷发之魔、颠覆之魔间的关系。

你出来吧，火狗，从你的深渊中出来！我喊道，承认这深渊有多深！你在那里喷吐出的火焰是从哪里来的？

你畅饮大海：这暴露出你盐分过量的滔滔不绝！真的，你从表面摄取对深渊之狗来说，过多的营养！

我最多把你看作大地的腹语者：当我听到颠覆之魔、喷发之魔说话时，我总是发现它们像你一样：是有咸味的、好说谎的、肤浅的。

你们善于咆哮，善于以灰尘来遮蔽！你们是最佳的大嘴[1]，充分学会 *169*
了把泥浆煮得滚烫的艺术。

你们在哪里，哪里就必然总是有泥浆在附近，总是有许多海绵状的、中空的、挤在一起的东西：它们要获得自由。

你们大家都最由衷地咆哮着“自由”：可是一旦围绕自由有许多吼叫和烟雾，我就忘记了对“伟大事件”的信仰。

相信我吧，朋友，你这可怕的喧哗！最伟大的事件——这不是我们最响亮的时刻，而是我们最寂静的时刻。

世界不是围绕新噪音的发明者，而是围绕新价值的发明者旋转；它的旋转是**听不见**的。

你就承认吧！当你的噪音和烟雾消散的时候，总是什么事情也没有

---

[1] 这里原文中用的是“Grossmaul”一词的复数形式，这词是由“gross（大）”和“maul（嘴）”两部分组成的，意思是“自吹自擂者”或“巨口鱼类”，这里因为和上下文中的“深渊”、“火山”及“滔滔不绝”相呼应而翻译成“大嘴”。

发生。一个城市变成了木乃伊，一个雕像躺在泥浆里，还能怎么样！

此话我也要对雕像的颠覆者说。把盐撒入海里，把雕像扔到泥浆里，这一定是最伟大的愚蠢。

在你们轻蔑的泥浆里躺着雕像：可是这正是雕像的法则，在它那里，生命和活生生的美正是从轻蔑中重新生长出来的！

它现在以更神圣的面貌站立起来，有着病西施的魅力；真的，它还要谢谢你们推倒了它，你们这些颠覆者！

我还要用这个建议来劝说国王、教会以及年纪上、德行上衰弱的一切——尽管让你们自己被推翻吧！这样你们就可以再生，美德——会回到你们那里！——

我当着火狗的面如是说：这时候它闷闷不乐地打断我，问道："教会？那究竟是什么？"

170 教会？我回答说，这是一种国家，而且是最骗人的那种。不过不要说话，你这伪善之狗！你一定最了解你的同类！

像你自己一样，国家是一条伪善之狗；像你一样，它喜欢用烟雾和吼叫说话，——它使人相信，它像你一样，从事物的肚子里往外说话。

因为它——国家，要地地道道地成为地球上最重要的动物；人们也相信它是这样的。——

当我说完了这话，火狗就像嫉妒得丧失了理智。"什么？"它喊道，"地球上最重要的动物？人们也相信它是这样的？"从它的喉咙里跑出来那么多的蒸汽和可怕的声音，以致我都认为它光火得、嫉妒得窒息了。

最后它平静了一点，它的喘息减弱了；可是它一安静下来，我就笑着说道：

"你生气了，火狗：也就是说，我关于你说得没错！

为了证明我说得没错，你就听一听另一条火狗的故事：它真的从地球之心往外说话。

它的呼吸呼出来的是金子和金雨：这就是它内心想要的。灰尘、烟雾、滚烫的黏液对它还算什么！

笑声从它那里像一朵彩云一般飞出来；它厌恶了你的喉咙、喷发和肝火！

可是，金子和笑声——它从地心中取出这些：因为你是知道的，——**地心是由金子构成的**。”

当火狗听了这话，它再也受不了听我讲话了。它羞愧地缩回尾巴，小声说着：“汪！汪！”爬进它的洞里去。——

查拉图斯特拉如是讲述。可是，他的门徒们几乎没有听他讲：他们如此渴望着把船员、兔子、飞人的事告诉他。

“我应该怎么看这事！”查拉图斯特拉说，“难道我是一个幽灵吗？ 171

可是，这也许是我的影子。你们一定听说了一些关于漫游者及其影子的事情吧？

可这是肯定的：我不得不更迅速地抓住它，要不然它还会损坏我的名誉。”

查拉图斯特拉再一次摇摇头，感到很惊讶。“我应该怎么看这事！”他再一次说。

“究竟为什么那幽灵叫喊：是时候了！时间紧迫！

究竟要**干什么**——时间紧迫？”——

查拉图斯特拉如是说。

先　知

172 “——我看见[1]一个巨大的悲伤正降临到人类头上。最好的人已经厌倦了他们的工作。

新的规范发布了，一个信仰伴随着它：‘一切皆空，一切皆同，一切皆存在过！’

所有的山丘上都回响着：‘一切皆空，一切皆同，一切皆存在过！’

我们一定已经收获过了：可是，为什么在我们看来，所有的水果都腐烂了、发紫了？昨天夜里是什么东西从邪恶的月亮上掉下来了？

一切工作都是徒劳，我们的美酒变成了毒药，邪恶的眼光把我们的田野和内心烤成焦黄。

我们大家都变得干巴巴的；假如火掉落在我们身上，我们立刻像灰尘一样四处飞扬：——甚至火本身，我们也叫它疲惫不堪。

所有的井都已干涸，甚至大海也后撤。整个地面都要断裂，可是深渊并不想要吞噬什么！

‘啊，哪儿还有一片能溺死人的大海’：我们的抱怨响起来——越过浅浅的沼泽地。

真的，我们已经太累，懒得去死了；现在我们仍然醒着，继续活下去——在墓室里！”——

查拉图斯特拉听到一个先知如是说；这个预言打动了他的心，改变
173 了他。他悲伤地走来走去，走累了；他变得和先知说起过的那种人一

---

① 《圣经·启示录》中许多章的一开头都含有“我看见”、“我观见”之类的话。

样了。

真的，他对门徒说，还有不多的时候，这漫长的黄昏即将来临。啊，我该如何救助我的光明度过这样的时刻！

但愿我的光明不会在这悲伤中窒息！它应该成为更遥远世界以及最遥远黑夜的光明！

查拉图斯特拉就这样忧心忡忡地走来走去；整整三天，他不吃，不喝，不休息，不说话。终于，他昏睡过去。可是他的门徒在漫长的夜间守在他周围，焦虑地等待着，看他是否会醒过来，重新说话，从悲伤中恢复过来。

而以下就是查拉图斯特拉醒过来时所说的话；可是他的声音传到他的门徒那里，就像来自遥远的地方。

请听一听我所做的梦，你们这些朋友们，帮我猜一猜它的意思！

这个梦，它对我来说仍然是一个谜；它的意思隐藏在梦中，囚禁在梦中，尚未以自由的翅膀飞越这个梦。

我梦见我抛弃了整个生命。我变成了守夜人和守墓人，在那山上的死神城堡之上。

在那上面，我守护死神的棺材：散发着霉味的墓穴满是这样一些胜利标志。被征服的生命从玻璃棺材里凝视着我。

我吸入满是灰尘的永恒之味：我的灵魂沉闷地躺着，沾满灰尘。谁能在那里让自己的灵魂透过气来！

午夜的光明始终在我周围，寂寞就蹲在它旁边；还有第三者，那是发出咕噜声的死亡之寂，我女友中最糟糕的一位。

我带着钥匙，所有钥匙中最锈的那些；我知道如何用它们来打开所 174
有大门中最嘎嘎作响的那扇。

门扇打开时，一个声音像乌鸦发出的悻悻噪音一般传过长廊：这只鸟满怀恶意地尖叫，它不愿意被吵醒。

可是，当重新沉寂下来，周围一片寂静时，这里更可怕、更让人揪心，我独自坐在这险恶的沉默中。

时间就这样从我这儿悄悄溜走，如果还有时间的话：我怎么知道！

可是终于有动静把我吵醒了。

大门被敲击了三次，如雷声一般，在墓穴里呼呼地回响了三次：这时候我朝大门走去。

哎呀！我喊道，是谁送遗骸上山？哎呀！哎呀！是谁送遗骸上山？

我插钥匙，抓住门，使劲。但是门一动也不动：

这时候，一阵呼啸的大风刮开了门扇：它刺耳又刺骨地尖叫，朝我扔过来一口黑色的棺材：

棺材在吼叫、呼啸、尖叫中爆裂，迸射出千重的笑声。

从上千张孩子的、天使的、猫头鹰的、傻瓜的、大若孩童之蝴蝶的面具上，冲着我发出大笑、讽刺和咆哮。

对此我害怕得要命：我被放倒在地。我恐怖得尖叫起来，我从来都没有这样尖叫过。

可是，自己的尖叫把我叫醒：——我醒了过来。——

查拉图斯特拉如是讲述他的梦，然后沉默不语：因为他还不知道他的梦之含义。可是他所最爱的门徒①很快站起来，抓住查拉图斯特拉的手说：

“你的生活本身向我们解释了这个梦，哦，查拉图斯特拉！

175 你自己不就是在尖利的咆哮声中刮开死神城堡大门的狂风吗？

你自己不就是装满生命之各色恶意行为和天使面具的棺材吗？

真的，像千重的孩子笑声一般，查拉图斯特拉来到所有的墓地，嘲笑这些守夜人和守墓人，或者那些拿着阴森森的钥匙丁零当啷响的人。

你将用你的笑声吓倒、打倒他们；昏厥和苏醒将证明你对他们的威力。

甚至漫长的黄昏和致命的疲劳到来的时候，你也不会在我们的天上消失，你这生命的代言人！

你让我们看见了新的星星和新的夜之美景；真的，你展开你的笑声，犹如在我们头顶上支起了一个彩色的帐篷。

---

① 参见《圣经·约翰福音》第 20 章第 2 节：“就跑来见西门彼得，和耶稣所爱的那个门徒……”

现在，孩子的笑声将不断从棺材里涌出来：现在，一阵劲风将不断胜利地吹向所有致命的疲劳：对于我们来说，你自己就是这风的保证与先知。

真的，**你梦见了他们自己**，你的敌人们：这是你最沉重的梦！

可是，正像你被他们叫醒，回到意识中一样，他们应该自己叫醒自己——而且到你这里来！”——

门徒如是说；所有其他人现在挤在查拉图斯特拉周围，抓住他的手，想要劝他摆脱他的床和他的悲伤，回到他们中间去。可是，查拉图斯特拉笔直地坐在他床上，目光异样。就像一个长期侨居国外归来的人一样，他看看他的门徒，端详他们的脸；他还没有认出他们。可是，当他们把他扶起来，让他站在地上的时候，瞧，他的眼睛一下子改变了；他明白了发生的一切，捋着自己的胡子，用强有力的声音说：

“好吧！现在这就可以了；我的弟子们，给我费点心，大家来美餐一 176
顿，马上！我打算如是为噩梦忏悔！

可是那位先知应该坐在我的身边吃饭喝酒：真的，我要指给你看一片你能在其中溺死的大海！”

查拉图斯特拉如是说。然后他长久地注视那位给他释梦的门徒，盯着他的脸看，同时摇了摇头。——

关于解脱

177 查拉图斯特拉有一天走过大桥时，残疾人和乞丐包围了他，一个驼背人对他如是说：

“瞧，查拉图斯特拉！连大众都向你学习，有了对你学说的信仰：可是为了让大众完全相信你，还需要有一件事情——你必须首先说服我们残疾人！你现在在这里有一个好选择呢，真的，一个不容易抓住的机会！你可以治愈盲人，使瘸子奔跑；对于身后有太多东西的人，你还可以拿走一点：我认为，这是使残疾人相信查拉图斯特拉的正确方法！”

可是，查拉图斯特拉如是反驳刚才说话的那位：“如果你拿走了驼背人的驼背，你也就拿走了他的精神——大众如是教导说。而如果你给了盲人眼睛，他就看到了地球上太多的糟糕事：也就是说，他诅咒治愈他的人。而使瘸子奔跑的人却给他带来了最大的伤害：因为他刚能跑，就无法控制他的恶习——大众关于残疾人如是教导。如果大众向查拉图斯特拉学习，为什么查拉图斯特拉就不该也向大众学习？

178 可是，自从我在人类中以来，看见‘这个人少一只眼睛，那个人少一只耳朵，第三个人少大腿，还有一个人失去了舌头或鼻子或脑袋’，这对于我来说已经算不了什么了。

我看见，也曾经看见，更糟糕的事情，以及各种各样如此令人厌恶的事情，以至我不愿意谈论‘每一个’，却也不愿意对‘一些’保持沉默：也就是说，有些人，他们缺乏‘全部’，但是他们却有太多的‘一’——这些人不过是一只大眼睛，或一张大嘴，或一个大肚子，或任何大东西——我称这样的人为反向的残疾人。

当我从我的孤独中出来，第一次从这座桥上走过时：我不相信我的眼睛，我望过去，又望过去，最后说：‘这是一只耳朵！一只耳朵，就像一个人一般大！’我更用心地望过去：真的，耳朵底下还有什么东西在动，可惜很小、很寒酸、很瘦削。真的，巨大的耳朵坐在一根细细的小杆上，——可那小杆子却是一个人！谁要是戴上眼镜，甚至还可以认出一张嫉妒的小脸；甚至有一个浮肿的小灵魂在小杆子上摇晃。可是，大众告诉我，那大耳朵不仅仅是一个人，而且是一个伟人，一个天才。可是，在大众谈论伟人时，我从来不相信他们——我保留我的信念，认为这是一个整体上拥有太少，个体上拥有太多的反向的残疾人。”

查拉图斯特拉对驼背人以及拿驼背人当其喉舌和代言者的那些人如是说之后，深为不快地转向他的门徒们说：

真的，我的朋友们，我在人类中行走，就像在人类的碎片和四肢中行走一样！

看到人类支离破碎，就像散落在战场上和屠宰场上那样，这对我的眼睛来说真是可怕的事情。

如果我的眼睛从现在逃到从前：它也总是会发现同样的事情：碎片、 179
四肢和可怕的偶然——可是没有人！

大地上的现在和从前——啊！我的朋友们——这是**我**最不能忍受的事情；如果我不是一个必然要来之事物的先知，我就不会懂得生活。

一个先知、一个有志者、一个创造者、一个未来本身、一座通向未来的桥——以及，啊，似乎还有这桥上的一个残疾人：所有这“一切”就是查拉图斯特拉。

你们也经常自问：“对我们来说，查拉图斯特拉是谁？他对我们来说应该意味着什么？”像我一样，你们自己对问题做出回答。

他是一个承诺者？还是一个执行者？一个征服者？还是一个继承者？一次收摘？还是一次开垦？一个医生？还是一个痊愈者？

他是一位诗人？还是一位先知？一个解放者？还是一个驯养者？一个好人？还是一个坏人？

我走在人类中间，就好像走在未来的碎片中：我观看的那种未来。

这就是我所有的创作和追求，把碎片、谜和可怕的偶然事件创作、收集成为“一”。

如果人类不同时也是诗人、猜谜者、对偶然的解脱者，那么我要如何忍受做人！

拯救以往者，把所有“它曾是”改造成“我曾要它如是！”——对我来说，这才叫做解脱！

意志——这便是解放者和令人愉快者的名字：我曾如是教导你们，我的朋友们！现在还请同样了解这一点：意志本身还是一个囚犯。

要被解放：可是把解放者用链条锁起来的东西又叫什么？

180 “它曾是”：这就是意志的切齿之恨和最孤独的悲伤。意志对已做的事情无能为力——他对所有以往者来说，是一个恶毒的旁观者。

意志不可能想要走回头路；它不可能打断时间和时间的渴望，——这是意志最孤独的悲伤。

要被解放：意愿本身究竟想出了什么来摆脱自己的悲伤，并使自己不把自己的监狱当回事？

啊，每个囚犯都成为傻瓜！被囚禁的意志也愚蠢地拯救自己。

时间不会倒转，这就是意志之愤怒：“曾经是的东西”——这就是意志不能滚动的石头。

于是它愤怒而气恼地滚动石头，对不像它一样感受到怒火和气恼的东西实施报复。

于是，作为解放者的意志变成了折磨者；它因为不能走回头路而对能受苦的一切实施报复。

这一点，是的，单单这一点本身就是**报复**：意志对时间及其“它曾是”的厌恶。

真的，我们的意志中住着一个大愚蠢；这愚蠢学会了智慧，成为对全部人性的诅咒！

复仇的智慧：我的朋友们，这是至今人类的最佳思考；在有痛苦的地方，就始终应该有惩罚。

当然，复仇本身也自称为“惩罚”：它用谎言把自己伪装成一种问心无愧。

因为意愿者心中本身有痛苦，苦于他不可能想要走回头路，——于是意愿本身和全部生命就都应该——成为惩罚！

现在，层层乌云在智慧头顶上翻滚：直到最后愚蠢说教道："因为一切都流逝，所以一切都应该流逝！"

"时间不得不吃掉它自己的孩子，这本身就是公正，是一种时间法则。"愚蠢如是说教。

"事物是按照正义和惩罚规定道德秩序的。哦，哪里有对事物之流和 181
惩罚之'存在'的解脱？"愚蠢如是说教。

"如果存在一种永恒的正义，还可能有解脱吗？啊，'它曾是'之石是滚动不了的：所有惩罚也必然是永恒的！"愚蠢如是说教。

"行为是不可能被消灭的：它如何能由于惩罚而变成未发生过呢！这，这便是惩罚之'存在'中的永恒：存在也必然永恒地重新成为行为和罪孽！

除非最终意志自己拯救自己，意愿成为非意愿——"可是我的兄弟们，你们是知道这寓言式的愚蠢之歌的！

当我教导你们说"意志是一位创造者"时，我是把你们从这些寓言式的歌那里引开去。

一切"它曾是"都是一个碎片、一个谜、一种可怕的偶然——直至创造意志补充说："可是我曾要它如是！"

——直至创造意志补充说："可是我现在要它如是！我将来要它如是！"

可是它已如是说了吗？这是何时发生的？意志已经卸下了它自己的愚蠢之套？

意志本身已经成为了拯救者和令人愉快者？它已经忘记了复仇的智慧和所有的咬牙切齿？

谁教给他与时间和解？以及比一切和解更高的东西？

意志便是强力意志，它必然要求比一切和解更高的东西——：可是，这在它那里是怎么发生的呢？谁也教它走回头路的意愿呢？

——可是话说到这里，查拉图斯特拉突然中断，看上去全然像是一个特别惊恐的人。他用惊恐的眼睛看着他的门徒；他的目光像用箭头一
182 般穿透了他们的思想和隐念。可是，过了一小会儿，他又笑起来，平静地说：

“和人在一起生活很难，因为沉默如此之难。对于一个好讲话的人来说尤其如此。”——

查拉图斯特拉如是说。可是，驼背人一直在听他说话，同时把自己的脸遮挡起来；当他听到查拉图斯特拉笑起来的时候，他好奇地抬起头来看，慢声说道：

“可是为什么查拉图斯特拉对他门徒说的和对我们说的不一样？”

查拉图斯特拉回答：“这有什么好奇怪的！和驼背人在一起，你完全可以用驼背的方式说话啊！”

“好，”驼背人说，“和学生在一起，你完全可以把不该跟外人说的话说出来。

可是，为什么查拉图斯特拉对学生说的和对他自己说的不一样呢？”——

关于人类的精明

高处不可怕，斜坡才可畏！ 183

在斜坡上，目光向下坠落，手向上攀缘。这时，心在它的双重意志面前眩晕。

啊，朋友们，你们大概也猜出了我心的双重意志？

我的目光投向高处，我的手喜欢抓住、支撑在——深处！这，这是**我**的斜坡和我的危险。

我的意志紧抓住人类，我用链条把自己和人类捆绑在一起，因为我被向上拽到超人那里去：因为我的另一个意志想要去向那里。

为此，我盲目地生活在人类中间；就好像我不认识他们：为的是我的手不会完全失去它对坚定之物的信念。

我不认识你们人类：这种幽暗和安慰经常包围着我。

我坐在无赖走的通道上，问道：谁想要欺骗我？

这是我的人类精明之一：我允许自己被欺骗，为的是不用费心去提防骗子。

啊，如果我费心去提防人类：人类如何像铁锚一样拽住我这飘浮之 184
球！我太容易被夺走，向上，远去！

这个天意支配我的命运：我必然很不谨慎。

谁不想要在人们中间受煎熬，谁就得学会从所有的杯子里喝水；谁想要在人们中间保持纯洁，谁就得懂得甚至用脏水来洗澡。

我经常如是说以自慰：“好吧！好吧！老迈之心！你没有遇上不幸：你就庆幸吧！”

可是，这是我的另一种人类精明：我更体谅虚荣者，而非高傲者。

受伤害的虚荣心不就是所有的悲剧之母？但是，在高傲之心受到伤害处，必然生出比高傲更好的东西来。

为了很好地观察人生，人生之戏就得好好演：可是为此需要好演员。

我发现虚荣之徒都是好演员：他们表演，并要求被人欣然观看，——他们的全部精神都集中在这个意志上。

他们自演自编；我喜欢在他们周围观察人生，——这可以治愈抑郁症。

我之所以体谅虚荣者，是因为他们对我来说，是治疗我抑郁症的医生，他们把我死死地挽留在人类中间，犹如挽留住我看戏一般。

然后：谁估量得出虚荣者的谦虚到底有多深！我喜欢虚荣者，因为他的谦虚而深表同情。

他要从你们处获得他的自信；他靠你们的目光为生，他从你们的手中享用赞词。

当你们说有利于他的谎话时，他就相信你们：因为在内心最深处，他叹息道："**我**就是这样的啊！"

185 如果说真正的美德是不了解自己的美德：那么，虚荣者就是不了解自己的谦虚！——

然而，这是我的人类精明之三：我不让自己由于你们的畏惧而被恶人的样子扫了兴。

我到了极乐之境见到烈日孵出奇迹：老虎、棕榈树、响尾蛇。

甚至在人们中间也有烈日的漂亮后代，在恶魔那里也有许多值得惊异的东西。

更确切地说，你们当中最聪明的人，在我看来显得完全不那么聪明，我也发现人类之恶毒在盛名之下，其实不符。

我经常摇摇头问道：为什么还响，你们这些响尾蛇？

真的，甚至恶也还有一个未来！而对于人类来说最热的南方还没有发现。

有一些只有十二英尺之宽、三个月之久的东西现在竟然就叫做最凶恶的恶！可是有一天，更大的龙将会降临世界。

因为要使超人不缺乏他的龙，那种配得上他的超龙：就还得有大大的烈日灼热地照在潮湿的原始森林上！

老虎一定是从你们的野猫演变过来的，鳄鱼一定是从你们的毒蛤蟆演变过来的：因为好猎人应该有好猎物！

真的，你们这些好人和正义者！在你们身上有许多可笑的东西，尤其是对至今之所谓“魔鬼”的恐惧！

你们的灵魂对伟大者如此陌生，以至对于你们来说，超人之善竟然会很可怕！

你们这些智者与求知者，你们会在太阳般的智慧之酷热面前逃走，而超人则快活地在其中沐浴他的赤身裸体！

你们这些我的眼光所遭遇到的最高之人！这是我对你们的怀疑和我 186
的窃笑：我猜你们会称我的超人为——魔鬼！

啊，我厌倦了这些最高之人和最好之人：从他们的“高度”，我渴望上升、伸展、超脱为超人！

当我看见这些最好之人裸露着的时候，一种恐惧向我袭来：我长出了翅膀，向遥远的未来翱翔。

飞向比造型艺术家曾有过的梦想更遥远的未来，更南的南方：飞往神明对所有衣服都感到羞耻的地方！

可是，我想要看到你们伪装起来，你们这些最亲近者与同胞们：衣冠楚楚，沾沾自喜，道貌岸然，作为“好人与正义者”。——

我自己也要伪装起来坐在你们中间，——以便我认不清你们和我自己：当然，这是我最后的人类精明。

查拉图斯特拉如是说。

最安静的时刻

187 我发生了什么事，我的朋友们？你们看到了，我心烦意乱，受着驱赶，勉强服从，准备离开——啊，离开你们！

是的，查拉图斯特拉不得不再一次回到他的孤独中：可是，这一次熊不乐意回自己的洞穴！

我发生了什么事？这是谁在发出命令？——啊，是我生气的女主人要这样的，她曾对我说话：我曾对你们说出过她的名字吗？

昨天傍晚的时候，**我最安静的时刻**对我说话：这就是我可怕的女主人之名。

于是事情发生了，——因为我得把一切都告诉你们，使你们的心不至于对突然离开者太冷酷！

你们知道熟睡者之恐惧吗？——

他的地面退去，梦幻开始，对此他惊恐到了极点。

我对你们说这些是做一个比喻。昨天，在最安静的时刻，我的地面退去了：梦幻开始。

指针在移动，我的生命之钟吸气——，我从来没有听到过我周围这么安静：所以我内心惊恐。

这时候，有无声者对我说：**“你知道吗，查拉图斯特拉？”**——

188 听到这样的喃喃，我惊叫起来，脸色一下煞白：可是我沉默了。

这时候，无声者又一次对我说：“你知道的，查拉图斯特拉，可是你不说！”——

我最终像一个倔强者那样回答说：“是的，我知道，但是我不愿意说！”

这时候，无声者又对我说：“你不**愿意**吗，查拉图斯特拉？这也是真的？不要躲藏到你的倔强中去！”——

我像一个小孩一样哭着、颤抖着，说：“啊，我本来是愿意的，可是我怎么能做得到呢！免了我这个吧！我力所不能及！”

这时候，无声者又对我说：“不打紧的，查拉图斯特拉！把话说出来，粉碎自己吧！”——

我回答说：“啊，这是**我的**话吗？我是谁？我等待更尊贵者；我就是为他粉身碎骨，也不配①。”

这时候，无声者又对我说：“与你有什么要紧的？你对我还不够恭顺。恭顺有最坚硬的毛皮。”——

我回答说：“我的恭顺之皮有什么不能承受！我住在我的高山脚下：我的顶峰有多高？还没有人告诉我这一点。可是我很了解我的山谷。”

这时候，无声者又对我说：“哦，查拉图斯特拉，谁不得不搬掉大山，谁也就会搬掉山谷和洼地。”——

我回答说：“我的话还没有搬走过高山，我所说的话没有到达人类那里。我是到人类那里去，但是还没有到达他们那里。”

这时候，无声者又对我说：“你知道些**什么**！当夜里最沉寂的时候，露水降在草地上。”——

我回答说：“当我发现并走我自己道路的时候，他们嘲笑我；事实 189
上，当时我的脚颤抖起来。

他们对我如是说：你曾忘记了路，现在你甚至忘记了如何走路！”

这时候，无声者又对我说：“他们的讽刺有什么要紧！你是一个忘记了服从的人：现在你应该发号施令！

你不知道**谁**最为大家所需要吗？发号施令于大业者。

成就大业很难：可是更难的是发号施令于大业。

这是你最不可原谅的地方：你有权力，却不愿意统治。”——

我回答说：“我缺乏狮子的声音来发布所有的命令。”

---

① 参见《圣经·马太福音》第3章第11节：“但那在我以后来的，能力比我更大，我就是给他提鞋，也不配。”

这时候，一个像是窃窃私语的声音又对我说：“正是最安静的话带来了暴风雨。悄悄而来的思想支配世界。

哦，查拉图斯特拉，你应该充当一个必然要来者的影子：你将如是发号施令，在发号施令中走到前面去。”——

我回答说：“我感到羞愧。”

这时候，无声者又对我说：“你还得变成孩子，孩子没有羞愧。

青春之高傲仍在等着你，你有迟到之青春：可是谁想要变成孩子，谁也得战胜他自己的青春。”——

我思考良久，颤抖着。可是，我最终说了我最初说过的话：“我不愿意。”

这时候，我周围响起了笑声。见鬼，这笑声是怎样地撕裂我的内脏，揪我的心啊！

无声者最后一次对我说：“哦，查拉图斯特拉，你的果实成熟了，可是对于你的果实来说，你自己还不够成熟！

190 所以你不得不重新进入孤独：因为你还应该变得鲜嫩。”——

又有一阵笑声，然后很快消失了：这时候，我周围变得加倍安静。可是我躺在地上，汗水从我四肢上淌下来。

——“现在你们听到了一切，以及我为什么不得不回到我的孤独中。我的朋友们，我没有向你们隐瞒任何东西。

可是，甚至这一点，你们也是从我这里听到的：**谁**始终是所有人类中最爱隐瞒真相者——而且愿意如此！

啊，我的朋友们！我多么希望再跟你们讲些什么，我多么希望再给你们些什么！我为什么不给你们呢？因为我很小气吗？”——

可是，当查拉图斯特拉说了这些话以后，痛苦压倒了他，和朋友们难舍难分，于是他大声哭了起来；没有人知道如何安慰他。可是，在夜里，他独自而去，离开了他的朋友们。

第三卷

如果你们渴望提升，你们就看上面。而我则看下面，因为我已经被提升。

你们当中有谁既能笑，同时又能被提升呢？

谁登上最高的山，谁就嘲笑所有游戏的悲哀和认真的悲哀。

《查拉图斯特拉如是说》，第一卷，关于读写

漫游者

当查拉图斯特拉翻越岛屿的山脊时，已是午夜时分：他要一早到达岛屿另一边的海岸去坐船。因为那里有一个很好的码头，甚至外国船也喜欢在那里停泊；这些船运载一些想要离开幸福之岛横越大海的人。当查拉图斯特拉登山时，他在路上想起了自青年时代起的许多孤独漫游，他已经攀登过多少山岭、山脊和山峰。 193

我是一个漫游者，一个登山者，他对自己的内心说，我不爱平原，似乎我不可能长久安静地坐着。

无论我将遭遇什么样的命运和经历，——其中将包括漫游和登山：最终我只有自己去体验。

偶然事件会落到我头上的时代已经过去，现在还有什么不属于我自己的东西会降临到我头上呢！

它只是回来而已，回归我这个家——我自己的自我，其中的一些长期处于异乡，分散在万物和偶然事件中。

我还知道一件事：我现在站立在我最后的山峰前，站在最长久地为我储备起来的东西前。啊，我得攀登我最艰难的山路！啊，我开始了我孤独的漫游！ 194

可是，像我这样的人是不回避这样一个时刻的：这个时刻对他说："现在你就走你的伟人之路吧！高峰和深渊——两者现在集于一身！

你走你的伟人之路：至今被称为你最终危险的东西，现在成了你最终的避难所！

你走你的伟人之路：在你身后不再有退路，这一定是你最大的勇气之所在！

你走你的伟人之路：在这里应该没有人偷偷跟在你后面！你的脚磨

灭了你身后的道路，路上面写着：不可能。

如果从现在起，所有的梯子你都找不到，那你就得懂得从你自己的才智上攀登：要不然你如何向上攀登呢？

攀登你自己的才智，跨越你自己的情感！现在你身上的最温柔之处一定会变成最坚强之处。

始终十分关爱自我的人最终得病于这种十分的关爱。赞美使你坚强的一切吧！我不赞美流淌着——黄油和蜂蜜的国家！

学会**撇开**自己来看到**很多**，是必要的：——登山者很需要这样的坚强。

可是，作为认识者而双眼咄咄逼人的人，对于万物，除了表面的东西以外，还能看见什么！

可是你，哦，查拉图斯特拉，却要看见万物的依据和背景：那你就得攀登你自己，——向上，向上，直到你甚至把你自己的星球踩**脚下**！

是的，俯瞰我自己，俯瞰我的星球：这才叫做我的**顶峰**，留给我的最后的顶峰！——”

195 查拉图斯特拉一面攀登，一面对自己如是说，用坚强的格言安慰他的内心：因为他的内心以前还从来没有受过伤害。当他来到山脊之巅的时候，瞧，又一片大海铺展在他面前，他停下来，沉默良久。可是，这山巅之夜是寒冷的，清朗而星光灿烂。

我认识到我的命运，他最终伤心地说。行了！我已准备好。我最后的孤独就此开始。

啊，我脚下这片悲伤的黑色之海！啊，这妊娠中的夜之焦虑！啊，命运和大海！我现在得下山到你们那里去！

我站在我最高的山面前，站在我最长的历程面前：所以我得首先下降，下降的深度比我曾攀登的高度更深：

——比起我曾经攀登的高度，我更深地下降到痛苦中，直到进入它最黑暗的洪流！我的命运如是要求：行了！我已准备好。

最高的大山来自何方？有一次我如是问道。这时候，我知道了，它们来自大海。

这证据就写在它们的岩石上，写在它们高山之巅的岩壁上。最高者必然出自最深者而实现了它的高度。——

查拉图斯特拉在寒冷的高山之巅如是说；可是，当他来到大海附近，最后独自站在礁石中间时，他中途感到劳累，比以前更迫不及待。

一切现在都还在睡觉，他说；甚至大海也睡了。它睡眼惺忪、目光异样地望着我。

但是，它呼出温暖的气息，我感觉到了。我也感觉到，它在做梦。它做着梦，在坚硬的枕头上辗转反侧。

听！听！它如何因不快的记忆而呻吟！或者因不祥的期待而悲叹？

啊，我和你在一起很伤心，你这黝黑的怪物，因为你的缘故，我怨恨我自己。

啊，可惜我的手没有足够的力量！真的，我是很愿意把你从噩梦中 196
拯救出来的！——

当查拉图斯特拉如是说的时候，他忧郁而苦涩地嘲笑自己。“嘿！查拉图斯特拉！”他说，“你还要对大海唱出安慰之歌吗？

啊，你这个满腔热忱的傻瓜查拉图斯特拉，你这个过于信赖别人的人！你一贯如此：你一贯满怀信赖地前去所有可怕之物那里。

你曾要抚摩任何怪物。一口温暖的气息，爪子上的一簇纤毛——：你马上就准备爱它、诱惑它。

爱，对一切活物的爱，是最孤独者的危险！我在爱中的愚蠢和谦虚真的很可笑！”——

查拉图斯特拉如是说，同时再一次笑起来：可是，这时候他想起他那些被抛弃的朋友们——，就好像对他们的思念是糟蹋了他们，他为他的想法感到很生气。接下来，这个发笑的人哭了起来：——查拉图斯特拉因恼怒和渴望而痛苦着。①

---

① 参见《圣经·马太福音》第 26 章第 75 节：“彼得想起耶稣所说的话……就出去痛哭。”

关于幻觉与谜

1

197 当查拉图斯特拉在船上的消息在水手中传开时，——因为有一个从幸福之岛来的人和他同时上了船——顿时产生出巨大的好奇与期待。可是，查拉图斯特拉沉默了两天，因悲伤而冷漠，闭目塞听，他既不回应别人的目光，也不回答问题。可是，到了第二天晚上，他重新开始用耳朵来听了，尽管他仍然沉默：因为在这条船上可以听到许多正在进行并且还要继续进行的怪事和险事。然而，查拉图斯特拉是所有那些长途旅行者和险中求生者的朋友。瞧！他在倾听中最后也脱口说出话来，他心中的冰打破了：——这时候，他开始如是说：

你们，大胆的追求者，尝试者，以及那些以巧妙的风帆乘船航行在险恶大海上的人们，——

你们，谜的陶醉者，朦胧的赏识者，你们的灵魂被笛子引诱到任何危险的深渊：

——因为你们不愿意用怯懦的手顺着一根线摸索；在你们能够**猜想**的地方，你们就讨厌**推断**——

我只告诉你们我**看见**的谜，——最孤独者的幻觉。——

198 最近我忧郁地走在尸体颜色的朦胧中，——忧郁、沉重，嘴唇紧闭。对于我来说，不仅是一个太阳下沉了。

一条在卵石中顽强登高的小径，一条邪恶、孤独的小径，杂草和灌木不再肆无忌惮地独占它：一条山间小路在我顽强的脚下沙沙作响。

默默踩着卵石发出的嘲讽沙沙声，踏着让脚步不稳的石头：我的脚如此强迫自己向上。

向上：——不顾向下拽它、拽它落入深渊的精神，不顾重力之神，我的魔鬼和死敌。

向上：——尽管它坐在我身上，一半是侏儒，一半是鼹鼠；瘫痪；让人瘫痪；铅进到了我的耳朵里，思想的铅滴滴进了我的大脑。

“哦，查拉图斯特拉，”它一个音节、一个音节地轻声挖苦说，“你这智慧之石！你把自己往高处扔，可是每一块扔出去的石头必然——掉下来！

哦，查拉图斯特拉，你，智慧之石，你，弹弓上的石头，你，星球毁灭者！你把自己扔得这么高，可是每一块扔出去的石头——必然掉下来！

你自己注定要给石头砸死：哦，查拉图斯特拉，你确实把石头扔得很远，——可是它将掉落回**你自己头上**！”

这时候，侏儒沉默了；沉默持续良久。可是他的沉默压迫着我；以这样的方式成双成对，真的比独自一人更孤独！

我登高，我登高，我做梦，我思考，——可是一切都压迫着我。我像一个病人，被可怕的病痛折磨得筋疲力尽，可是刚一入睡，又被一个更可怕的梦再次唤醒。——

然而，我身上有某种我称之为勇气的东西：它至今都为我打发走所有烦恼。这勇气最后命令我停住，并说：“侏儒！不是你死！就是我亡！”——

勇气当然是最佳的烦恼打发者，——**发动进攻**的勇气：因为在任何 199
进攻中都响起军乐声。

可是，人是最勇敢的动物：因此他征服了任何动物。他还以军乐声战胜一切痛苦；可是，人的痛苦是最深的痛苦。

勇气也打发走深渊边上的眩晕：哪里有人不是站在深渊边上呢！真正的观看本身不就是——观看深渊吗？

勇气是最佳打发者：勇气也打发走同情。可是同情是最深的深渊：人类看到人生有多深，他看到的痛苦就有多深。

可是勇气是最佳打发者，发动进攻的勇气：它还会打发走死亡，因为他说：“**那**就是人生？行啊！再来一次！”

在这样的警句中响着大量军乐声。有耳朵者，听着呀。① ——

2

“站住！侏儒！”我说，“不是我！就是你！可是我是我们两人中更强大者——：你不了解我的深渊思想！这种思想——你不可能忍受！”——

于是发生了让我变轻快的事情：侏儒从我肩上跳下来，这好奇的家伙！他蹲到我面前的一块石头上。可是在我们站住的地方正好有一条大门通道。

“瞧这大门的通道！侏儒！”我继续说，“它有两朝向。两条道在这里交汇到一起：尚无人到过其尽头。

这条漫长的小道朝向后：它延绵直到永恒。而那条漫长的小道向外——那是另一个永恒。

200 它们自相矛盾，这两条路；它们直接相连：——正是在这大门的通道边上，它们交汇在一起。大门通道的名称写在上方：‘刹那’。

可是，谁要是继续走其中一条路——越走越远，越走越远：侏儒，那你还相信这两条路永远自相矛盾吗？”——

“一切笔直的东西都在说谎，”侏儒轻蔑地喃喃道，“所有真理都是弯曲的，时间本身就是一个圆圈。”

“你这重力之神！”我愤怒地说，“你可不要掉以轻心！要不然我让你蹲在你蹲着的地方，跛足者——是我把你扛到**高处**来的！

瞧这刹那！”我继续说，“从这刹那之门出发，有一条漫长的永恒之路**朝向背后**：在我们身后伸展着一个永恒。

万物之中能跑者不是必然已经跑过一次这条道了吗？万物之中能发生的事情不是必然已经发生了、完成了、过去了一次吗？

如果一切都已经存在过：你这个侏儒对这个刹那有何看法？这个大门通道不是必然也已经——存在过吗？

---

① 参见《圣经·马太福音》第11章第15节：“有耳可听的，就应当听。”

万物不是都以这样的方式密切联系在一起，乃至这个刹那在身后拽着所有未来的事物？也就是说，——还有它自己？

因为，万物之中能跑者：也在这条漫长的**向外**之路上——**必然**再一次奔跑！——

这只在月光中慢慢爬行的蜘蛛，还有这月光本身，我和你在大门通道上一起小声说话，小声谈论永恒的事物——我们不是必然都存在过吗？

——我们不是必然回来，在我们前面那另一条道路上奔走，在这条漫长而恐怖的道上——我们不是必然永恒复至①吗？——”

我如是说，声音越来越小：因为我害怕自己的想法和内心的念头。 201
这时候，我突然听到一条狗在附近**吠叫**。

我曾经听到过一条狗如此吠叫？我的思绪跑回从前。是啊，当我是小孩子的时候，在最遥远的童年时代：

——那时候我听到一条狗如此吠叫。还看见它毛发直立，仰着脑袋，颤抖着，在极为沉寂的午夜，这时候连狗也相信鬼神：

——于是它激起了我的同情。因为刚好一轮满月死寂一般爬到屋顶上空，停在那里，一个火球，——在平坦的屋顶上空一动不动，像在觊觎别人的财产：——

因此，在当时，狗惊恐起来：因为它以为是贼和鬼神。当我再次听到如此吠叫的时候，它再次激起我的同情。

侏儒现在到哪里去了？还有大门通道？还有蜘蛛？还有所有的窃窃私语？我究竟做梦了没有？我醒过来了？在危岩之中，我突然站住，孤零零地，凄凉地，在最凄凉的月光下。

可是那里躺着一个人！就在那里！狗跳起来，毛发直立，哀嚎着，——现在它看见我来了——这时候它再次吠叫，这时候它**大叫**起来：——我曾听到过一条狗如此呼叫救命吗？

---

① 这是尼采思想的另一个重要概念，德文是 ewig wiederkommen 或 die ewige Wiederkunft，国内有翻译成“永恒轮回”的，但“轮回”是佛教术语，德文中是 Samsara，尼采用 ewig wiederkommen 或 die ewige Wiederkunft 所要表达的意思显然有所不同。为避免引起不必要的误解，这里译成“永恒复至”。

真的，我从来没有见过类似的情况。我看见一个年轻的牧羊人，蜷缩着，喘不过气来，抽搐着，扭歪着脸，他的嘴巴里倒挂着一条沉重的黑色大蛇。

我曾在一张脸上见过如此多的厌恶表情和如此的惊恐失色吗？他刚才一定睡着了？这时候，蛇爬进了他的喉咙里——蛇紧紧地咬住那里。

我用手去拽那条蛇，使劲拽：——白费劲！无法把它从喉咙里拽出来。这时候，我脱口大叫起来：“咬啊！咬！

202 把脑袋咬下来！咬！”——我如是脱口大叫，我的恐惧、我的憎恶、我的恶心、我的怜悯、我的全部善恶都随着这一声喊叫从我口中跑出来。——

你们，我周围的大胆者！你们这些追求者、尝试者，以及那些以巧妙的风帆乘船航行在莫测深浅之大海上的人们！你们，谜的赏识者！

那就给我猜一下我当时见到的谜，给我解释一下最孤独者的那张脸吧！

因为这是一张脸和一个预见：——我当时在这寓言式的场景中见到了**什么**？有一天必然要来的是**谁**？

有蛇爬到他喉咙里去的那个牧羊人是**谁**？一切最沉重、最黑的东西将会爬到他喉咙里去的那个人是**谁**？

——可是，牧羊人咬了，像我的喊叫劝说他的那样；他狠狠地咬了！他把蛇头吐得远远的——：跳了起来。——

不再是牧羊人，不再是人，——一个变形者，一个**笑容可掬**的光环环绕者！大地上从来不曾有一个人像他这样笑过！

哦，我的兄弟们，我听到一种非人的笑声，——现在一种干渴燃烧着我，一种永远不会平静下来的渴望。

我对这种笑的渴望燃烧着我：哦，我如何还能忍受生活！我又如何忍受得了现在就死！——

查拉图斯特拉如是说。

关于违背意愿的极乐

心中带着这样的谜和痛苦，查拉图斯特拉在海上航行。可是，当他 203
离开幸福之岛、离开他的朋友们航行了四天之后，他已经战胜了他的全部痛苦——：他胜利地、坚定地重新把命运踩在脚下。查拉图斯特拉当时对自己欢呼的良心如是说：

我重新独自一人，我愿意这样，独自和纯洁的天空与自由的大海在一起；午后重又来到我周围。

在午后，我曾第一次找到我的朋友们，这一次又是在午后，我：——处于全部光明都变得更加宁静的时刻。

因为仍然处于天地之间中途的幸福仍在为自己寻找着一个可以寄宿的光明灵魂：全部光明现在都**幸福地**变得更加宁静。

哦，我的人生之午后！我的幸福也曾走下深谷，去为自己寻找一个客栈：这时候，它找到了这些好客的坦诚灵魂。

哦，我的人生之午后！有什么东西我不曾献出，以换取一件东西：我生机盎然的思想种植园和我最高希望之晨曦！

创造者曾经寻找伙伴和**他的**希望之子：瞧，结果是他无法找到他们，除非他自己首先创造他们。

于是我在我的工作中朝我的孩子们走去，又从他们那里走回来：为 204
了自己孩子的缘故，查拉图斯特拉不得不自我完成。

因为一个人全心爱的只是自己的孩子和作品。在伟大的自爱所在之处，它就是妊娠的标志：我发现是这样的。

我的孩子在他们的第一个春天里就是一派翠绿，互相挨着站在一起，一同在风中摇曳，我花园里和最佳土地上的树木。

真的，哪里有这样的树木生长在一起，那里就是幸福之岛！

可是有一天我要将它们连根拔起，让它们各自单独站立：以便它们学会孤独、顽强和谨慎。

那时候，我要它们曲曲弯弯，柔中有刚，立在海边，成为不可战胜之生命的活灯塔。

在暴风雨向大海倾倒、群山之长鼻饮海的地方，每棵树都应该依次值白班与夜班，以接受对**它的**考验和评估。

它应该受到如此的评估和考验，看它是否和我属于同一类型、同一来源，——看它是否主宰一个长久的意志，即使说话，也是沉默寡言，而且如此忍让，乃至把给予当**索取**。

——乃至有一天成为我的伙伴，成为和查拉图斯特拉一起进行创造、一起进行庆贺的人——：一个给我把我的意志写在我的标牌上的人：为了万物更充分的完成。

为了他和他同类的缘故，我不得不**自我**完成：所以我现在避开我的幸福，愿意为所有不幸效劳——这是对**我的**最后考验和评估。

真的，该是我走开的时候了；漫游者的影子、最长的瞬间、最宁静的时刻——一切都在对我说："这是最合适的时候！"

205 风从钥匙孔里朝我吹来，说道："来吧！"门诡异地为我一下打开了，说道："去吧！"

可是我被拴在对我孩子的爱上：愿望为我下了这个套，爱的愿望，乃至于我会变成我自己孩子的牺牲品，因他们而失去自我。

愿望——现在对我意味着：失去了自我。**我拥有你们，我的孩子们！**在这种拥有中，一切都应该有实在的确定性，而不应该只是愿望。

可是我的爱之阳光把我暴晒，把查拉图斯特拉放在他自己的汁液中烹制，——这时候，影子和怀疑从我头顶飞过。

我现在渴望着霜雪和冬天："哦，但愿霜雪和冬天再次让我咯嚓作响！"我叹息道：——这时候从我身上升腾起冰的雾气。

我的过去为它们冲破坟墓，一些活埋的痛苦醒过来——：它们已藏在裹尸布中睡够了。

一切迹象都朝我如是喊："是时候了！"——可是我听不见：直到最后我的深渊动弹了，我的思想咬啮我。

啊，深渊的思想啊，你就是我的思想！何时我才有力量来听你挖掘而不再颤抖呢？

当我听到你挖掘的时候，我的心一直跳到了喉咙口！你的沉默更是要掐住我的脖子，你这深渊般沉默的人！

我还从来不敢把你叫**上来**：我曾携你——同行，已经够了！我还没有强有力到足以表现出狮子的傲慢和恶作剧。

你的重力对我来说始终是足够可怕的东西：可是有一天我还是应该找到力量和狮子的声音，把你叫上来！

如果我首先强令自己做到了这一点，那么我也要强令自己做更伟大 206
的事情；一场**胜利**应该成为我尽善尽美的印记！——

同时，我仍在不确定的海上漂流；偶然性恭维我，这油嘴滑舌的家伙；我朝前后看——，我仍然看不到尽头。

我最后斗争的时刻尚未到来，——抑或，也许它现在正在到来？真的，大海和人生在我周围呈现出狡黠之美，注视着我！

哦，我的人生之午后！哦，夜晚以前的幸福！哦，深海中的港湾！哦，不确定性当中的平静！我多么不信任你们这一切！

真的，我不信任你们的狡黠之美！我就像一个爱恋者一样，不信任太温柔细腻的微笑。

就像他把他的最亲爱者推开，他的严厉中仍带着温柔，这嫉妒的家伙——，我把这极乐的时刻推开。

走开吧，你这极乐的时刻！和你一同到来的是一个违背意愿的极乐！我站在这里甘愿接受我最深的痛苦：——你来得不是时候！

走开吧，你这极乐的时刻！不如寄宿在那里——在我孩子们那里！赶紧！在傍晚前还是以我的幸福赐福于他们吧！

这时候黄昏已近：太阳西沉。去吧——我的幸福！——

查拉图斯特拉如是说。他整夜等待他的不幸：可是他徒然等待。夜晚始终晴朗而宁静，幸福本身离他越来越近。可是，临近早晨的时候，查拉图斯特拉心中暗笑，讽刺地说道："幸福追逐我。这是由于我不追女人。而幸福就是一个女人。"

日出之前

哦，我头顶上的天空，你这纯净者！深邃者！你这光的深渊！我一 207
边看着你，一边因神圣的愿望而颤抖。

把我自己抛向你的高度——这就是**我的**深度！藏身于你的纯净中——这就是**我的**无辜！

上帝为他的美所遮掩：你藏匿起了你的星星。你不说话：如是你向我宣告了你的智慧。

你今天为我默默地升起在汹涌的大海上，你的爱和你的羞赧把启示告诉给我汹涌的灵魂。

你优美地朝我走来，掩藏在你的美之中，你默默地对我说话，彰显出你的智慧：

哦，我如何就没有猜出你灵魂的全部羞愧！你在太阳之前来到我这个最孤独的人跟前。

我们从一开始就是朋友：我们共同享有悲伤、恐惧、动机。我们还共同拥有太阳。

我们互相不说话，因为我们知道得太多——：我们互相一言不发，我们笑颜相对，心知肚明。

你不是我的火光吗？你不是我洞察力的姐妹——灵魂吗？

我们在一起学会了一切；我们在一起学会了以攀登超越自我、实现自我，灿烂的微笑：——

——以放光的眼睛，从远处朝下灿烂地微笑，这时候在我们下面， 208
强制、目的、过失像雨水般雾气弥漫。

我独自漫游：我的灵魂在夜间、在迷途渴望着**谁**呢？我登山，我在山上寻找的如果不是你，那又究竟是**谁**呢？

而我的全部漫游与登山：仅仅是一种急需，是笨拙者的一种应急手段：——我的整个意志要独自**飞行**，飞到**你心**中！

除了浮云和玷污你的一切，我更讨厌谁呢？我讨厌我自己的讨厌，因为它玷污了你！

我怨恨浮云，这蹑手蹑脚的虎狼：它们从你和我这里拿走了属于我们共同的东西，——广袤无际的赞许。

我们怨恨这些浮云，这些中介和搅和者：这些模棱两可的家伙，它们既没有学会祝福，也没有学会彻底诅咒！

我更愿意坐在一只桶里，在一片锁定的天空下，更愿意坐在没有天空的深渊里，而不愿意看见你，这被浮云玷污的光明天空！

我经常渴望用锯齿般闪电之光的金丝将浮云捆住，这样我就可以像霹雳一样在它们圆鼓鼓的肚子上击鼓：——

——一个愤怒的击鼓者，因为它们从我手里夺走了你的赞许，你，我头顶上的天空，你，纯净者！光明者！你这光的深渊！——因为它们从你手里夺走了**我的**赞许。

因为我更想要噪音、霹雳和暴风雨的诅咒，而不喜欢谨慎多疑的猫之休憩；甚至在人类中间我也最讨厌所有蹑手蹑脚者、模棱两可的家伙，以及多疑而犹豫不决的浮云。

而“不会祝福的人应该**学会**诅咒！”——这明晰的准则从清澈的天空中落到我头上，这颗星星甚至在黑夜里也存在于我的天空中。

209 可是我是一个祝福者和赞许者，只要你在我周围，你这位纯净者！光明者！你这光的深渊！——我把我祝福的赞许带入所有的深渊。

我变成了祝福者、赞许者：我曾长期拼搏，曾是一名斗士，以便有一天我可以腾出手来祝福。

而这就是我的祝福：作为任何事物的天空，作为它的圆屋顶，它的蓝色大钟和永恒的确信，凌驾于该事物之上：而如是祝福者，有福了！

因为万物都在永恒之泉受洗，在善恶的彼岸；可是善恶本身只是难以捕捉的影子、湿漉漉的悲伤和浮云。

真的，如果我教导说："在万物之上是偶然性的天空、无辜的天空、大致的天空、肆无忌惮的天空"，那么这是一种祝福，而不是亵渎。

"冯·大致"① ——这是世界最古老的贵族，我将这称号还给万物，我把万物从目的的奴役下拯救出来。

当我教导说，在万物之上并没有"永恒的意志"通过万物行使意志时，我将这种自由和天空的清澈像一座蓝色的大钟一样置于万物之上。

当我教导说"万物中有一事是不能的②——即：合乎理性！"时，我用这种肆无忌惮和愚蠢来取代那种意志。

更确切地说，一点点理性，一粒智慧的种子，从这星球播撒到那星球，——这种酵母混合在万物中：因为愚蠢的缘故，智慧才被混合在万物中！

一点点智慧倒是可能的；可是我在万物中都发现了这种神恩注定的确定性：它们更愿意用偶然性的脚步——**跳舞**。

哦，我头顶上的天空，你这纯净者！高尚者！现在，在我看来，这就是你的纯净：没有永恒的理性蜘蛛和理性蜘蛛网：——

——你在我看来，是神圣的偶然事件的舞池，你在我看来，是一张 *210*
神的桌子，用来掷神圣的骰子，供神圣的骰子游戏者玩耍。

可是你脸红了？我说了什么说不出口的话？我因为要祝福你而说了什么坏话？

要不然是因为我们两个人在一起让你感到羞愧而脸红？——你让我走开并保持沉默，因为现在——**白天**要来了？

世界是深邃的——：比白天所想象过的更深邃。并不是一切都可以

---

① 引号内的德语原文是 von Ohngefähr，意思是"偶然"，由"von（的）"和"Ohngefähr（大致）"两个词组成。德国贵族的姓氏一般由"von"和一个表示贵族领地名称的专有名词组成。表示德国贵族姓氏的这个"von"在汉语里一般译成"冯"。在这里，尼采一语双关，既有"偶然"的意思，又同下文的"贵族"相呼应。

② 参见《圣经·马太福音》第19章第26节："耶稣看着他们说，在人这是不能的，在上帝凡事都能。"

在白天之前说出来的。可是白天来临：让我们就此分手吧！

哦，我头顶上的天空，你这羞涩者！灼热者！哦，你，我在日出前的幸福！白天来临：让我们就此分手吧！——

查拉图斯特拉如是说。

关于让人渺小的美德

1

查拉图斯特拉登上可靠的陆地以后，并没有直接去他的山里和洞穴 211
里，而是走了许多路，问了许多问题，打听这，打听那，乃至于他挖苦自己说："看一条河吧，它曲曲弯弯地绕过来绕过去，又流回到源头上!"因为他要了解在这期间**人类**发生了什么：人类是变得更伟大了，还是更渺小了？有一次他看见一排新房子；他很惊讶，说道：

这些房子是什么意思？真的，伟大的灵魂不会把它们放在那里来比喻自己的！

也许是一个傻孩子把它们从他的玩具箱里拿出来的？但愿另一个孩子又会把它们重新放回到箱子里去！

这些大大小小的房间：**大人**能在那里进出吗？我认为它们是洋娃娃的房子；或者是馋嘴猫的房子，这些馋嘴猫也会让人同它们分享。

查拉图斯特拉停下来思考。他最终伤心地说："**一切**都变小了！

我到处都看到更矮小的大门：**我**这样的人大概还可以走过去，可是——得弯腰才行！

哦，何时我才可以回到我不必再弯腰的家乡——不必再在小人面前 212
弯腰!"——查拉图斯特拉叹息着，眺望远方。——

然而，就在这同一天，他讲述了让人渺小的美德。

2

我在这些民众当中走过，睁大我的眼睛：他们不能原谅我没有嫉妒他们的美德。

他们朝我咬过来，因为我对他们说：对于小人来说，小美德是必要的——因为我难以理解为什么小人是**必要的**！

我在这里就像一只在陌生农庄里的公鸡，就连母鸡也会啄它；但是我并不因此而对这些母鸡不好。

就像对待所有小小的不愉快一样，我对他们很有礼貌；针锋相对地对待小东西，在我看来是一种刺猬的智慧。

当晚上他们围坐在炉火旁时，他们大家都谈论我，——他们谈论我，可是没有人——想起我！

这是我学会的新的宁静：他们在我周围的噪音给我的思想披了一件大衣。

他们相互之间吵吵嚷嚷："这乌云要对我们干什么？留神不要让它给我们带来瘟疫！"

最近，有一个女人，她的孩子要到我这里来，她一把就把孩子拽回去："你们把孩子弄走！"她喊道，"这样的眼睛会烧焦孩子的灵魂。"

我说话时，他们咳嗽：他们认为，咳嗽是对劲风的一种异议，——他们一点没有猜到我的幸福之呼啸！

213 "我们还没有时间留给查拉图斯特拉"——他们如是表示异议；可是，一个"没有时间"给查拉图斯特拉的时代有什么重要？

如果他们十分赞美我，我如何能躺在**他们的**赞美上入睡呢？他们的赞美对我来说就像是带刺的腰带：就是在我把它解下来的时候，它也还在刺痛着我。

甚至这一点，我也是在他们中间学来的：赞美者做得好像他在回报，可是实际上，他要求得到更多的赠送！

问一问我的脚，它是否喜欢你们的赞美曲和诱惑曲！真的，它既不喜欢随着这样的节拍翩翩起舞，也不会停住不动。

为了实现小美德，他们想要诱惑我、赞美我；他们想要说服我的脚跟上小幸福的节拍。

我在这些民众当中走过，睁大我的眼睛：他们变小了，而且正变得越来越小：——**可是，这是他们关于幸福和美德的学说造成的**。

当然，他们对于美德也很谦虚——因为他们想要舒服。可是，和舒服相一致的只有谦虚的美德。

他们大概也以他们的方式学习迈步走，学习前进：我称之为他们的**跛行**。所以他们成了所有匆忙者的障碍。

他们当中一些人一边朝前走，一边用僵硬的脖子回头看：这些人我很想朝着他们的身子撞去。

脚和眼睛不应该说谎，也不应该互相揭穿谎言。可是在小人那里说谎很普遍。

他们当中有些人想要说谎，可是大多数人只是被要求说谎。他们当中有些人是纯粹的，可是大多数人是糟糕的演员。

在他们当中有不自知的演员和违心的演员——，纯粹者始终很少见，尤其是纯粹的演员。

在这里有男子气的很少：所以他们的女人使自己男性化。因为只有 214
那些有足够男子气的人，才会在女人身上**拯救——女性**。

而在他们中间，我发现最糟糕的伪善是：连发号施令者也假装出那些效力者的美德。

“我效力，你效力，我们效力”——统治者的伪善甚至如是祈祷，——如果第一主人只是第一仆人，那就有祸了！

啊，甚至我眼睛的好奇也飞到他们的伪善中；我猜透了它全部的苍蝇之乐，以及它在充满阳光的玻璃窗周围发出的嗡嗡声。

我看到如此多的善，如此多的虚弱。如此多的公正和同情，如此多的虚弱。

它们互相之间圆圆的、公正的、亲密的，就像小沙粒和小沙粒之间是圆圆的、公正的、亲密的一样。

谦虚地拥抱一个小幸福——他们称之为“顺从”！同时他们又眼馋一个新的小幸福。

他们其实单纯地最想要一件事情：没有人伤害他们。于是他们抢在每个人之前，对其行善。

然而这是**怯懦**：尽管它也叫做“美德”。——

当他们一旦嘶哑地说话的时候，这些小人：**我**在其中就只听到他们的嘶哑，——因为每一阵风都使得他们嘶哑。

他们真的很聪明，他们的美德有聪明的手指。可是他们没有拳头，他们的手指不知道如何藏到拳头里面。

美德对他们来说就是使人谦虚和驯服的东西：因此他们把豺狼变成狗，把人本身变成人的最好的家畜。

“我们把我们的椅子放在**中间**”——他们的微微一笑如是告诉我——“远离垂死的流浪乞丐，就像远离快乐的母猪。”

215 然而这是——**平庸**：尽管它也叫做节制。——

3

我在这些民众当中走过，无意中说了一些话：可是他们既不懂得接受，也不懂得保存。

他们惊讶我来怎么没有非议情欲和恶习；真的，我也不是来让人警惕小偷的！

他们惊讶我怎么不准备通过吃一堑长一智的方式来磨炼他们的机智：好像他们还没有受够那些挖空心思的家伙，这些家伙的声音在我看来，就像石笔一样发出嚓嚓的响声！

如果我喊：“诅咒你们心中所有怯懦的魔鬼，这些魔鬼喜欢哀泣，喜欢双手合十地朝拜”：他们就喊：“查拉图斯特拉是不信神的。”

尤其是他们的顺从之师这样喊——；可是我恰恰喜欢对着他们的耳朵喊：是啊，我是目无上帝者查拉图斯特拉！

这些顺从之师！无论哪里有卑小的、有病的、长疥癣的东西，他们就像虱子一样爬向那里；我只是出于恶心，才没有把他们掐死。

好吧！这就是我给你们耳朵的说教：我就是如是说的目无上帝者查拉图斯特拉：“谁比我更不信神，从而可以让我喜欢聆听他的指教？”

我是目无上帝者查拉图斯特拉：我的同类何在？所有把意志给予他们自己，了结掉一切顺从的人便是我的同类。

我是目无上帝者查拉图斯特拉：我在**我的**锅里给我自己烹制任何偶然性。只有在这偶然性完全烹制好了的时候，我才会欢迎它当**我的**膳食。

216 真的，有些偶然性耀武扬威地来到我跟前：可是我的**意志**更加耀武扬威地对它们说，——这时候它们已恳求着跪倒在地上——

——它们恳求让它们在我这里找到住宿之处和爱心，它们谄媚地对我说："瞧啊，哦，查拉图斯特拉，只是像朋友来到朋友这里一样！"——

然而，在无人有**我那种**耳朵的地方，我何苦要说话呢！所以我要对着所有的风把话喊叫出来：

你们越变越小，你们这些小人！你们在慢慢地剥落，你们这些舒服的家伙！我看你们还要走向毁灭——

——由于你们的许多小美德，由于你们的许多小疏忽，由于你们的许多小顺从！

太多的体谅，太多的让步：这就是你们的土地！可是，一棵树要长大，它就要让结实的根须缠在结实的石头上！

甚至他们疏忽的东西也编织到整个人类之网中去了；甚至他们的虚无也是一种蜘蛛网和一只依靠未来之鲜血而生存的蜘蛛。

如果你们索取，那么这就像偷窃一样，你们这些小有美德者；可就是在恶棍当中，**荣誉**也会说："在你不能抢劫的地方，你只应该偷窃。"

"付出"——这也是一种顺从的原则。可是我对你们说，你们这些舒服的家伙：占有，而且越来越多地向你们索取！

啊，你们放弃所有的半心半意吧，下决心懒惰，就像下决心行动一样吧！

啊，但愿你们理解我的话："做你们愿意做的事，——可是首先做能有意愿的人！"

"爱人如己①，可是首先给我做一个**自爱**的人——

——以伟大的爱自爱，以伟大的蔑视自爱！"目无上帝者查拉图斯特拉如是说。——

然而，在无人有**我那种**耳朵的地方，我何苦要说话呢！对我来说，我在这里是早到了一个小时。

---

① 参见《圣经·马太福音》第22章第37—39节："你要尽心，尽性，尽意，爱主你的上帝。这是诫命中的第一，且是最大的。其次也相仿，就是要爱人如己。"

217 在这些民众当中，我是我自己的先行者，是我自己在黑暗小巷中的公鸡报晓。

可是，**他们的**时刻正在到来！我的也一样！他们一小时、一小时地变得更小、更贫瘠、更无繁殖能力，——可怜的杂草！可怜的土地！

在我面前，他们**很快**就会像干枯的草和草原一样，真的！厌倦了他们自己——更多地渴望**火**，而不是水！

哦，神恩保佑的闪电时刻！哦，晌午前的秘密！——有一天我要让他们生出熊熊烈火来，成为以火舌报信的宣告者：——

——他们有一天将以火舌报信：它来了，它近了，**伟大的晌午**！

查拉图斯特拉如是说。

在橄榄山上[①]

冬天，这位令人不快的客人，坐在我家里；我的双手因为和它友谊的握手而发青了。 218

我尊敬它，这位令人不快的客人，可是很愿意让它单独坐着。我喜欢从它身边逃走；如果你跑得好，那你就逃脱了它！

我有温暖的双脚，温暖的念头，跑到风静止的地方，——来到我橄榄山上向阳的一角。

在那里我嘲笑我威严的客人，仍然喜欢它赶走我家里的苍蝇，使许多小噪音沉寂下来。

如果一只蚊子甚或两只蚊子要唱歌，它还不在乎；它让小巷寂寞，以致夜间月光在那里都感到害怕。

它是一位冷酷无情的客人，——可是我尊敬它，我不像娇生惯养的人那样向大腹便便的火之偶像祈祷。

宁愿牙齿颤抖得有点得得作响，也不要偶像崇拜！——我的秉性就要求这样。我尤其讨厌所有发情的、冒热气的、有霉味的火之偶像。

我所爱的人，我在冬天会比在夏天更爱他；自从冬天坐在我家里以来，我现在更尖刻、更由衷地挖苦我的敌人。

由衷地，真的，甚至在我爬到床上去以后，也如此——：在那里，我的躲藏起来的幸福仍然笑着，肆无忌惮；还有我的谎言之梦也笑。 219

我——一个爬行者？我一生中从来没有在强大者面前爬行过；我即使说谎，这也是出于爱才这样做的。所以我即使在冬天的床上，也感到

---

① 参见《圣经·马太福音》第24章第3节："耶稣在橄榄山上坐着……"

很高兴。

相对于一张富丽堂皇的床，一张微不足道的床更加让我感到温暖，因为我嫉妒我的贫穷。在冬天，它对我最忠诚。

我幸灾乐祸地开始每一天，我以冷水浴嘲笑冬天：我的威严的家中常客对此喃喃抱怨。

我甚至喜欢用一支小蜡烛逗它玩：乃至于它最终让天空从灰色的朦胧中露脸。

因为我在早晨尤其恶毒：一大早井边的水桶就叮咚作响，骏马在灰色小巷里热情地嘶叫：——

我不耐烦地在那里等待清澈的天空展现，这白胡子的冬季天空，这白头老翁，——

——这沉默寡言的冬季天空，它还经常隐藏起它的太阳！

我大概从它那里学会了长久而清澈的沉默？还是它从我这里学会了这一点？要不然是我们各自发明了这一点？

所有好事的起源都千头万绪，——所有善意的恶作剧都快乐地一下子出现：它们怎么可以始终只出现——一次！

一个善意的恶作剧也是长久的沉默，像冬季的天空一样，从清澈的脸上，睁大着圆眼睛张望：——

——像它一样隐瞒起它的太阳和它的不屈不挠的太阳意志：真的，这种艺术和这种冬季恶作剧我学得**很好**！

220 我的沉默学会了不通过沉默来暴露自己，这是我最心爱的恶毒和艺术。

以喋喋不休的言辞和咯哒作响的骰子声，我智胜了郑重其事的守护人：我的意志和目的应该逃过所有这些威严的监视者。

为了不使任何人看到我的底部和最终意志，——我发明了长久而清澈的沉默。

于是我发现一些聪明人：他们用面纱遮住自己的脸，把水搅浑，以便没有人能看透他们，能看清他们的底部。

可是，偏偏来到他们跟前的是更聪明的猜疑者和胡桃夹子：从他们那里把最隐蔽的鱼钓了上来！

而清澈者、诚实者、透明者——在我看来，这些是最聪明的沉默者：他们的底部如此之**深**，乃至于最清澈的水也不会把他们——暴露出来。——

你这个沉默的白胡子冬季天空，你，我头顶上的圆眼睛白头老翁！哦，你，我的灵魂及其恶作剧在天上的比喻！

我不**必**像一个把金子吞下肚子的人那样藏匿起来，——免得人们把我的灵魂扯开？

我不**必**踩高跷，以便他们对我的长腿**视而不见**，——我周围的所有这些嫉妒鬼和害人精？

这些烟雾缭绕的、暖融融的、用旧了的、染绿了的、心情不好的灵魂——他们的嫉妒如何能忍受得了我的幸福！

于是我只指给他们看我山峰上的冰和冬天——**没有**给他们看我的山还把整个阳光的腰带缠在了自己的周围！

他们只听到我的冬天暴风雪在呼啸：**没有**听到我也像急切而猛烈的南方热风一样越过温暖的大海。

他们怜悯我的意外事故和偶然事件：——可是，**我的**话说道："你们 221
让偶然到我这里来吧：它像小孩一样，是无辜的！"

如果我不把意外事故、冬天的困境、熊皮帽、大雪天的装束置于我幸福的周围，那么他们如何**能**忍受我的幸福！

——如果我自己不同情他们的**同情**：这些嫉妒鬼和害人精的同情！

——如果我自己不在他们面前叹息，不冻得牙齿格格作响，耐心地让自己被裹在他们的同情里！

这就是我的灵魂充满智慧的恶意和善意：它**不隐藏**它的冬天和寒流，它也不隐藏它的冻疮。

一个人的孤独是病人的逃避，另一个人的孤独是**对**病人的逃避。

但愿他们听到我格格作响，在冬天的寒冷面前叹息，我周围所有这些可怜的、嫉妒的恶棍！即使有这样的叹息和不断的格格声，我还是从他们那生火的房间逃走了。

但愿他们因为我的冻疮而同情我，和我一起叹息："他还将冻死在知识之冰上！"——他们如是抱怨。

在这期间，我用温暖的双脚，漫无目的地在我的橄榄山上四处乱走：在我橄榄山上阳光明媚的一角上，我歌唱着、讽刺着所有的同情。——

查拉图斯特拉如是说。

关于从旁走过

就这样慢慢走在民众和各个城市之中，查拉图斯特拉绕路回他的山 222
区和洞穴。瞧，这期间他无意中也来到了**大城市**的城门边：可是在这里，一个口吐白沫的傻瓜伸出双手，朝他跳过来，挡住了他的去路。而这是民众称之为“查拉图斯特拉之猿”的那同一个傻瓜：因为他曾从查拉图斯特拉那里注意到了一点语句和语言中的格，也喜欢借用查拉图斯特拉智慧的宝藏。傻瓜对查拉图斯特拉如是说：

“哦，查拉图斯特拉，这里是大城市：在这里你没有任何东西可以寻求，却要失去一切。

为什么你愿意在这泥浆中跋涉？你应该怜惜一下你的脚！最好朝城门啐一口唾沫——掉头回去！

这里是遁世修行思想的地狱：在这里伟大的思想被活活放到开水里，煮得小小的。

在这里，所有伟大的感情都腐烂了：在这里只有骨瘦如柴的小感情可以发出格格的声音！

你没有闻到精神的屠宰场和熟食店的味道？这个城市不是弥漫着被屠宰精神的气息？

你没看见灵魂像肮脏丑陋的破布一样悬挂着吗？——而他们还用这 223
破布来制造报纸！

你没听见精神如何在这里变成了文字游戏？它呕吐出了令人恶心的语言污秽！——而他们还用这语言污秽来制造报纸。

他们你追我赶，却不知道去向何方。他们互相激怒，却不知道为什么。他们用他们的金属片发出叮当的声音，他们用他们的黄金发出丁零的声音。

他们很冷，从蒸馏水中寻求温暖；他们很热，从冰冻的精神那里寻求清凉；他们全都久病不愈，癖好舆论上了瘾。

这里是所有情欲和恶习的家园；可是这里也有讲究美德的人，有许多乖巧造就的美德：——

许多乖巧的美德，有着善于书写的手指，有着坚韧的坐功和等候功，有着胸前的小星勋章和人造屁股的女儿。

这里也有在万军之主面前的许多虔诚，及甜言蜜语。

'从上面'甚至滴下星星勋章和仁慈的唾沫；任何没有星星勋章的胸脯都渴望向上爬。

月亮有它的月晕，而月晕造就了它的怪胎：而乞讨的民众以及全部乖巧的乞讨美德都向来自月晕的一切祈祷。①

'我效力，你效力，我们效力'——全部乖巧的美德都如是朝上向王公祈祷：乃至于挣来的星星勋章最终挂在了瘦小的胸前！

可是，月亮仍然围绕大地上的一切俗物旋转：王公也同样围绕大地上的一切俗物之最旋转——：这是小商贩的黄金。

万军之主不是金条之主；王公思考着，但是小商贩——左右着！

凭着你心中一切光明、强大、善良的东西起誓，哦，查拉图斯特拉！朝这小商贩之城啐一口唾沫，掉头回去吧！

224 这里的所有血管里都流着一切污秽的、不冷不热的、冒着泡的血：朝这个大城市啐一口唾沫吧！它是所有糟粕汇集的一大堆垃圾！

朝这个挤碎的灵魂之城、狭隘的胸襟之城、尖刻的眼睛之城、黏糊糊的手指之城啐一口唾沫吧——

——朝这个纠缠不休者之城、无耻者之城、舞文弄墨摇旗呐喊者之

---

① 在德语中，"晕"是"Hof"，含有"宫廷"、"农家大院"的意思；"怪胎"是"Mondkalb"，由"Mond（月亮）"和"Kalb（小牛）"两个词组成。尼采在这里所做文字游戏背后的意思应该是：月晕是虚幻的东西，所以在月亮这个大院里也会像农家大院里有小牛一样，有它自己的"月中小牛"，即"怪胎"；而"Hof"同时又意味着"宫廷"，那也就是说，宫廷有它自己的怪胎，而乞讨的民众向来自月晕的一切祈祷，实际上是指向来自宫廷的一切虚幻的东西祈祷。

城、过于热烈的野心勃勃者之城啐一口唾沫吧：——

——在这里一切溃烂之物、声名狼藉之物、贪婪之物、阴森之物、过于腐朽之物、化脓之物、阴谋诡计之物统统烂在了一起：——

——朝这大城市啐一口唾沫，掉头回去吧！”——

可是在这里，查拉图斯特拉打断了口吐白沫的傻瓜，捂住了他的嘴。

“终于住口了！”查拉图斯特拉喊道，“我早就对你的话和你那种人感到恶心了！

为什么你如此长久地住在沼泽地，乃至于你自己也不得不变成了青蛙，变成了癞蛤蟆？

当你学会如是呱呱叫唤亵渎神圣的时候，你的血管里本身不也就流动着污秽冒泡的沼泽地之血吗？

为什么你不到森林里去？或者为什么你不犁地？大海里不是布满绿色的岛屿吗？

我蔑视你的蔑视；如果你警告我，——为什么你不警告你自己呢？

单单出于爱，我的蔑视和我的警示标志之鸟就会展翅飞翔：可不是飞出沼泽地！——

有人称你为我的猿猴，你这口吐白沫的傻瓜：可是我称你为我的猪，——你用哼哼声甚至损害了我对愚蠢的赞美。

最初让你哼哼的究竟是什么？因为没有人把你奉承个够：——所以你就坐到了这垃圾旁，从而有足够的理由来哼哼唧唧，——

从而有理由大肆**复仇**！因为，你这个虚荣的傻瓜，复仇是你吐的全部白沫，我猜你猜得没错！

你的傻话伤害了我，即使你在有些地方说得有道理！即使查拉图斯 225
特拉的话上百倍**有理**：**你**也会始终用我的话做出不公正的事情来！”

查拉图斯特拉如是说；他注视那大城市，叹息一声，沉默良久。最后，他如是说：

我不仅厌恶这傻瓜，也厌恶这大城市。有些地方是无可改善，也无可改恶的。

这大城市有祸了！——我但愿见到将它烧毁的火柱！

因为这样的火柱必然先行于伟大的晌午。① 可是它有它自己的火候，和它自己的命运。——

然而，我把这个告诫给你，作为临别箴言：在人们不能再爱的地方，你就应该——从旁走过！——

查拉图斯特拉如是说罢，从傻瓜和大城市的一旁走过。——

① 参见《圣经·出埃及记》第13章第21节："日间耶和华在云柱中领他们的路，夜间在火柱中光照他们，使他们日夜都可以行走。"

关于背叛者

1

啊，前阵子这草地上还苍翠绚丽，现在全都干枯了，一片灰蒙蒙的？226 我从这里将多少希望之蜜拿到我的蜂箱里去了啊！

这年轻的心全都已经变老了，——甚至没有老！只是疲倦了、庸俗了、懒惰了：——他们称之为“我们重又变虔诚了”。

最近我还看见他们迈着勇敢的脚步跑出去：可是他们的知识之脚疲倦了，现在他们甚至还诽谤他们早晨的勇敢！

真的，他们中间有些人像舞蹈家一样抬起腿，我的智慧笑着向他们示意：——他们在那里思考。刚才我看见他们弯下腰——爬向十字架。

他们曾经像蚊子和年轻诗人一样围着光和自由翩翩飞舞。老了一点，冷漠了一点：他们现在是神秘者、窃窃私语者、足不出户者。

也许他们伤心气馁，是因为孤独像一条鲸鱼一样吞噬了我？也许因为他们的耳朵满怀渴望地伸得老长，**想要**倾听我的声音、我的号角和信使之声却终告**徒劳**？

——啊！始终只有很少的人心中有长久的勇气和自负；在这样的人那里，精神也保持了耐心。可是其余的人就很**怯懦**。

其余的：始终是大多数，平常人，多余人，太多、太多的人——这 227 些人全都很怯懦！——

属于我这种类型的人，我这种类型的体验就会在半路撞上他：也就是说，他的最初的伙伴必然是尸体和丑角。

可是他其次的伙伴——他们将自称为他的信仰者：真是活生生的一伙，有许多的爱，许多的愚蠢，许多嘴上没毛者的敬仰。

人们当中属于我这一类型的人应该将心系于这些信仰者；了解人类草率、怯懦方式的人不应该相信这样的年少稚嫩、这样的绚丽草地！

假如他们能是别的样子，但愿他们也愿意是别的样子。半吊子损害了所有的整体。树叶干枯了，——这有什么好抱怨的！

让它们走，让它们掉下来吧，哦，查拉图斯特拉，不要抱怨！还是让风刮得它们飕飕作响吧。——

——在这些树叶中间让风刮起来吧，哦，查拉图斯特拉：让干枯的一切都离你而去吧！——

2

“我们重又变虔诚了”——这些背叛者如是承认；他们中间有些人仍然太怯懦而不敢承认。

我直视这些人的眼睛，——我直冲着他们的脸和他们脸颊上的红晕如是说：你们是重新**祈祷**的人！

可是祈祷是一种耻辱！不是对所有人来说，而是对你、对我、对头脑里有良心的人来说。对你来说，**祈祷**是一种耻辱！

228 你大概知道：你心中怯懦的魔鬼，他喜欢双手合十，无所事事：——这怯懦的魔鬼劝说你：“有一位上帝！”

你**因此**而属于怕光的一类人，光从来不让这类人安宁；现在你不得不每天把头深深地伸到黑夜和雾气中！

真的，你选择了良机：因为夜间出没之鸟又出动了。对于所有怕光的人来说，他们不——“休息”的夜半时刻和休息时刻到来了。

我听到并闻到了：它们的狩猎和游行时刻到来了，然而不是一次疯狂的狩猎，而是一次温顺的、跛足的、嗅来嗅去的蹑手蹑脚者与小声祈祷者的狩猎，——

——是一次对深情的胆小怕事者的狩猎：所有用于内心的捕鼠器现在已重新安装好！在我揭起帘子的地方就会有一只小蛾子飞出来。

它大概刚才和另一只小蛾子蹲在一起？因为我到处都闻到躲藏起来的团体；哪里有小房间，那里就有新的终日祈祷者和终日祈祷者的雾气。

他们漫漫长夜中坐在一起说：“你让我们重新变得像小孩子一样，说

‘亲爱的上帝’吧！”① ——被虔诚的糕点师傅把嘴和肠胃搞坏。

或者他们在漫漫长夜中注视着一只狡猾地埋伏着的十字蜘蛛，它向蜘蛛本身宣讲机智，如是教导说：“十字底下好织网！”

或者他们整天拿着钓竿，坐在沼泽地旁边，因此就认为自己**深入**了；可是谁在没有鱼的地方钓鱼，我看连肤浅都算不上！

或者他们在抒情诗人那里学习虔诚而快乐地弹奏竖琴，这些抒情诗人喜欢用竖琴打动小女子的心：——因为他们厌倦了老女人及其溢美之词。

或者他们在一个博学的狂人那里学会感到害怕，这狂人在黑屋子里 229
等待精神到他这里来——而精神却整个儿逃跑了！

或者他们倾听一个四处奔走、把笛子吹得呜呜响的吹笛子老头，他从忧郁的风那里学来了忧郁的音调；现在按照风的方式吹笛子，以忧郁的音调宣教忧郁。

他们当中有些人甚至成为守夜人：他们现在懂得吹号，在夜间四处走动，把早已入睡的古老事物全都吵醒。

昨天夜里我在花园墙边上听到了关于古老事物的五句话：它们出自这些忧郁的、枯槁的守夜老头。

“作为一个父亲，它没有足够关心它的孩子：这一点，人类父亲们做得更好！”——

“它太老了！它根本不再关心它的孩子”——另一个守夜人如是回答。

“它究竟有孩子吗？如果它自己不证明这一点，没有人能证明！我早就希望它彻底证明一下这一点。”

“证明？好像它曾经证明过什么似的！对它来说，要证明什么是很困难的；它很看重人们相信它。”

“是啊！是啊！信仰让它上天堂，对它的信仰。这就是老人们的方式！我们也是这样！”——

① 参见《圣经·马太福音》第18章第3节：“你们若不回转，变成小孩子的样式，断不得进天国。”

——两个守夜老头兼怕光者互相之间如是交谈，然后嘟嘟地吹起了忧郁的号角：这一幕昨天夜里发生在花园墙边。

可是，我的心在我胸中笑得前仰后合，都想要蹦出来了，却不知道蹦向何方，又下沉到横膈膜中间去了。

真的，这真要我的命：当我看见毛驴喝醉酒，听见守夜人如是怀疑上帝，我笑得背过气去。

230 所有这样的怀疑不是**早**就过去了吗？谁还可以唤醒这样一些入睡的、怕光的古老事物呀！

古老的诸神早就终结了：真的，他们有一个快乐的、神圣的好下场！

他们不是在“昏昏然”中死去，——那一定是人们撒谎的！更应该说：他们是有一天自己——**笑**死的！

这样的事发生在最不神圣的话出自一位神自身的时候，——他说：“只有一位神！除了我以外，你不可有别的神！”——

——一个吹胡子瞪眼的老家伙上帝，一个妒忌者，竟然如此忘乎所以：

当时诸神全都笑起来，在座椅上前仰后合，喊道：“有诸神，但是没有上帝，这不就是神性吗？”

让有耳朵的人听到吧。——

查拉图斯特拉在他所爱的外号“彩牛”的城市里如是说。从这里出发，他只需再走两天，就可以重新来到他的洞穴里，来到他的动物中；他的灵魂为他即将到家而欣喜不已。——

回　　家

哦，孤独！你就是我的家！我太长久地、狂热地生活在狂热的陌生 231
人中间，因而不可能不带着眼泪回到你这里！

你一会儿像母亲那样用手指威胁我，一会儿像母亲那样朝我微笑，一会儿只是说："曾像旋风一样从我这边刮走的是谁？——

他在离开时喊道：'我在孤独这里坐得太长久了，我都忘记了沉默！'**这个**——你现在大概学会了吧？

哦，查拉图斯特拉，我知道一切：也知道你曾在许多人中间比在我这里**更寂寞**！

凄凉是一回事，孤独是另一回事：**这个**——你现在知道了！你在人们中间将始终是不开化的、陌生的：

——即使人们热爱你，你也还是不开化的、陌生的：因为他们首先想要受到一切的**关怀**！

可是你在这里是在自己家里；在这里你能谈论一切，倾诉衷肠，没有任何东西会为隐秘的、固执的感情感到羞愧。

在这里，万物爱抚你，同你交谈，奉承你：因为它们想要骑在你的背上。在这里，你也骑着每个比喻奔向每个真理。

你在这里可以诚实地、正派地向万物说话：真的，在他们的耳朵听 232
起来这就是赞美：一个人和万物——直接谈话！

可是，寂寞是另一回事。因为，你还记得吗，哦，查拉图斯特拉？那时候，当你的鸟在你头顶上鸣叫，当你站在树林里，犹豫不决，不知去向何方的时候？在一具尸体旁一无所知的时候：——

——当时你说：愿我的动物引导我吧！我发现在人类中间比在动物

中间更危险：这就是寂寞！

你还记得吗，哦，查拉图斯特拉？当时你坐在你的岛上，一堆空桶中间的一眼给予与分发的酒泉，在干渴者中间馈赠与分斟：

——直到最后，你一个人干渴地坐在醉酒者中间，在夜间抱怨说：'索取不是比给予更蒙受神恩吗？而偷窃比索取更受神恩保佑？'——**这**就是寂寞！

你还记得吗，哦，查拉图斯特拉？当时你最安静的时刻到来了，驱使你脱离自我，它恶毒地对你小声说：'说话吧，心碎吧！'——

——当时它使你对你所有的等待和沉默感到遗憾，使你丧失恭顺的勇气：**这**就是寂寞！"——

哦，孤独！你，孤独啊，我的家！你的声音多么蒙神恩保佑，多么神情丰富地对我说话！

我们互不提问，我们互不抱怨，我们坦诚相见，走过开放之门。

因为在你这里，一切都开放与明朗；甚至时间在这里都用更轻快的双脚奔跑。因为人在黑暗中，比在光明中更沉重地背负时间。

在这里，一切存在的话语和话匣子都一下子为我打开：一切存在都想要在这里生成为话语，一切生成都想要在这里向我学习说话。

可是，在那下面——在那里一切谈话都是徒劳！在那里遗忘和从一旁走过去是最佳智慧：**这个**——我现在学会了！

233 谁想要理解人的一切，谁就必然要攻击一切。可是要这么做，我的双手还太干净。

我不喜欢吸入他们的气息；啊，我如此长久地生活在他们的噪音和令人恶心的气息之中！

哦，我周围蒙受神恩保佑的宁静！哦，我周围纯净的气味！哦，这宁静如何从深深的胸膛中汲取纯净的呼吸！哦，它如何倾听，这蒙受神恩保佑的宁静！

可是在那下面——那里一切都在说话，那里一切都不被理会。人们也许会鸣钟来宣告他们的智慧：市场上的小商贩就会用硬币发出的叮当声盖过它！

在他们那里，一切都在说话，不再有人懂得理解。一切都掉进水里，不再有东西掉进深井里。

在他们那里，一切都在说话，不再有事物有所成就，有所完成。一切都在咯咯地叫唤，谁还要静静坐在窝里孵蛋?

在他们那里，一切都在说话，一切都被说烂了。昨天对于时间本身及其牙齿还太硬的东西：今天却被剁碎了、咬烂了挂在时人的嘴角上。

在他们那里，一切都在说话，一切都被出卖。曾经叫做内心深处之秘密和隐私的东西，今天属于小巷里的吹号手和其他做秀的家伙。

哦，人类啊，你这奇异的东西！你这幽暗小巷里的噪音！现在你重新躺在我身后：我的最大危险躺在我身后！

在迁就和同情中总是有我最大的危险；整个人类都愿意被迁就、被容忍。

把真情实况捂住，做着蠢人的事情，怀着蠢人的情感，满嘴出于同情的小谎言：我曾始终如是生活在人们中间。

我曾在伪装下坐在他们中间，准备对自己做出错误判断：我会容忍他们，欣然说服我自己："你这个傻瓜，你不了解人类！"

当你生活在人类中间时，你就不了解人类：整个人类有太多表面化 234
的东西，——在那里，远视的、好高骛远的眼睛又能做什么！

如果他们对我做出错误判断：我这个傻瓜就因此而对他们比对我自己更加迁就：习惯于针对我的严厉，还经常因为这种迁就而对我自己加以报复。

被有毒的飞虫所蜇伤，又如滴水穿石般被掏空，我这样坐在他们中间，仍劝说自己："一切卑微物之卑微是无辜的！"

尤其是那些自称"善者"之人，我认为是最毒之飞虫：他们全然无辜地蜇人，他们全然无辜地撒谎；他们如何能对我——公正！

同情教会那些生活在善者中间的人撒谎。同情给所有自由的心灵造成了沉闷的空气。因为善者的愚蠢是深不可测的。

隐藏起我自己和我的财富——**这个**我在那下面学会了：因为我发现每个人仍然是精神上的穷人。这就是我的同情所说的谎言：我理解每一

个人，

——我看到、嗅到每一个人，他们都自以为有了**足够的**精神，有了**太多的**精神！

他们的呆板智者：我称之为智者，而不说呆板，——我如是学会了含糊其辞。他们的掘墓人：我称之为研究者和检验者，——我如是学会了偷换概念。

掘墓人是为他们自己挖掘疾病。在古老的垃圾中凝聚着污浊的空气。他们不应该搅起污泥。他们应该生活在山上。

以神恩保佑的鼻孔，我重新呼吸山里的自由！我的鼻子终于摆脱了所有人类的气味！

被凛冽的空气逗引得痒痒的，就如被冒泡的葡萄酒所逗引，我的灵魂**打起喷嚏**来，——打喷嚏并对自己欢呼：祝你健康！

查拉图斯特拉如是说。

关于三件恶事

1

在梦中，在最后的晨梦中，我今天站在天涯海角，——在世界的彼 235
岸，拿着一个天平，**称**世界的重量。

哦，朝霞太早地来到我跟前：它以灼热唤醒了我，这嫉妒的家伙！它总是嫉妒我晨梦的灼热。

世界对于有时间的人来说是可衡量的，对于一个好的称量者来说是可称量的，对于有力的翅膀来说是可以飞到的，对于神圣的怪人来说是可以猜得出来的：我的梦看待世界乃如是：——

我的梦，一艘大胆的帆船，一半是船，一半是旋风，像蝴蝶一样沉默，像纯种的老鹰一样迫不及待：它今天怎么会有耐心和短暂的时间来称世界！

我的智慧，我的笑呵呵的清醒的白昼智慧，它嘲笑所有“无穷无尽的世界”，它也许曾私下里对我的梦说过话？因为它说：“在有力量的地方，**数字**这位女主人就会生成：她更有力量。”

我的梦多么确定无疑地看着这无尽的世界，不求新奇，不求古旧，不畏惧，不乞求：——

——好像一只大苹果呈现在我手中，一只成熟的金苹果，有着清凉、细嫩、天鹅绒般的表皮：——世界如此呈现在我面前：——

——好像一棵树在向我招手致意，一棵枝丫粗壮、意志坚强的大树， 236
枝丫弯成了扶手和脚凳给疲倦的行人休憩：世界如是站立在我的天涯海角：——

——好像纤细的手拿着一只匣子朝我而来，——一只打开的匣子，让羞涩而崇敬的眼睛欣喜不已：世界今天如是呈现在我面前：——

——不是足以吓退人类之爱的谜，不是足以麻痹人类智慧的谜底：——世界今天对我来说是一件人类的好事，而人们背地里说了它多少坏话！

我多么感激我的晨梦，使我今天一大早能够这样来称世界！这梦和内心的安慰者，它作为一件人类的好事来到我面前！

为了在白天我能做和梦中一样的事情，并补学和学会其中最好的东西：我现在要把三件恶事放到天平上，从人类角度好好称量。——

教人祝福的人，也教人诅咒：世界上最受诅咒的三件事是什么？这是我要放到天平上去称的。

肉欲、权力癖、自私：这三件事至今最受诅咒，名声最糟糕、最具欺骗性，——这三件事我要从人类角度好好称量。

好吧！这里是我的天涯海角，那里是大海：它朝我滚滚而来，一浪接一浪，向我邀宠，我所钟爱的忠实可靠的百头狗怪兽。

好吧！这里我要将天平举在滚滚的大海之上：我甚至选择了一个见证人，它可以观察，——你，你这隐居者之树，你这浓雾弥漫、有着宽大拱顶的大树，我之所爱！——

“现在”从哪一座桥上走向“有朝一日”？高高在上者在什么样的强制之下迫使自己低就？是什么在命令甚至最高者仍然要——向上生长？——

237 现在天平保持平衡和宁静：我扔进去三个沉重的问题，另一边的秤盘承载着三个沉重的回答。

2

肉欲：在所有穿着忏悔服的肉体蔑视者看来是他们的肉中刺，被所有背后世界人诅咒为“世俗”：因为它嘲笑和愚弄所有糊涂而迷乱的教师。

肉欲：对于流氓无赖来说，是慢慢燃烧他们的火；对于所有朽木、所有散发臭味的破布来说，是随时发情和沸腾的炉子。

肉欲：对于自由之心来说，是无辜和自由的，是人间园中之乐，是所有未来对现在的充分感激。

肉欲：对于干枯者来说，只是一种甜蜜的毒药，可是对于有狮子意志的人来说，却有着巨大的强心作用，是用敬畏之情呵护的酒中之酒。

肉欲：是象征更高幸福和最高希望的大幸福。因为对许多人来说它预示了婚姻，而且不仅仅是婚姻，——

对许多事物来说，相互之间比男人和女人更陌生：——谁又真正明白男人和女人相互之间是**多么陌生**！

肉欲：——然而我要在我的思想周围，也要在我的言辞周围，围起篱笆：免得猪和狂热者闯进我的花园！——

权力癖：最无情之铁石心肠者的火辣辣的鞭子；最残酷者自备的残酷折磨；焚烧活人的阴森火焰。

权力癖：被置于最虚荣民族头上的毒虻；一切不确定美德的讽刺者；驾驭任何骏马、任何高傲而驰骋。

权力癖：摧毁、捣烂一切腐朽、空洞之物的地震；粉刷过的坟墓之 *238*
摧毁者，滚滚而来，隆隆作响，行使惩罚；对边上的闪电般问号的过早之回答。

权力癖：人类爬到其目光中，蜷缩着，做着苦役，变得比蛇与猪猡更加低下，直到最后他们喊出伟大的蔑视——，

权力癖：伟大的蔑视之可怕教师，她当面对城市和王国说教："你滚开！"——直到它们中间发出一个声音："**我**滚开！"

权力癖：可是她甚至极具吸引力地登高到了纯粹者和孤独者那里，上升到自我满足的高度，有如爱一般灼热，将紫色的天堂幸福诱人地绘到人间的天空上。

权力癖：可是，如果居高者俯身贪恋权力，那么谁还称之为**癖**！真的，这样的渴望、这样的俯就，没有什么久病不愈、成瘾成癖的东西！

为了孤独的高峰不至于永远孤独和自我满足；为了让高山抵达低谷，让高峰之风抵达凹地：——

哦，谁能为这样的渴望找到正确的教名和美名！"馈赠者美德"——查拉图斯特拉曾如是命名这无可命名者。

而当时也发生了这样的事情：——真的，它第一次发生！——他称赞**自私**有神恩保佑，从强健灵魂奔涌而出的完好而健康的自私：——

——出自强健的灵魂；高大的身体便属于这样的灵魂，这美好、充满胜利信心、令人振奋的身体，在其周围，任何事物都变成了镜子：

——灵活而有说服力的身体，这位舞蹈者，它所比喻的、从它所提炼的精华便是自得其乐的灵魂。这样的身体和灵魂的自得其乐自称为“美德”。

239 这样的自得其乐以其关于善恶的言论，有如以神圣的树林，来屏蔽自己；它以自己幸福的名义从自己身上祛除了一切可鄙的东西。

它从自己身上祛除了一切怯懦的东西；它说：恶——**这就是怯懦！**它认为经常的操心者、叹息者、抱怨者以及贪图小利的人都是可鄙的。

它也蔑视一切痛苦中得神恩保佑的智慧：因为，真的，也有在黑暗中兴盛的智慧，一种黑夜阴影中的智慧：这种智慧总是叹息道：“一切都是空虚的！”

羞怯的猜疑，任何想要誓言而不是识别能力和动手能力的人：以及所有疑心重重的智慧，都被它看作低贱的，因为这是怯懦灵魂的方式。

在它看来，谄媚者、动辄惊恐万分的卑躬屈膝者、恭顺者更低贱；还有那恭顺、卑躬屈膝、虔诚、谄媚的智慧。

从来不要自卫的人，吞下有毒唾液和恶毒眼光的人，太有耐心的人，忍受一切的人，满足于一切的人，都让它感到十分憎恶和恶心：因为这是奴隶的方式。

它唾弃**所有**奴隶方式，这蒙受神恩保佑的自私：无论一个人是在诸神面前和诸神脚下，还是在人类和人类观念面前卑躬屈膝！

恶：它如是称呼一切颓丧和吝啬、奴性的东西，以及不自由地使眼色的眼睛、沮丧的内心，还有那种用怯懦的扁平嘴唇亲吻的虚伪、屈从之方式。

冒牌智慧：它如是称呼奴隶、白发老人、疲劳者所开的玩笑；尤其是整个糟糕的、荒唐的、极有意思的教士式愚蠢！

然而，冒牌智者，所有的教士、厌世者以及那些灵魂具有女子特点和奴隶特点的人，——哦，他们的把戏如何一直损害着自私！

而正是对自私的损害才被认为是美德，才应该叫做美德！而“无 240
私”——所有这些厌世的懦夫和十字蜘蛛都有充分理由如是祝愿自己！

可是，对于所有这一切来说，现在白天来了，变化来了，行刑刀来了，**伟大的晌午**到来了：这时候，许多东西都会显露出来！

宣告“我”为健全者、神圣者，宣告自私受神恩保佑的人，真的，他作为先知，也说了他所知道的：“**瞧，它来了，它走近了，这伟大的晌午！**”

查拉图斯特拉如是说。

关于重力之神

1

241 我的嘴巴——是大众的嘴巴：我的说话在高贵的兔子听来太粗鲁、太执著。我的话在所有舞文弄墨的墨斗鱼和狐狸听来更陌生。

我的手——是愚人之手：所有的桌子和墙壁，以及还可以给愚人去装饰、去涂鸦的地方都有祸了！

我的脚——是一种马蹄；我用以践踏和跨越山岭、岩石，纵横驰骋于田野，在所有的飞奔中有如魔鬼般狂喜。

我的胃——大概是老鹰的胃吧？因为它最爱羔羊肉。可是它肯定是一只鸟的胃。

以少数无辜事物为食，迫不及待且随时准备好飞走——这是我现在的特点：其中怎会没有某种鸟的特点！

尤其是，我敌视重力之神，这是鸟的特点：真的，是死敌、大敌、天敌！哦，我的敌意有哪里没有飞去过，有哪里没有错飞去过！

我都可以唱一首有关的歌曲——而且**很想要**唱它：尽管我独自在空屋子里，不得不唱给我自己的耳朵听。

242 当然还有其他歌唱者，对他们来说，只有满座的屋子才能使他们的嗓子柔和，使他们的手能说话，使他们的眼睛能传情，使他们的内心很清醒：——我和他们不一样。——

2

谁有一天教会人类飞行，谁就搬走了所有的界石；在他看来，所有界石都会自己飞向空中，他将给大地起新的教名——叫做“轻者”。

鸵鸟跑得比最快的骏马还要快，但是连它也要把脑袋沉重地钻进沉重的大地里：更不用说还不能飞行的人类了。

对它来说，大地和生命都是沉重的；重力之神**想要**这样！可是，谁要变轻，变成一只鸟，谁就必然要自爱：——**我**如是教导。

当然，与久病不愈者和瘾君子的爱无关：因为在他们那里，连自爱也发出臭味！

一个人必须要学会自爱——我如是教导——以一种健全、健康的爱：以便一个人可以忍受自己，不用四处流浪。

这样的四处流浪给自己起教名为“博爱”：至今为止，这样的话尤其被那些让所有人感到沉重的人用来撒了最大的谎言，做了最好的伪装。

真的，**学会**自爱不是今天明天的规定。更应该说，它在所有艺术中是最精致、最巧妙的，也是最终的，最有耐心的。

因为对于拥有者来说，一切自己的东西都隐藏得非常巧妙；在所有的宝藏中，一个人自己的宝藏总是最后才被发掘出来，——是重力之神造就了如此的状况。

几乎在摇篮里，我们就被赋予了沉重的嘱咐和价值：“善”与“恶”——这嫁妆如是自称。为了这个缘故，我们的生活得到了宽恕。

因此，人们让小孩子到自己跟前来①，及时禁止他们自爱：是重力之神造就了如此的状况。

而我们——我们忠实地把人们赋予我们的东西扛在坚实的肩上，翻 243
越荒山野岭！如果我们出汗，人们就对我们说：“是啊，生命有不能承受之重！”

可是，只有人类有不能自我承受之重！因为人类在自己肩上扛了太多陌生的东西。他像骆驼一样跪下来，让自己承载起沉重的负担。

尤其是心中怀着敬畏、有承载能力的强壮之人：他给自己承载了太多沉重的**陌生**嘱咐和**陌生**价值，——现在他觉得生命是一片沙漠！

真的！甚至有些自己的东西也有不能承受之重！人身上有许多内在的东西就像牡蛎，也就是说，很令人恶心，很滑溜，很难抓住——，

---

① 参见《圣经·马太福音》第19章第14节：“耶稣说，让小孩子到我这里来……”

——所以必然要为人类求得一个有着高贵装饰的高贵外壳。可是人们还得学会这样的艺术：**拥有**外壳，拥有漂亮的外表和聪明的盲目性！

有些外壳很小、很可怜，太是一个贝壳了，这又是关于人身上有些东西的欺骗。许多隐藏的善和力量从来没有人猜透，最美味的佳肴找不到品尝者！

女人知道这些，知道最美味的东西：肥一点，瘦一点，在这样的一点点中包含着多少的命运啊！

人是难以被发现的，而且最难以发现自己；精神经常说灵魂的谎话。是重力之神造就了如此的状况。

然而，如是说话的人发现了自己：这是**我的**善与恶；他以此使说“所有人之善，所有人之恶”的鼹鼠和侏儒三缄其口。

真的，我也不喜欢那样的人，他们把一切事物都称为好的，把这个世界称为最好的。这样的人我称之为不折不扣的知足者。

懂得品尝一切的不折不扣的知足：这不是最佳的口味！我尊重不听使唤的、挑剔的舌头和肠胃，它们学会了说“我”、“是”、“不”。

244 而咀嚼一切，消化一切——这是真正的猪类特征！总是说“咿—呀”① ——只有驴子和具有驴子精神的人才会这样做！——

深黄和火红：这是**我的**口味所要的东西，——它把血液和所有的颜色混合起来。可是，把自己房子刷成白色的人向我暴露出一颗刷白的灵魂。

有些人爱上了木乃伊，另一些人爱上了幽灵：两者都同样敌视所有的血肉——哦，两者是如何与我的口味相左啊！因为我爱鲜血！

在任何人都吐唾沫和唾沫飞溅的地方，我是不愿意居住和逗留的：这现在是**我的**口味，——我更愿意生活在小偷和作伪证者中间。没有人嘴里含着金子。

可是，更让我反感的是所有阿谀奉承者；人类中我所发现的最令人讨厌的动物，我称之为寄生虫：他不愿意去爱，却靠被人爱而生活。

---

① 在德语中是“I-a”，这是表示驴子叫声的象声词，听起来和拖长的“是（ja）”一样，尼采在这里是一语双关。

我把所有只有一种选择——不是成为凶恶之兽，便是成为凶恶之驯兽人——的人称为不受神恩保佑者：我不会把我的小屋建在这样的人中间。

我也把那些总是不得不**等待**的人称为不受神恩保佑者：他们和我的口味相左：所有这些税吏、小商贩、国王以及其他的国家守护者和商店守护者。

真的，我也学过等待，而且是彻底的等待，——只不过是等待**我**自己。我尤其学过站立、行走、奔跑、跳跃、攀登、舞蹈。

然而，这是我的教言：想要有一天学习飞行的人，必须首先学习站立、行走、奔跑、攀登、舞蹈：——你不是一下子就学会飞行的！

我靠绳梯学习了爬到一些窗户那里去，靠灵巧的双腿攀上了高高的桅杆：坐在知识的高桅上，在我看来不是小福分，——

——像小小的火焰在高高的桅杆上闪烁：虽然是小小的火光，但是 245
对漂泊的水手和乘船遇难的人来说却是巨大的安慰！——

我千方百计地抵达了我的真理；我不是仅靠一架梯子登上了高处，在那里我的眼睛漫游到我的远方。

只是我总是很不愿意向人问路，——这总是和我的口味相左！我宁愿向自己问路，自己探路。

我就是一路问，一路探：——真的，人们甚至必须学习这种问题！然而，这——才是我的口味：

——不是好口味，不是坏口味，而是**我的**口味，对此我不再感到羞愧，也不隐讳。

“这——现在是**我的**道路，——你们的路在哪里？”我如是回答那些向我问“这路”的人。因为这路——不存在！

查拉图斯特拉如是说。

关于新旧牌匾

1

246 我坐在这里等待，我周围是破碎的旧牌匾，也有写字写了一半的新牌匾。我的时刻何时到来？

——我没落的时刻，沉沦的时刻：因为我再一次要到人类那里去。

我现在等待着那时刻：因为我首先得看到表示我的时刻已经到来的标记，——这标记就是和鸽群在一起的笑狮。

这期间，我作为一个拥有时间的人对我自己说话。没有人告诉我什么新鲜事：于是我向自己讲述自己。——

2

当我来到人类跟前时，我发现他们一味维护一种古老的自负：大家都以为自己早就知道，对人类来说，何为善，何为恶。

在他们看来，所有关于美德的讨论是一件古老而让人昏昏欲睡的事情；想要好好睡觉的人在入睡前还在谈论“善”与“恶”。

247 当我教导说**尚无人**——除非是创造者——**知道**何为善，何为恶时，我惊醒了这样的睡眠者！

——可是，正是创造者创造了人类的目标，赋予大地以其意义和未来：是他**创造了**这样的说法，**说**某事是善的，某事是恶的。

而我吩咐他们推翻他们的旧教席，那上面只坐着那种古老的自负；我吩咐他们嘲笑他们伟大的美德大师、圣人、诗人、救世主。

我吩咐他们嘲笑他们那些忧郁的智者，那些坐在生命之树上吓唬鸟类的黑色稻草人。

我坐在他们的死亡大道上，甚至在腐尸和兀鹫旁边——我嘲笑他们所有的往昔，以及往昔腐朽衰败的富丽堂皇。

真的，像宣讲赎罪的教士和傻瓜一样，我朝他们的伟大和渺小发出了怒吼和责难——，他们的最善者不过如此渺小而已！他们的最恶者不过如此渺小而已！——我如是笑言。

在山上诞生的我那智慧之渴望发自我内心的喊叫与发笑，一种狂野的智慧，真的！——我的翅膀呼呼直响的渴望。

它经常在笑声中把我带走，向上，向远方：这时候我像箭一样颤抖着飞行，经历让太阳都陶醉的狂喜：

——飞向连梦都未见识过的遥远未来，飞向南方，比雕塑家曾梦想的南方更炎热：飞向诸神羞于穿任何衣服跳舞的地方：——

——因为我是用比喻说话，所以就像诗人一样，比喻很不恰当，总是结结巴巴：真的，我很惭愧，我还不得不做诗人！——

在那地方，在我看来，一切生成都是诸神之舞和诸神之恶作剧，世界被松绑、被释放，飞回到自身之中：——

——作为众神的一种永恒的自我逃避和对自我的重新追寻，作为众 248
神受祝福的自相矛盾、自相再三聆听、自相重新归属：——

在那地方，在我看来，全部时间是一种受祝福的对瞬间的嘲讽，在那地方，必然就是自由本身，是在极乐中和自由之棒戏耍的自由本身：——

在那地方，我也重新发现了我的老魔鬼和死敌，那重力之神和他所创造的一切：强制、条令、必然性、结果、目的、意志、善恶：——

因为难道不是非得有某种东西存在，好让诸神在它之上跳舞，跳舞以超越吗？为了轻者、最轻者的缘故，难道不是非得有——鼹鼠和笨重侏儒的存在么？

3

也正是在那里，我从路上拾得了“超人”一词，知道了人类是某种必然要被超越的东西，

——知道了人类是一座桥梁，不是目的：他沾沾自喜于他的晌午、晚间，自诩为去往新朝霞之路：

——查拉图斯特拉关于伟大晌午的话，以及我挂在人类头顶上的其他东西，就像紫色的夕照一样。

真的，我也让他们看见新的星星和新的夜晚，在云层和白昼黑夜之上，我还展开像彩色帐篷一样的笑声。

我把我所有的创作和追求教给他们：把在人类那里是碎片、是谜和可怕巧合的东西虚构和汇集成一体，——

249 ——作为巧合的虚构者、解谜者和救世主，我教他们创造未来，以及曾经有过的一切——，在创造中进行救赎。

救赎人类的过去，改造所有的“曾经有过”，直到意志说：“可我曾经愿意如是！我将愿意如是——”

我称此为他们的救赎，我教他们只称此为救赎。——

现在我等待**我的**救赎——以便我最后一次到他们那里去。

因为我要再一次到人类那里去：我要在他们中间下沉，临死时把我最丰富的礼物送给他们！

我向下山的太阳学习了这一点，这极大的丰富者：她从用之不竭的财富中取出金子倒入大海，——

——乃至于最贫穷的渔夫都用金桨划船！因为我曾见过这样的事情，我不厌其烦地在观望中流泪。——

查拉图斯特拉也要像太阳一样下山：现在他坐在这里等待着，周围是破碎的旧牌匾，也有新牌匾，——上面的字写了一半。

4

瞧啊，这里是一块新牌匾：可是我的兄弟们在哪里？他们将和我一起把它拿到山谷里去，拿到肉体的心中去。——

我对最遥远者的伟大的爱如是要求：**不要呵护你的近邻**！人类是某种必然要被超越的东西。

超越的方式方法有多种多样：**你**瞧呀！可是只有一个滑稽戏丑角想道：“人类也可以被**跳跃而过**。”

250 甚至在你的近邻中超越你自己：一个你可以为自己夺取的权利，如果你不让别人给你这权利的话！

你做的事情，没有人再会对你做。瞧啊，报复是不存在的。

不能命令自己的人就应该服从。而有些人**能够**命令自己，但要做到服从自己还差得很远！

5

具有高贵灵魂的那种人如是要求：他们不要不付代价而可得到的东西，至少不要不付代价而可得到的生命。

乌合之众想要不付出代价地生活；可是，我们其他人，我们这些生命把自己给了我们的人，——我们始终在考虑我们最好**回报些什么**！

真的，这是一种高尚的言论，它说："生命许诺给**我们**的，正是**我们**要——为生命而保留的东西！"

在你不该享受的地方，你就不应该要求享受。而且——你根本就不应该**要求**享受！

因为享受和无辜是最羞涩的东西：两者都不愿意被追求。你应该**拥有**它们——，可是你更应该**追求**负疚和痛苦！——

6

哦，我的兄弟们，头生子总是要被牺牲掉的。可是现在，我们就是头生子。

我们大家都在秘密的祭坛上流血，我们大家都为了敬拜古代偶像而 *251*
在火中煎熬。

我们的最大优点是仍然年轻：这刺激起胃口。我们的肉很鲜嫩，我们的毛皮只是羔羊皮：——我们怎么会不诱惑老偶像崇拜祭司呢！

他也盘踞在**我们自己身上**，这年老的偶像崇拜祭司，他烹炸我们的上品，为他自己准备好盛宴。啊，我的兄弟们，头生子怎能不成为牺牲品！

然而我们的同类却愿意如是，而我爱那些不想要保存自己的人。① 我以我全部的爱，爱那些垂死者：因为他们正走向彼岸。

---

① 参见《圣经·马太福音》第 16 章第 25 节："因为凡要救自己生命的，必丧掉生命。"

7

实事求是——很少有人**能**做到这一点！能做到这一点的人却不愿意做！而好人是最不可能做到这一点的。

哦，这些好人！——**好人从来不说真话**；对于精神来说，这种好法是一种疾病。

这些好人，他们屈从，他们恭顺，他们的心是传声筒，他们的内心深处听从使唤：可是，听从使唤的人便**不听他自己的**！

好人称之为恶的一切必然聚到一起，从而一种真实诞生了：哦，我的兄弟们，你们也邪恶到足以成为**这种**真实吗？

大胆的冒险，长久的猜疑，残酷的否定，嫌恶，切肤之痛——这**一切**多么难得聚在一起！可是从这样的种子——产生出真实！

至今在愧疚**旁边**，生长出所有的**知识**！你们这些认知者，打碎它们，给我打碎这些旧牌匾！

8

252 如果水上有梁，如果河上跨有带栏杆的小桥：真的，这时候说"一切皆流"的人就没有人相信他了。

甚至傻瓜都会反驳他。"怎么了？"傻瓜说，"一切皆流？横梁和栏杆不是横**跨在**河流之**上**吗？"

"**跨在**河流之**上**的是一切固定的东西，是万物的全部价值，是桥梁、概念、一切的'善'与'恶'：这就是一切**固定的**东西！"——

然而，冷酷无情的冬天，这河流的驯服者来临了：这时候，甚至最有才智者也学会了猜疑；真的，这时候不仅傻瓜说："不是一切皆——**静止**吗？"

"归根结底，一切皆静止"——这是一种真正的冬季准则，对于没有收成的时期来说是一件好事，对于冬眠者和好蹲炉边者来说是一种巨大安慰。

"归根结底，一切皆静止"——：可是，春风所宣讲的，却反其道而行之！

春风，一条不是耕牛的公牛，——一条暴跳如雷的公牛，一个破坏者，它用愤怒的牛角破冰！可是，冰——**折断了小桥**！

哦，我的兄弟们，**现在**难道不是一切皆**流**吗？不是所有的扶手和小桥都掉进水里了吗？谁还会**遵循**什么“善”与“恶”呢？

“吹向我们吧①！让我们有好运吧！融雪之春风吹起来！”——我听到，哦，我的兄弟们，如是宣讲响遍街头巷尾！

9

有一种古老的妄想，叫做善恶。这种妄想之轮至今都围绕先知和占 *253*
星家旋转。

人们曾经**相信**先知和占星家：**因此**，人们相信“一切皆命运：你应该，因为你不得不”！

然后，人们又猜疑所有的先知和占星家：**因此**，人们相信“一切皆自由：你能够，因为你愿意”！

哦，我的兄弟们，关于星星和未来至今都只是臆测，并未洞晓：因此关于善恶至今也只是臆测，并未洞晓！

10

“你不应当偷盗！你不应当杀戮！”——人们曾将这样的名言视为神圣的；在这样的名言面前，人们屈膝低头，把鞋脱下来。

可是我问你们：哪里有过比这些神圣的名言更好的盗贼和杀戮者呢？

不是在全部人生中都有——偷盗和杀戮吗？把这样的名言称为神圣的，不是要用以使**真理**本身遭到——杀戮吗？

或者，把一切同生命相矛盾、对生命加以阻挠的东西称为神圣的，这是一种死亡的说教吧？——哦，我的兄弟们，打碎它们，给我打碎这些旧牌匾！

11

我看到：往昔遭到抛弃，这就是我对全部往昔的同情，— *254*

① 这句的德文原文是“Wehe uns”，意思是“我们都有祸了”。但是，尼采在这里用的是双关语，联系到风，这里也有“吹向我们吧”的意思。在这里虽然翻译“吹向我们吧”，但是不应忽略前面那句的意思。

被抛弃给未来每一代人的仁慈、精神和疯狂，一切存在过的东西都被重新解释为他们的桥梁！

一个大独裁者，一个精明的恶魔会到来，他以他的仁慈和不仁强逼全部往昔：直到它变成他的桥梁、征兆、先行者和雄鸡啼鸣。

然而，这又是另一种危险，我的另一种同情：属于乌合之众的人，他只能回想起祖父，——可是，到了祖父那里，时间就停止了。

于是全部往昔都被抛弃：因为也许有一天乌合之众变成了主人，会将全部时间溺死在浅水区内。

所以，哦，我的兄弟们，需要有一种**新贵族**，他们是所有乌合之众和所有独裁者的敌人，并在新牌匾上崭新地写上“高贵”一词。

因为**要有贵族阶层存在**，就需要有许多贵族和各种贵族！或者，就像我曾经用比喻说过的那样：“有诸神，但是没有上帝，这就是神性！”

12

哦，我的兄弟们，我封你们、指点你们成为一种新贵族：我认为你们应该成为未来的生育者、栽培者、播种者，——

——真的，不是拥有一种你们可以像小商贩一样用小商贩的黄金买到的贵族头衔：因为有价钱的一切都鲜有价值。

255 构成你们今后荣耀的不是你们从何处来，而是你们往何处去！你们的意志和你们的脚——你用你们的脚超越自己——这构成了你们新的荣耀！

真的，不是因为你们曾为你们的诸侯服务过——现在诸侯算什么！——也不是因为你们变成了矗立者的堡垒，从而使他矗立得更坚定！

不是因为你们的家族在宫廷里变得高贵典雅，你们学会了像火烈鸟一般色彩鲜艳地长时间站在浅池子里。

——因为**能**站立是朝臣们的一种功劳；所有的朝臣都相信死后应该得到天堂的幸福——**可以**坐着！——

也不是因为一种他们称之为神圣的精神引导你们的祖先来到上帝所许给之地，我不赞美这样的地方：因为在那里生长出所有树木中最糟糕的一种——十字架，——在这样的地方是没有什么东西好赞美的！——

——真的，无论这种“神圣的精神”把它的骑士引向何方，在这样的远征中始终是——羊啊，鹅啊，以及漫无目的跑来跑去的家伙跑在**前面**！——

哦，我的兄弟们，你们的贵族不应该回头看，而应该往外看！你们应该是从所有祖国和祖先之国中被驱逐出来的人！

你们应该爱你们的**孩子之国**：让这种爱成为你们的新贵族头衔，——在遥远的海上，那尚未被发现的国土！我吩咐你们的风帆去寻找它，找到它！

你们应该因为你们是你们父辈的孩子而在你们自己的孩子那里得到**弥补**：你们应该如是救赎全部往昔！我将这块新的牌匾悬挂到你们的头顶上！

13

“为何要生活？一切皆空！生活——就是白费力气；生活——就是烧 *256*
毁自己，却得不到温暖。”——

这种古代的废话始终还被当作“智慧”；可是因为它已经陈旧，散发出霉味，**所以**它更加受到尊敬。甚至腐朽也显得高贵。——

孩子们可以如是说：他们**害怕**火，因为火烧伤过他们！在古老的智慧书中有许多稚气。

而始终“白费力气”的人怎能中伤力气！应该把这种傻瓜的嘴缝起来！

这样的傻瓜坐到桌子旁，什么也没带来，甚至连真正的饥饿都没有：——现在他们却中伤说：“一切皆空！”

可是，我的兄弟们，好好吃喝可还真不是徒有虚名的本事咧！打碎它，给我打碎这从不快乐者的牌匾！

14

“在洁净者凡物都洁净”① ——大众如是说。可是我对你们说：对于猪来说，一切皆猪！

---

① 参见《圣经·提多书》第1章第15节：“在洁净的人，凡物都洁净。”

所以宗教狂和低头祈祷者——他们的心也低垂着——布道说："世界本身就是一只肮脏的怪兽。"

因为这些人都是不洁的精神；尤其是那些既无安宁亦无休息的人，除非他们从背后来看世界，——这些背后世界的人！

尽管听起来不入耳，我还是当面对**他们**说：世界和人一样的地方在于它也有一个背后，——这是**多么**真实！

世界上有许多的污秽：这是**多么**真实！可是世界本身并非因此就是肮脏的怪兽！

257 世界上有许多东西散发恶臭的妙处在于：恶心本身创造出翅膀和预感到清泉的本事！

在最好的人那里仍然有某种让人恶心的东西，而最好的人也仍然是某种必然要被超越的东西！——

哦，我的兄弟们，世界上有着许多的污秽，其中真是妙处无穷！——

15

这样的妙语我听虔诚的背后世界的人对他们的良心说过；真的，没有恶意和欺诈，——尽管世界上再没有更为欺诈、更为有恶意的东西了。

"让世界是什么样就是什么样吧！不要竖起一根手指来反对它！"

"让那些想要掐人脖子、刺伤人、割人肉、剥人皮的人随便吧：不要竖起一根手指来反对它！人们因此还学会抛弃世界。"

"而你自己的理性——你自己应该掐住其喉咙；因为这是一种现世的理性，——你自己因此学习了抛弃世界。"——

——打碎它，给我打碎这虔诚者的旧牌匾！给我粉碎这世界诽谤者的格言吧！

16

"学了许多的人忘记了所有强烈的渴望"——今天人们在所有幽暗的小巷互相窃窃私语。

"智慧使人疲倦，这——不值得；你不应该渴望！"——我发现这新的牌匾甚至挂在开放的市场上。

给我打碎它，哦，我的兄弟们，也给我打碎这新的牌匾！厌世者把它挂在那里，还有死亡的说教者，甚至还有狱吏：因为瞧啊，这也是一种劝人受奴役的说教！—— 258

因为他们曾学得很糟糕，没有学到最好的，太早地学了一切，太快地学了一切：因为他们**曾吃得**很糟糕，于是他们的胃就遭到了损害，——

——一个受损害的胃就是他们的精神：**他们的精神劝人死亡**！因为真的，我的兄弟们，精神**就是**一个胃！

生命是快乐的源泉：可是对于受损害的胃——这哀伤者之父借其嘴说话的那个人来说，所有的泉水都有毒。

认知：这对于有狮子意志的人来说是**快乐**！可是变得疲倦的人只是自己"被要求"，随波逐流。

弱者的秉性总是这样：他们迷了路。最终他们的疲倦问："我们总是走路干什么！一切都是无所谓的！"

这样的说教对他们的耳朵很中听："什么都不值得！你们不应该想要什么！"可是这是一种劝人受奴役的说教。

哦，我的兄弟们，查拉图斯特拉像一阵呼啸的清凉之风来到所有途中疲劳者的面前；他还要让许多鼻子打喷嚏！

我的自由气息甚至穿墙而过，吹进监狱和被囚禁的精神中！

要得到解放：因为想要就是创造：我如是教导。你们只应该为了创造而学习！

甚至学习，你们也应该首先向我学习，学习如何好好学习！——有耳朵者，听着呀！

17

那里停着小船，——也许它要穿越那里而进入大无中。——可是谁 259
要跨入这"也许"呢？

你们当中没有人愿意跨入这死亡之船！你们为什么这时候想要做**厌世者**！

厌世者！你们甚至还根本没有脱离大地！我发现你们始终贪恋大地，

仍然爱恋自己的在大地上的疲倦！

你们的嘴唇不是徒然下垂：——一个世俗的小心愿仍然安坐其上！而在眼睛里——难道不是飘动着一朵小小的云彩，一种难以忘却的世俗快乐吗？

大地上有许多好的发明，对这人有用，让那人舒服：为此缘故，应该爱大地。

那里有各种各样如此好的发明物，以至这就像女人的胸脯：有用，同时也让人舒服。

然而你们的厌世者！你们的大地懒虫！人们应该用荆棘条鞭策你们！荆棘条的鞭策会让你们的腿重新活泼起来。

因为：如果你们不是大地厌倦的病人和衰老憔悴的侏儒，那你们就是懒虫或爱吃甜食、趴在窝里的快乐猫咪。而如果你们不愿意重新快乐地**奔跑**，那你们就应该——驾鹤西游！

对于不可救药的人，你不应该想要当医生：查拉图斯特拉如是教导：——所以你们应该驾鹤西游！

可是，了结比做一首新诗需要更多的勇气：所有的医生和诗人都知道这一点。——

18

哦，我的兄弟们，有疲倦造就的牌匾，有懒惰——腐朽的懒惰造就的牌匾：他们尽管说着同样的话，却想被听成不一样的声音。——

260 你们瞧这里这个受折磨的人！他离他的目的地只有一步之遥，可是他已经劳累得不顾一切地躺在尘土里了：这勇敢者！

他疲倦得对着道路、大地、目的地和自己大打哈欠：他一步也不愿意再走了，——这勇敢者！

现在，太阳烤灼他，狗舔他的汗水：可是他不顾一切地躺在那里，宁愿受折磨：——

——就离目的地一步之遥，却受着折磨！真的，你们将不得不抓住他的头发，把他拽向他的空中，——这位英雄！

你们还是让他躺在原地为好，这样，睡眠这位安慰者就会带着清凉的沙沙雨声降临到他头上：

让他躺着，直到他自己醒来，——直到他自己撤销所有的疲劳，以及疲劳对他的教诲！

只是，我的兄弟们，你们要留意把狗从他那里轰走，以及懒虫和所有飞来飞去的害虫：——

——所有飞来飞去的“有教养的”害虫，它们津津有味地——喝着每一位英雄的汗水！——

19

我在自己周围画了圈，画了神圣的边界；越来越少的人和我一起登上越来越高的山，——我用越来越神圣的群山建起山脉。——

可是，无论你们想要和我一起往哪里攀登，哦，我的兄弟们：留意不要让任何一条**寄生虫**和你们一起攀登！

寄生虫：这是一种蛆虫，一种爬虫，一种紧贴在你身上某个有病、261
有伤的偏僻之处，要以此而肥的蛆虫。

这是它的本事：猜出攀登的灵魂到了哪里就感到疲劳：在你们的忧伤和烦闷中，在你们敏感的羞耻中，它建起它令人恶心的巢穴。

在强者的弱处，在高贵者太温和的地方，——它在那里建起它令人恶心的巢穴：寄生虫住在伟人有小伤口的地方。

所有存在中的最高种类和最低种类是什么？寄生虫是最低种类，可是属于最高种类的人供养了大多数的寄生虫。

因为有着最长梯子，能够下到最深处的灵魂：在这梯子上怎么就会不坐着大多数寄生虫？——

——最包罗万象的灵魂，它最远是在自身中奔跑、迷路、漫游；最必然的灵魂，它出自快乐而投入到偶然中：——

——存在中的灵魂，它潜入到生成中；拥有中的灵魂，它要进入到欲望和要求中：——

——从自身逃走的灵魂在最外圈赶上自己；最有智慧的灵魂，愚蠢同它最甜蜜地说话：——

——最自爱的灵魂，万物在其中流动，再流动，有其低潮和高潮：——哦，**最高的灵魂**怎么就不应该有最坏的寄生虫？

20

哦，我的兄弟们，我究竟残酷吗？可是我说：倒下来的东西，我们还应该再推一把！

262 今天的一切——它掉下来，它衰朽：谁愿意保存它！可是我——我还**要**推它一把！

你们知道把石头滚进陡峭深渊快乐吧？这些今天的人们：你们看他们，看他们如何滚到我的深渊里！

我是更好演员的一个序曲，哦，我的兄弟们！一个榜样！请你们按照我的榜样去做！

你们不教他飞行的人，就教他——**更快地掉落**吧！——

21

我爱勇敢者：可是当一个勇士还不够，——也得看看该对谁用剑！

往往更多的勇气在于自我克制，绕道而行，从而保存实力来对付更与你相匹敌的敌人！

我只应该有可恨而不是可鄙的敌人：你们得为你们的敌人骄傲：我已经如是教导过一次了。

对于更相匹敌的敌人，哦，我的兄弟们，你们应该保存实力：所以你们得绕开许多敌人，——

——尤其是绕开许多流氓无赖，他们总是在你们耳朵里灌进去关于人民大众和各个民族的噪音。

看清楚他们赞成什么，反对什么！凡有许多公正的地方，也有许多不公：看的人都会很生气。

一眼看透和一刀砍进去——都是一回事：所以你们还是走远点，到森林里去，放下你们的剑睡觉去吧！

你们走你们的路！让人民大众和各个民族走他们的路吧！——黑暗之路，真的，在路上甚至不会再有一点希望闪现！

263 让小商贩去统治那一切闪光的东西都是小商贩之黄金的地方吧！现在不再是国王的时代了：今天自称为人民者是不配有国王的。

你们瞧啊，大众现在如何做得跟小商贩一样了：他们从任何垃圾中都能给自己拣出蝇头小利来呢！

他们互相暗算，互相觊觎着某种东西，——他们称此为“好邻里关系”。哦，受神恩保佑的往昔时代，那时候一个民族对自己说：“我要做各个民族的——**主人**！”

因为，我的兄弟们：最佳者应该统治，最佳者也想要统治！而在准则不一样的地方，那里——**没有**最佳者。

22

如果**他们**——吃饱了没事干，见鬼！**他们**会大呼小叫地要求什么呀！他们的生计——这是他们真正的消遣；他们过得还真不容易！

这是些食肉动物：在他们的“工作”中——还要“劫掠”；在他们的“工分”中——还要“巧取豪夺”！所以他们过得还真不容易！

于是他们会成为更好的食肉动物，更精细、更聪明、**更像人类**：因为人类是最好的食肉动物。

人类已经夺走了所有动物的美德：这就是为什么在所有动物中，人类是最不容易的。

只是飞鸟仍然在人类头顶上。而如果人类还学习飞行的话，见鬼！他们食肉的野心会飞到——**怎样的高空去**！

23

我要让男人和女人这样：一个善战，另一个善于生育，可是两者都 *264*
善于用头和双腿跳舞。

对于我们来说，一天中一次舞也不跳的日子是虚度的！倘若真不伴随笑，那么对于我们来说，真亦为假！

24

你们的婚姻：留心不要让它成为一种糟糕的结合！你们结合得太快：于是**导致了**——婚姻破裂！

宁要婚姻破裂，也不要婚姻中的扭曲和婚姻中的谎言！——一位妇女对我如是说：“是我使婚姻破碎，可是首先是婚姻破碎了——我！”

我发现不相匹配的一对总是最有复仇心的人：他们让全世界都为他们不再单身奔走而付出代价。

为此，我要求正直的人互相说：“我们相爱：让我们留意保持相爱！要不然我们的诺言不就成了一个罪过吗？”

——“给我们一个期限，让我们小试婚姻，从而看一看，我们是否适合大婚姻！两人永远相守是一件大事！”

我如是劝告所有正直者；如果我用另外的方式来劝告、来说话，那么我对超人的爱、我对未来一切的爱会是什么呀！

不仅要继续栽培你们，而且要**往高处**栽培你们——为此，哦，我的兄弟们，让婚姻的花园帮助你们吧！

25

265 瞧啊，通过了解古老的起源而变得明智的人最终将寻求未来的源泉和新的起源。——

哦，我的兄弟们，时间不会太长，就会有**新的民族**产生，有新的泉水潺潺流入深谷。

因为地震——掩埋了许多口井，使多少人受煎熬：但是它也让内在力量和秘密见了天日。地震揭示了新的源泉。在古老民族的地震中，新的源泉迸发出来。

谁在那里喊：“瞧啊，这里有一口给许多干渴者的井，一颗给许多渴望者的心，一个要创造许多工具的意志”：——在他周围就集合起一个**民族**，也就是说：许多尝试者。

谁能够命令，谁不得不服从——**那是试出来的！**啊，经历什么样的长久寻求、猜测、失败、学习和新的尝试啊！

人类社会：这是一种尝试，我如是教导说，——一种长久的寻求：但是它在寻求命令者！——

——一种尝试，哦，我的兄弟们！不是“契约”！打碎它，给我打碎这种好心肠之人和半吊子之人的言论！

26

哦，我的兄弟们！整个人类未来的最大危险在什么人那里？难道不是在好人和正义者那里吗？——

——就像有些人嘴上说着、心里也觉得："我们已经知道何为善，何为正义了，这些我们也有；那些还在这里寻求的人有祸了！" 266

无论恶人会做出什么样的伤害：好人做出的伤害是最伤人的。

哦，我的兄弟们，一个人一旦看透了好人和正义者的心，他会说："他们是法利赛人①。"可是人们不明白他的话。

好人和正义者本身也不会理解他：他们的精神被禁锢在他们的心安理得中。好人的愚蠢是难以理解的聪明。

可是，这是真理：好人**必然**是法利赛人，——他们没有选择！

好人**必然**把那个发明了他自己美德的人钉上十字架！这**就是**真理！

可是，第二个人，他发现了他们的国家，发现了好人和正义者的国家、心灵、土地：正是他问道："他们最恨谁？"

他们最恨**创造者**：恨捣毁牌匾和陈旧价值的人，恨捣毁者，——他们称之为罪犯。

因为好人——他们不**能**创造：他们总是终结的开始：——

——他们把将新价值写在新牌匾上的人钉上十字架，他们把未来牺牲给了自己，——他们把整个人类的未来钉上了十字架！

好人——他们始终是终结的开始。——

27

哦，我的兄弟们，你们也理解这个词吗？理解我曾经说过的关于"最后之人"的话吗？—— 267

整个人类未来的最大危险在什么人那里？难道不是在好人和正义者那里吗？

打碎它，给我打碎好人和正义者！——哦，我的兄弟们，你们也理解这个词吗？

---

① 法利赛人在基督教文化中被视为言行不一的伪君子。

28

你们逃避我？你们吓坏了？你们在这个词面前发抖？

哦，我的兄弟们，当我吩咐你们打碎好人和好人的牌匾时：只有在那时候，我才把人类装上船送到他们的大海上。

现在他们才碰上了大惊恐、大眺望、大病症、大恶心、大晕船。

好人教你们虚假的海岸、虚假的安全；你们诞生于、藏身于好人的谎言中。一切都被好人彻底变得虚假、变得扭曲。

可是，发现了“人类”之国的人，也就发现了“人类未来”之国。现在你们应该为我当水手，勇敢而有耐心的水手！

给我及时直立行走吧，哦，我的兄弟们，学会直立行走吧！大海咆哮：许多人想要从你们那里重新得到鼓舞。

大海咆哮：一切都在大海里。好了！好吧！你们这些老水手之心！

268 什么样的祖国啊！我们的航船要去向我们的孩子之国所在的地方！朝着那里，咆哮着我们的大渴望，比大海的咆哮更强烈！——

29

“为什么如此之硬？”——有一天木炭对金刚钻说，“我们不是近亲吗？”——

为什么如此软？哦，我的兄弟们，**我**如是问你们：你们不是——我的兄弟们吗？

为什么如此软、如此退让、如此顺从？你们心中为什么有如此多的否定和否认？为什么你们的目光中如此缺少命运的折射？

如果你们不愿意是命运和强硬者：你们怎么能和我一起——胜利？

如果你们之硬不愿意是闪电，去劈斩和粉碎：你们怎么能够有一天和我一起——创造？

因为创造者是硬的。你们一定会认为把你们的手摁在千年上，有如摁在蜡上一样，这就是天堂幸福了，——

——在千年意志上书写的天堂幸福，有如在青铜上，——比青铜还硬，比青铜还高贵。只有最高贵者是完全坚硬的。

这新牌匾，哦，我的兄弟们，我将它挂在你们头顶上：**变硬**

起来！——

30

哦你，我的意志！你，一切危机的转折，你，**我的**必然性！使我免于所有小小的胜利吧！

你，我的灵魂之注定，我称之为命运！你在我心中！在我之上！保 269
存我的实力以迎接一个大命运！

你最终的伟大，我的意志，你把它节省下来用于你的最终吧，——从而你毫不留情地赢得胜利！啊！有谁不拜倒在他自己的胜利脚下！

啊，有谁的眼睛不在这陶醉的朦胧中变得模糊！啊，有谁的脚不踉踉跄跄，在胜利中忘记了——如何站立！——

——但愿有一天我会在伟大的晌午完备和成熟：像炽热的矿砂，孕育闪电的雨云，涨大的乳房一样完备与成熟：——

——对我自己、对我最隐蔽的意志来说是完备的：是一张钟情于其箭矢的弓，一支钟情于其星星的箭：——

——一颗星星，在它的晌午是完备而成熟的，在摧毁性的太阳箭矢面前炽热、被穿透，有了天堂幸福！——

——一个太阳本身，一个毫不留情的太阳意志，准备在胜利中摧毁！

哦，意志，一切危机的转折，你，我的必然性！把我保存下来迎接一个大胜利！——

查拉图斯特拉如是说。

痊愈中的人

1

270 在回到洞穴后不久的一个早晨，查拉图斯特拉像疯子一样从他的床上跳起来，用可怕的声音大喊，表现得就好像还有一个人躺在床上，不愿意爬起来；查拉图斯特拉的声音如是轰鸣着，乃至于他的动物都惊恐万状地跑过来，从临近查拉图斯特拉洞穴的所有大小洞穴里，所有的小动物一下子全都逃走了，——飞的飞，振翅的振翅，爬的爬，跳的跳，取决于它们有什么样的脚和翅膀。可是查拉图斯特拉说了如下的话：

起来，深不可测的思想，从我的内心深处出来吧！我是你的公鸡和黎明，睡觉睡过了头的蠕虫：起来！起来！我的声音应该把你叫醒！

把你耳朵的桎梏打开：听啊！因为我要听见你的声音！起来！起来！这里有足够的雷声甚至让坟墓也学着倾听！

从你的眼睛上擦去睡意和一切朦胧、盲目的东西！甚至用你的眼睛来听我说话：我的声音对天生的瞎子来说还是一种医疗手段。

如果你醒过来了，你就会永远醒着。把曾祖母们从睡梦中吵醒，这不是我的方式，所以我吩咐她们——继续睡觉！

271 你动弹着，伸展四肢，发出呼噜声？起来！起来！不要打呼噜——你应该跟我说话！目无上帝者查拉图斯特拉在呼唤你！

我，查拉图斯特拉，生命的代言人，痛苦的代言人，循环的代言人——我呼唤你，我的最深不可测的思想！

天啊！你来了——我听到你了！我的深渊说话了，我把内心的最深处翻转开来暴露在光天化日之下！

天啊！过来！把手伸给我——哈！放手！哈哈！——恶心！恶心！恶心！——真倒霉！

2

可是，查拉图斯特拉刚说出这些话，他就像一个死人一样倒下了，而且像一个死人一样长久躺在那里。可是当他又醒过来的时候，他脸色苍白，颤抖着躺在那里，长时间不愿意吃喝。他这样的状况持续了七天；可是他的动物日夜都不离开他，除非是老鹰飞出去取食。它取到的、攫来的东西，它都放到查拉图斯特拉的床上：于是查拉图斯特拉最终躺在了黄色浆果、红色浆果、葡萄、红苹果、香草植物、松球中间。可是，在他脚边躺着两只羔羊，它们是老鹰费了很大力气从牧羊人那里抢来的。

七天之后，查拉图斯特拉终于在他的床上坐了起来，手里拿起一只红苹果闻了闻，发现味道很好闻。这时候他的动物们相信，是可以和他谈话的时候了。

"哦，查拉图斯特拉，"它们说，"你这样双眼紧闭，躺着已经七天了：你不想要最终站起来吗？

走出你的洞穴：世界像一座花园一样在等着你。风中卷着想要到你 272
这里来的浓重香味；所有的小溪都想要追随你。

自从你独自一人待了七天以来，万物都渴望着你，——走出你的洞穴！万物要成为你的医生！

你也许有了一种新的认识，一种不快的、沉重的认识？你像发酵的面团那样躺在那里，你的灵魂向上走，膨胀得超越了它的所有边际。"

——哦，我的动物们——查拉图斯特拉回答说——继续如是谈下去，让我好好听一听！你们的闲聊让我如此提神：在有闲聊的地方，对我来说，就有花园般的世界。

有说话，有声音，多么可爱：说话和声音难道不是永恒分隔之间的彩虹和光的桥梁吗？

每一个灵魂都有另一个世界；对于每一个灵魂来说，另外的任何一个灵魂都是一个背后的世界。

在最相似的事物之间，恰恰是光在说着最美丽的谎言：因为最小的缝隙之间是最难架起桥梁的。

对我来说——怎么会有一个“我之外”？没有外部！可是我们在所有的声音中忘记了这一点；我们能遗忘，这多么可爱！

把名字和声音给予事物，不是人类好靠这些事物来提神吗？说话，这是一种美丽的愚蠢：人类借此在万物之上跳舞。

所有的说话，所有声音的谎言，多么可爱！我们的爱和声音一起在彩虹上跳舞。——

——“哦，查拉图斯特拉，”这时候动物们说，“对于像我们一样的思考者来说，万物是自己跳舞：它来了，伸出手，笑逐颜开，逃走——再回来。

万物皆去，万物皆回，存在之轮永恒转动。万物皆死，万物复苏，存在之年永恒地奔跑。

273 万物皆破，万物皆合；同样的存在之屋恒久地建造自己。万物皆分离，万物皆重逢，存在之环恒久地忠实于自己。

存在开始于每一瞬间；围绕着每一个‘这里’旋转着‘那里’之球。中心无处不在。永恒之径曲曲弯弯。”——

——哦，你们这些小丑们，这些手摇风琴！——查拉图斯特拉回答说，又微笑了一下——你们多么清楚地知道，在七天中有什么东西必然会充填进来：——

那怪兽是如何爬到了我的喉咙里，卡住了我的咽喉！可是我咬下了它的脑袋，把它从我嘴里吐出去。

而你们，——你们已经把它做成了一首古琴曲？可是我现在躺在那里，因为刚才咬下怪兽脑袋并把它吐掉，已经很累了，也还没有从自己绝处逢生中定下惊魂。

而你们观望所有这一切？我的动物们，你们也很残酷？你们愿意像人们所做的那样观望我的巨大痛苦？因为人类是最残酷的动物。

如今，观看悲剧、斗牛，看把人钉上十字架，变成了人间的最大乐事；而当人类给自己发明了地狱的时候，瞧啊，这却是人类的人间天堂。

当伟大者痛苦地叫喊时——：渺小者飞快地跑过去；舌头贪婪地挂在外面。可是他称之为他的“同情”。

小人物，尤其是诗人——他是如何热心地用言辞控诉生命！好好听呀，可是不要漏听了所有控诉中所含有的乐趣！

这种对生命的控诉者：生命一眨眼的工夫就征服了他们。“你爱我吗？”这位狂妄者说，“再等一下，我还没有时间给你呢。”

人类是对付自己的最残酷的动物；在自称为“罪人”、“背负十字架者”、“赎罪者”的一切那里，你们可不要听不见这些抱怨和控诉中的狂喜！

而我自己——我因此而要成为人类的控诉者吗？啊，我的动物们， 274
我至今只学到了这一点：人类的最恶对其最善必不可少，——

——一切最恶者是其最善之力量，是最高创造者最坚硬之石头；人类不得不变得更善和更恶：——

不是我被绑在这刑讯柱上我才知道：人是恶的，——而是从没有人像我这样大喊过：

“啊，他的最恶者毕竟如此微不足道！啊，他的最善者毕竟如此微不足道！”

对人的大厌恶——它卡住过我的喉咙，爬到过我的喉咙里：这正是先知所预言的：“一切都无所谓，没有任何东西是值得的，知识让人窒息。”

一种长久的朦胧一瘸一拐地向我走来，一种极度疲劳、烂醉如泥的悲哀，它打着哈欠说话。

“他永恒复至，你所厌倦的人类，渺小的人类”——我的悲哀如是打哈欠，拖着脚，不能入睡。

在我看来，人类的大地变成了洞穴，它的胸脯陷了进去，一切活物在我看来都变成了人类的腐肉和尸骨，以及腐朽的往昔。

我的叹息蹲坐在所有人类的坟墓上，不再能站起来；我的叹息和问题日夜说着不吉利的话，哽咽，咬啮，抱怨：

——“啊，人类永恒复至！渺小的人类永恒复至！”——

我曾经赤裸裸地看见两者：最伟大的人和最卑微的人：互相之间太相像了，——甚至最伟大的人也是太人性的了！

甚至最伟大的人也太渺小！——这曾是我对人类的厌恶！甚至最卑微的人也永恒复至！——这是我对所有生存的厌恶！

275 啊，恶心！恶心！恶心！——查拉图斯特拉如是说，叹息着，打着寒噤；因为他想起了他的病。可是这时候，他的动物们不让他继续说话。

“不要继续说了，你这个痊愈中的人！”——他的动物们如是回答他，“还是走出去，外面世界像一座花园一样等着你。

出去，到玫瑰、蜜蜂、鸽群那里去！尤其到歌唱的鸟儿那里去：以便你可以向它们学会唱歌！

因为唱歌是痊愈中的人做的事；健康者喜欢说话。如果健康者也需要歌曲，他要的却是与痊愈中的人之歌不同的歌曲。”

——“哦，你们这些小丑和手摇风琴，还是沉默为好！”——查拉图斯特拉回答，对他的动物微笑。“你们多么清楚地知道，我在七天中给自己发明了什么样的安慰！

我又得唱歌，——我给自己发明了**这种**安慰和**这样**的痊愈：你们同样也要把它再做成一首古琴曲吗？”

——“不要再说下去了，”他的动物们再次回答他，“你这个痊愈中的人，还是给你自己先预备好一把古琴，一把新古琴吧！

因为，瞧啊，哦，查拉图斯特拉！需要新的古琴来配你的新歌。

唱吧，沸腾吧，哦，查拉图斯特拉，用新歌来治愈你的灵魂吧：以便你承受你那没有任何人经历过的大命运！

因为你的动物们都很清楚，哦，查拉图斯特拉，你是什么人，你必然成为什么人：瞧啊，**你是永恒复至的教师**——，现在这是你的命运！

276 你必然成为教导这样学说的第一人，——这种大命运如何才不会也成为你最大的危险和疾病！

瞧啊，我们知道，你教的是什么：万物永恒复至，我们自身也一起复至，我们已经存在过无数次，万物和我们一起。

你教导说，有一个生成的大年，一个庞大的大年：它就像一个沙漏，必须一再掉个儿，从而让沙子重新流下来，流空后再掉个儿：——

——以至所有这样的年在最伟大的人和最卑微的人那里互相都很相像，——以至我们自己在任何大年中，在最伟大的人那里，也在最卑微的人那里，相互都很相像。

如果你现在愿意死，哦，查拉图斯特拉：瞧啊，我们也知道，你会如何同自己说话：——可是你的动物们请求你还不要死！

你会说话的，你不会哆嗦，更应该说，你会在极乐中轻松地舒一口气：因为一个巨大的重负和压抑会从你身上卸下，你这个最有耐心的人！——

‘我现在就死，就消失，’你会说，‘顷刻间我就化为虚无。灵魂像身体一样是会死去的。

可是，我被缠绕于其中的因之结复至，——它将再度创造出我来！我自己属于永恒复至之因。

我复至，和这太阳，和这大地，和这鹰，和这蛇一起——**不是**成为一个新的生命，或更好的生命，或相似的生命：

——在最伟大的人和最卑微的人那里，我永恒复至成为这完全同样的生命，重新教导万物的永恒复至，——

——我再次言说了大地和人类伟大晌午之道①；再次向人类宣告超人。

我言说了我的道，我粉碎于我的道：我的命运如是要求——，我作为宣告者而灭亡！ 277

毁灭中的人自我祝福的时刻到来了。如是——查拉图斯特拉的灭亡**结束了**。’”——

① 这个“道”在德文原文中是“das Wort”，和《圣经》中的“太初有道（Im Anfang war das Wort）”中的“道”是同一个词。

动物们说完这些话，它们默默地等待着查拉图斯特拉对它们说些什么：可是查拉图斯特拉没有理会它们的沉默。更应该说，他躺着不动，眼睛紧闭，像一个熟睡者一样，尽管他没有睡觉：因为他正在和自己的灵魂交谈。而这时，蛇与鹰发现他如此默不作声，就尊重他周围的伟大宁静，小心地退了出来。

关于大渴望

哦，我的灵魂，我教过你像说“曾经”、“从前”一样说“今天”，教 278
过你超越一切地方而跳起你的轮舞。

哦，我的灵魂，我把你从所有的角落里拯救出来，我掸去你身上的灰尘、蜘蛛和朦胧之光。

哦，我的灵魂，我洗去你的小小的羞耻心和小角落里的美德，说服你赤裸裸地站在光天化日之下。

我以名叫“精神”的风暴刮过你波涛汹涌的大海；我吹散全部的乌云，我甚至掐死了名叫“罪”的掐人者。

哦，我的灵魂，我给了你像风暴那样说“不”、像敞开的天空那样说“是”的权利：你像光一样保持宁静，现在你经历否定的风暴。

哦，我的灵魂，我还给你对于创造物和非创造物的自由：谁像你那样了解未来者的肉欲？

哦，我的灵魂，我教给你不是像蚕食一样到来的轻蔑，教给你伟大的、爱者的轻蔑，它在它最轻蔑的地方爱得最深。

哦，我的灵魂，我教你如此去说服，以至你说服理由本身倾向于你： 279
就像太阳一样，它说服大海倾向于它的高度。

哦，我的灵魂，我取走了你所有的服从、卑躬屈膝和开口闭口的“主人”；我自己给你起名为“转机”和“命运”。

哦，我的灵魂，我给了你新的名字和彩色的八音盒，我称你为“命运”、“万围之围”、“时间之脐带”、“蔚蓝色的钟”。

哦，我的灵魂，我让你的土地畅饮所有的智慧，所有的智慧新酒，以及所有的远古智慧烈酒。

哦，我的灵魂，我倾注给你每一缕阳光，每一个黑夜，每一次沉默，每一种渴望：——这时候，你为我成长起来，像一株葡萄藤。

哦，我的灵魂，现在你极为丰富，沉甸甸的，一株有着涨大的乳房和满满一串串褐色金葡萄的葡萄藤：——

——你那满满的、沉重的幸福，因为过于丰盈而等待，还因你的等待而羞愧。

哦，我的灵魂，现在没有地方有一个更充满爱心、更包罗万象、更广博的灵魂！未来和过去在哪里比在你那里更接近地在一起？

哦，我的灵魂，我给了你一切，我的双手由于你而变得一无所有了——而现在！现在你笑着、充满忧郁地对我说："我们当中谁应该感谢呢？——

——难道给予者不应该感谢接受者的接受吗？难道赠送不是一种生活之必需吗？难道接受不是——同情吗？"——

哦，我的灵魂，我理解你的忧郁之微笑：你的过于富足现在伸出渴望的双手！

你的富足朝汹涌的大海望去，搜寻着，等待着；过于丰盈的渴望从你天堂般的笑眼中向外观望！

280 真的，哦，我的灵魂！谁会看见你的微笑而不感动得落泪呢？天使本身也会因为你的微笑过于亲切而感动得落泪的。

正是你的亲切和过于亲切不愿意抱怨和哭泣：可是，哦，我的灵魂，你的微笑渴望着眼泪，你的颤抖的嘴巴渴望着抽噎。

"所有的哭泣不都是抱怨吗？所有的抱怨不都是一种指控吗？"你如是对你自己说，所以你，哦，我的灵魂，你更愿意微笑，而不愿意倾倒出你的痛苦。

——不愿意在涌出的眼泪中倾倒出你为你的富足，为葡萄藤对葡萄农和葡萄农之刀的全部渴望而感到的全部痛苦！

可是，如果你不愿意哭泣，不愿意哭出你紫色的忧郁，那么你将不得不唱歌，哦，我的灵魂！——瞧啊，我自己微笑了，我向你做出如下预言：

——唱起澎湃之歌，直到所有的大海平静下来，聆听你的渴望，——

——直到在宁静地渴望着的大海之上，小舟飘然而过，这金光灿灿的奇迹，围绕其金光，所有好的、坏的、奇异的事物跳着舞：——

——还有许多大小动物和有着奇异的轻捷之脚、能在紫罗兰色小径上奔跑的一切，——

——向着金光灿灿的奇迹，那自由意志的小舟，向着它的主人：然而这是葡萄农，他正拿着金刚石制的葡萄农之刀等候着，——

——你的伟大的救助者，哦，我的灵魂，这位无名者——未来之歌才为他找到名字！真的，你的气息散发着未来之歌的芳香，——

——你已经发着热，做着梦，你已经干渴地饮用所有幽深的、叮咚响的慰藉之泉，已经平静了你在未来之歌的极乐中的忧郁！——

哦，我的灵魂，现在我给了你一切，也给尽了我最后的所有，我的我的双手由于你而变得一无所有了：——**我吩咐你唱歌**，瞧啊，这是我最后的东西！

我吩咐你唱歌，现在说吧，说：我们当中谁现在——应该感 281
谢？——可是，还是唱给我听更合适，唱吧，哦，我的灵魂！让我来感谢吧！——

查拉图斯特拉如是说。

另一首舞之歌

1

282 “最近我直视你的眼睛，哦，生命：我在你的夜之眼中看到金光闪闪，我的心快乐得停止了跳动：

——我看见一条金舟在夜色朦胧的水域闪闪发光，一条下沉的、正在进水的、一再挥旗示意的金色摇曳之舟！

你向我的脚，那跳舞狂的脚，投来一瞥，笑吟吟的、探询的、温存的摇曳之一瞥：

你只用小手摇动了两次拨浪鼓——这时候我的脚因跳舞的疯狂而摇曳。——

我的脚后跟抬起，我的脚尖倾听着理解你的意思：舞者的耳朵就是长在——脚尖上的呀！

我朝你蹦过去：这时候，我的蹦跳让你逃回去；你逃跑中飞舞的头发像长舌一般朝我舔来！

我从你那里，从你的长蛇那里，蹦开去：这时候你半转过身子站着，眼睛里充满期盼。

用不正当的眼神——你教给我不正当的舞步；使用不正当的舞步，我的脚学会了——狡诈！

283 我害怕你接近，我喜欢你遥远；你的逃跑引诱我，你的追求让我停滞不前：——我痛苦，但是我为什么不愿意为你而痛苦呢？

你的冷漠点燃火焰，你的憎恨引诱人，你的逃跑让人牵肠挂肚，你的讽刺——打动人：

——有谁不恨你呢，你这大束缚者、大缠绕者、大尝试者、大追求者、大发现者！谁不爱你呢，你这无辜的、无耐心的、疾风暴雨式的、有着小孩眼睛的女罪人！

现在你把我拽向何方，你这表率加野丫头？而现在你又避开我，你这甜蜜的野孩子和忘恩负义者！

我追着你跳舞，我甚至追踪你到难以寻找的地方。你在哪里？把手伸给我！或者只伸一根手指！

这里是洞穴和灌木丛：我们将会迷路！——停下！站住！你没有看见猫头鹰和蝙蝠在呼呼地飞翔？

你这猫头鹰！你这蝙蝠！你想要愚弄我？我们在哪里？你从狗儿那里学来了如此的嗥叫和狂吠。

你对我可爱地龇着小白牙，从卷毛丛里向我迸出你邪恶的眼光！

这是一场越过树墩和乱石的舞蹈：我是猎人，——你愿意当我的狗还是我的岩羚羊？

现在待在我旁边！快，你这恶毒的跳跃动物！现在向上！到那边去！——倒霉！这时候我自己在跳跃中跌倒了！

哦，看我躺在地上乞求怜悯，你这目中无人的家伙！我喜欢和你一起——走在更加可爱的小径上！

——穿过宁静而色彩缤纷的灌木林的可爱小径！或者在那里沿着湖边走：湖里有金鱼在游泳和舞蹈！

你现在累了吗？那边是绵羊和晚霞：在牧羊人吹笛的时候睡觉不是很美吗？

你累得这么厉害？我把你背过去，只是把你的手臂放下来！如果你渴了，——我一定会有什么东西让你喝，不过你的嘴却不愿意喝它！——

——哦，这条该死的、敏捷的、灵活的蛇和隐匿的巫婆！你到哪里 284
去了？可是我感觉脸上有你的手所留下的两个斑点和红色的污渍！

我真的已经倦于始终当你的温顺的牧羊人了！你这个女巫，如果至今都是我对你唱歌，那么现在你应该对我——贼叫！

你应该按照我鞭子的节拍跳舞、喊叫！我可没有忘记过鞭子吧？——没有！”——

2

这时候生命如是回答我，同时捂住自己纤巧的耳朵：

“哦，查拉图斯特拉！不要用你的鞭子发出如此可怕的噼啪声！你很清楚：噪音使思想死亡，——刚才我正好有了如此温柔的思想。

我们俩是两个真正不干好事也不干坏事的家伙。在善恶的彼岸，我们发现了我们的岛屿和绿色草地——只有我们两个！所以我们不得不和睦相处！

即使我们不是真心相爱——，如果人们不是真心相爱，就得相互怨恨吗？

你知道我对你很好，往往太好：理由是我嫉妒你的智慧。啊，智慧，这疯狂的蠢老太婆！

如果你的智慧有一天逃离你，啊！这时候我的爱也迅速从你那里逃走。”——

接下来，生命若有所思着朝身后看看，朝周围看看，轻声说：“哦，查拉图斯特拉，你对我不够忠诚！

285 你早就不是像你所说的那样非常爱我了；我知道，你在想，你不久要离开我。

有一口古老的轰鸣之钟，很沉重、很沉重：它在夜间发出轰鸣，一直传到你的洞穴：——

——午夜时你听见这口钟敲钟报时，于是你在一点到两点之间想到——

——你想到，哦，查拉图斯特拉，我知道，你想到不久要离开我！”——

“是啊，”我犹豫不决地回答，“可是你也知道——”我对着她埋在一绺绺愚蠢的蓬乱黄发里的耳朵说了些话。

你知道这个，查拉图斯特拉？没有人知道这个。——

我们互相凝视，又朝绿色草地望过去，清凉的夜晚刚降临到这草地上，我们相对而泣。——当时，生命在我看来，比我的全部智慧曾经有过的面貌都更加可爱。——

查拉图斯特拉如是说。

3

一！

哦，人啊，当心了！

二！

深沉的午夜在说什么？

三！

“我睡过了，我睡过了——，

四！ 286

我从深沉的睡梦中醒来：——

五！

世界是深沉的，

六！

比白天所想的更深沉。

七！

痛苦是深沉的——，

八！

快乐——比伤心更深沉：

九！

痛苦说：逝去吧！

十！

可是一切快乐都要求永恒——，

十一！

——要求深沉、深沉的永恒！”

十二！

七印记

（或者：赞同之歌）

1

287 如果我是一个先知，充满那种漫游在两个大海之间高高山隘里的先知的精神，——

在往昔与未来之间作为一个沉重的云朵而漫游，——敌对于闷热的洼地，以及一切疲倦的、不能死也不能活的东西：

在黑暗的胸膛中已准备好闪电，准备好救赎的光芒，孕育着说“是!”、笑言“是!”的闪电，准备好先知的霹雳之光：——

——然而，如此的孕育者有福了！真的，有一天将会点燃未来之光者，必然早就作为疾风暴雨依恋着山峦！——

哦，我怎会不渴望着永恒，渴望婚姻的环中之环，——复至之环?

我还从来没有找到我会同她生子的女人，除非是我所爱的女人：因为我爱你，哦，永恒!

因为我爱你，哦，永恒!

2

288 当我的愤怒破坏了坟墓，移动了界石，砸碎旧牌匾让它滚下陡峭的山谷：

当我的讽刺把腐朽的词语吹散，我像一把扫帚一样来到十字蜘蛛跟前，作为旋风来到沉闷的古老墓室：

当我幸灾乐祸地坐在古老的诸神被埋葬的地方，坐在古老的世界诽谤者的纪念碑旁边，祝福世界，热爱世界：——

——因为只要苍天以纯净的目光透过教堂和神之墓的破碎屋顶俯望，

我甚至也爱教堂和神之墓；我愿意像青草和红罂粟一样坐在教堂的废墟上——

哦，我怎会不渴望着永恒，渴望着婚姻的环中之环，——复至之环？

我还从来没有找到我会同她生子的女人，除非是我所爱的女人：因为我爱你，哦，永恒！

因为我爱你，哦，永恒！

3

当一阵创造者的气息，一阵甚至迫使偶然性跳星星之轮舞的天堂必然性的气息向我袭来：

当我以创造性闪电的笑声欢笑，长久的行为之雷隆隆作响，却恭顺地追随其后：

当在大地的诸神之桌上和诸神掷骰子玩耍，乃至于大地震动、破碎、呼呼地冒出火流：——

——因为诸神之桌便是大地，因造物主的新道和诸神的掷骰而 289
颤动：——

哦，我怎会不渴望着永恒，渴望着婚姻的环中之环，——复至之环？

我还从来没有找到我会同她生子的女人，除非是我所爱的女人：因为我爱你，哦，永恒！

因为我爱你，哦，永恒！

4

当我从冒泡的混合香料罐痛饮一口，万物皆出色地调和于其中：

当我的手将最远的注入最近的，将火注入精神，将快乐注入痛苦，将最恶劣的注入最善良的：

如果我自身是一粒拯救之盐，它使万物在混合罐中出色地调和：——

——因为有一粒盐，它将善与恶拴在一起；甚至最恶者也有做佐料的价值，也可以用来做最终溢出的泡沫：——

哦，我怎会不渴望着永恒，渴望着婚姻的环中之环，——复至之环？

我还从来没有找到我会同她生子的女人，除非是我所爱的女人：因为我爱你，哦，永恒！

因为我爱你，哦，永恒！

5

290 当我仁慈地对待大海和一切大海一类的东西，尤其在其愤怒地反驳我的时候最仁慈：

当在我身上有那种扬帆驶向未被发现之物的乐趣，当我的乐趣中有一种水手的乐趣：

当我的快乐欢呼："海岸消失了，——现在我摆脱了最后的锁链——

——无边之物在我周围咆哮，时空朝我遥远地发出光芒，行了！好吧！年老之心！"——

哦，我怎会不渴望着永恒，渴望着婚姻的环中之环，——复至之环？

我还从来没有找到我会同她生子的女人，除非是我所爱的女人：因为我爱你，哦，永恒！

因为我爱你，哦，永恒！

6

当我的美德是一个舞蹈者的美德，我的双脚经常跳进黄金和绿宝石组成的狂喜中：

当我的恶是一种笑中之恶，以玫瑰花坛和百合花篱为家：

——因为在笑中所有的恶并存，却通过自身的极乐被宣判无罪，变得神圣。

当一切重的都变成轻的，一切身体都变成舞蹈者，一切精神都变成鸟，这样的情况是我的关键：真的，这就是我的关键！——

哦，我怎会不渴望着永恒，渴望着婚姻的环中之环，——复至之环？

291 我还从来没有找到我会同她生子的女人，除非是我所爱的女人：因为我爱你，哦，永恒！

因为我爱你，哦，永恒！

7

当我将宁静的天空铺开在头顶上，用自己的翅膀飞向自己的天空：

当我玩耍着在纵深的光之距离中游泳，我的智慧之自由飞鸟到来了：——

——可是智慧之飞鸟如是说："瞧啊，没有上，没有下！辗转反侧吧，把自己扔出去，扔回来，你这轻者！唱吧！不要再说了！"

——"所有的词语不是为重者而形成的吗？所有的词语不都是对轻者的撒谎么！唱吧！不要再说了！"——

哦，我怎会不渴望着永恒，渴望着婚姻的环中之环，——复至之环？

我还从来没有找到我会同她生子的女人，除非是我所爱的女人：因为我爱你，哦，永恒！

因为我爱你，哦，永恒！

第四卷

啊，世界上哪儿有比在同情者那里产生过更大的愚蠢？世界上有什么比同情者的愚蠢酿成更多的痛苦？

所有那些还没有达到超越于其同情之上高度的施爱者都有祸了！

魔鬼曾经对我如是说："甚至上帝也有他的地狱：这就是他对人类的爱。"

最近我听见他说了这些话："上帝死了，上帝死于他对人类的同情。"

《查拉图斯特拉如是说》，第二卷，关于怜恤者

蜜糖祭品

——岁月再度掠过查拉图斯特拉的灵魂，他没注意到；可是他的头 295
发变白了。有一天，他坐在他洞穴前的一块石头上，宁静地凝视远方，——你在那里可以看见大海，看见蜿蜒的深谷——这时候，他的动物们沉思地围着他转，最后站立在他面前。

“哦，查拉图斯特拉，”它们说，“你一定是在盼望你的幸福吧?”——“幸福算什么!”他回答，“我长久不追求幸福了，我致力于我的工作。”——“哦，查拉图斯特拉，”动物们又说，“你是作为一个拥有太多好事的人说这种话的。你不是躺在天蓝色的幸福之海中吗?”——“你们这些小丑，”查拉图斯特拉回答，微笑起来，“你们选择了多好的比喻啊！可是你们也知道，我的幸福是沉重的，不像水中流动的波浪：它挤压我，黏着于我，如同熔化的沥青。”——

这时候，动物们又若有所思地围着他转起来，然后再次站在他面前。“哦，查拉图斯特拉，”它们说，“**所以**你总是变得更黄、更暗，尽管你的头发想要看上去是白色的、亚麻色的？可是，瞧啊，你坐在你的沥青里!”——“你们在说什么啊，我的动物们，”查拉图斯特拉说，笑了笑，“真的，当我以前说起沥青时，我曾不以为然。发生在我身上的事情，就
像变得成熟的果子一样。这是在我血管中的**蜜糖**，它使我的血液更浓稠， 296
也使我的灵魂更宁静。”——“事情就会是这样，哦，查拉图斯特拉，”动物们回答，并向他逼近，“可是你不愿意今天登上一座高山吗？空气清朗，今天人们比任何时候都更多地看到世界。”——“是啊，我的动物们，”他回答，“你们的建议好极了，正合我意：我今天要登上一座高山！可是留意给我准备好蜂蜜，让我伸手就可以拿到，黄色的、白色的、优

质的、凉冰冰的蜂房里的金蜂蜜。因为你们知道，我要把蜜糖祭品拿到那上面去。”——

可是，当查拉图斯特拉到了高山顶上的时候，他把引导他的动物们打发回家，感觉他从现在开始是独自一人了：——这时候，他由衷地笑起来，看看周围，如是说：

我谈论祭品和蜜糖祭品，这只是我的一种说话技巧以及，真的，一种有用的愚蠢！我在高高在上的这里，比在隐士的洞穴前、在隐士的家畜面前可以更自由地说话。

献祭什么呀！我浪费了人家给我的东西，我这个千手浪费者：我怎么还可以——称之为献祭！

当我渴望蜂蜜的时候，我只渴望诱饵和甜蜜汁、甜黏液，这也是嗥叫的狗熊和不快乐的奇异恶鸟所垂涎之物：

——渴望猎人和渔夫急需的最佳诱饵。因为如果说世界像一个黑暗的动物之林，是所有疯狂猎人的乐园，那么在我看来，它还不止于此，更应该说，它是一个无底的、富饶的大海。

——一片满是彩色鱼类、蟹类的大海，甚至诸神也向往着大海，向往在海上成为渔夫，成为撒网者：世界是多么富有，充满大大小小的奇异之物！

297 尤其是人的世界，人的大海：——我现在把我的金色渔竿抛向它，说道：张开吧，你这人的深渊！

张开吧，把你的鱼和光闪闪的蟹朝我扔过来吧！我今天用最好的诱饵给我引来最奇异的人鱼！

——我把我的幸福本身抛出去，抛向所有地方，在日出、晌午、日落之间，看是否有人鱼学会拽着我的幸福，在上面活蹦乱跳。

直到他们咬在我的隐藏的尖利渔钩上，不得不上升到**我的**高度，这些最五彩斑斓的水底之鱼来到所有钓人鱼的渔夫中最恶毒的一位那里。

因为我从根本上、从一开始就是**这样的渔夫**，拽拉着，拽拉过来，向上拽拉，拽拉上来，一个拽拉者，饲养者，饲养大师傅，他曾经并非徒劳地劝说过自己："生成吧，成为你所是者!"

但愿现在有人想要**向上**到我这里来：因为我还等待着我下行时刻到来的标志，我自己还不到人们中间去，尽管我不得不去。

为此我等候在这里，诡诈地、嘲讽地等在高山上，不是一个不耐烦者，不是一个耐心者，更应该说是一个忘记了耐心的人，——因为他不再"忍耐"。

因为我的命运给了我时间：它也许忘记我了？或者它是坐在树荫里的一块大石头后面，捕捉飞蝇？

真的，我对它——我的永恒命运——很好，因为它不追赶我，催逼我，它给我胡闹和使坏心眼的时间，所以我今天登上这座高山来钓鱼。

有人在高山上钓过鱼吗？即使我在这高山上所要的东西、正在做的事是一种愚蠢：可是我宁愿这样，也不愿意在山下为了等待而变得很庄 298
严，脸色铁青——

——一个因等待而矫揉造作的暴跳如雷者，一场从山里咆哮而来的神圣风暴，一个不耐烦者，他朝山谷底下喊道："听着，要不然我就用上帝的鞭子抽你们!"

并不是我因此而怨恨那些愤怒者：他们足以让我感到好笑！他们一定是很不耐烦了，这些发出噪音的锣鼓，他们现在有机会发言，要不就永远没有!

可是，我和我的命运——我们不为"今天"说话，我们也不为"永不"说话：我们有耐心，有时间，有超时间来说话。因为它有一天必然会来，而且不会是过客。

是谁有一天必然会来，而且不会是过客？是我们伟大的哈扎尔，这是我们伟大而遥远的人间帝国，千年的查拉图斯特拉帝国——

这样的"远方"会有多远？跟我有什么关系！可是我并不对此缺少把握——，我两只脚都可靠地站在这块地面上，

——站在一块永恒的地面上，站在坚硬的原始石头上，站在这最高、最坚硬的原始丛山上，所有的风来到那里，有如来到了天气分界线，打听着："在哪里？""从哪里来？""到哪里去？"

在这里笑吧，笑吧，我的巨大的、完好无损的恶！从高山上扔下你那闪光的讽刺笑声吧！用你的闪光给我引来最美的人鱼上钩吧！

在所有大海中属于**我**的东西，万物中靠近我和赞同我的东西——把它给我钓出来，把它弄上来带到我这里吧：我，所有渔夫中之最恶毒者，正等着它呢！

伸出去，伸出去，我的钓竿！进水中去，深入下去，我的幸福之诱饵！滴下你最甜的甘露，我心中的蜜糖！咬吧，我的渔竿，咬到整个黑色伤悲的肚子里！

299 伸出去，伸出去，我的钓竿！哦，我周围有那么多的海洋，那么朦胧的人间未来！在我头顶上——是那么绯红的宁静！那么无云的沉默！

呼救声

第二天，查拉图斯特拉又坐在他洞穴前的石头上，这期间，动物们 300
在外面的世界中四处漫游，以便把新的食物带回家来，——还有新的蜂蜜：因为查拉图斯特拉把最后一点旧蜂蜜都挥霍浪费掉了。可是，当他这么坐在那里，手中拿着一根棍子，在地上描绘他的人影，沉思着，真的，不是沉思他自己和他的影子的时候——他一下子惊跳起来：因为他看见在他的影子旁边还有另外一个影子。他迅速回过头看，并站起来，瞧啊，他旁边站着那位先知，他曾在自己桌子上给予吃喝的那位，那位大疲劳的宣告者，这先知曾教导说："一切都无所谓，没有任何东西是值得的，世界没有意义，知识让人窒息。"可是，这期间他的容貌变了；当查拉图斯特拉注视他眼睛的时候，再次感到惊恐：这么多不快的预示和苍白的闪电在这张脸上掠过。

那位先知觉察到查拉图斯特拉的内心活动，用手在自己脸上抹了一把，好像他想要把这张脸抹掉似的；查拉图斯特拉也在自己脸上抹了一
把。当两个人这样默默地平静下来，调整过来时，他们各自把手伸给了 301
对方，表示他们想要重新互相认识。

"我欢迎你，"查拉图斯特拉说，"你这个大疲劳的先知，你没有白当一回我的食客和宾客。今天也在我这里吃喝吧，请原谅一个快乐的老人和你一起坐在桌边！""一个快乐的老人？"先知回答，摇摇头，"可是，无论你是谁，还是要想成为谁，哦，查拉图斯特拉，你都在这山上面待得太久、太久了，——你的小舟不久就不会再闲置了！"——"那么我是闲置着？"查拉图斯特拉笑着问。——"你的山周围的浪涛，"先知答道，"上涨得越来越高，大困顿和大痛苦的浪涛：它不久将托起你的小舟，把

你带走。”——于是查拉图斯特拉沉默了，感到惊奇。——“你还是什么都没听见吗？”先知接着说，“从那深谷里不是传上来有呼啸和咆哮的声音吗？”——查拉图斯特拉再次沉默，倾听着：这时候他听到一声长长的呼喊，喊声在深谷之间互相传递，越传越远，因为没有一个深谷想要留住它：它听起来如此不祥。

“你这个糟糕的宣告者，”查拉图斯特拉最终说，“这是一声呼救，是一个人的呼喊，它也许来自一片黑色的海洋。不过人类的危急跟我有什么相干！我还没有犯的最后一个罪孽，——你一定知道，它叫什么？”

——“**同情**！”先知十分由衷地回答，双手高举——“哦，查拉图斯特拉，我来引诱你犯你最后的罪孽！”——

话音刚落，喊声再次响起，比以前更长久、更可怕，也更近得多。“你听见吗？你听见吗，哦，查拉图斯特拉？”先知喊道，“喊声是针对你的，它喊你：来、来、来，是时候了，正是时候了！”——

302 这时候，查拉图斯特拉沉默了，很困惑、很震惊；他最终像一个心中犹豫不决的人那样问道：“在那里喊我的人是谁？”

“可你是知道的，真的，”先知激动地回答，“为什么你隐藏起来？是**更高之人**在喊你！”

“更高之人？”查拉图斯特拉充满恐惧地喊道，“**他**想要什么？**他**想要什么？这更高之人！他在这里想要什么？”——他的皮肤上覆盖了一层汗水。

可是，先知不理睬查拉图斯特拉的恐惧，而是朝深谷那边听了又听。然而，那边长时间没有动静，他就转回目光，看见查拉图斯特拉站在那里颤抖。

“哦，查拉图斯特拉，”他开始用伤心的声音说话，“你的样子不像一个让自己的幸福弄得晕头转向的人：我觉得你应该跳舞，不让自己昏倒才对！

可是，尽管你想要在我面前跳舞，蹦着你所有的侧跃：也没有人会对我说：‘瞧啊，这里有最后一个快乐的人在跳舞！’

一个到这里来寻找**他**的人会徒然来到这山上：他会找到洞穴，洞中之穴，隐蔽者的隐蔽之处，可是找不到幸福矿、宝藏、新的幸福金矿。

幸福——你怎会在被埋葬者和隐居者那里找到幸福！我难道还得在幸福岛上，在远方被遗忘的大海之间寻找最后的幸福吗？

可是，一切都无所谓，没有任何东西是值得的，寻找是没有用的，甚至也不再有幸福岛！”——

于是，先知叹了口气；可是，随着他最后一声叹息，查拉图斯特拉重新变得心中透亮、胸有成竹的样子，像一个从深渊里出来，进入光亮中的人一样。“不！不！三倍的不！”他高声大喊，捋着胡子——“这一 303
点我知道得更清楚！还有幸福岛的存在！**对此**保持缄默吧，你这个叹息的悲戚之囊！

停下来，不要**从你那里**降下大雨，你这块上午的雨云！我现在的状况不是如同一条狗一样浑身上下都让你的悲戚浸湿了吗？

现在我抖抖身子，从你那里跑开，以便让我身子重新干起来：你不该对此惊讶！你认为我不拘礼节？可这里是**我的**宫廷。

不过，这跟你那更高之人有什么相干：行了！我马上到那些森林里去寻找他：从那里传来他的喊叫声。也许在那里正有一只恶兽困扰他。

他在**我的**领域里，他在我这里不应该受到损害！真的，我这里有许多恶兽。”——

说了这些话以后，查拉图斯特拉转身要走。这时候，先知说话了：“哦，查拉图斯特拉，你是一个无赖！

我已经知道你要离开我！你宁愿跑到森林里诱捕恶兽！

可是，这对你有什么好处呢？晚上你将重新拥有我，我将坐在你自己的洞穴里，像一块木头那样耐心而沉重地——等候你！”

“就这样吧！”查拉图斯特拉一边回头喊，一边继续走他的路，“我洞穴里属于我的东西也属于你，我的宾客！

而你在其中还会找到蜂蜜，好哇！那就把它舔干净吧，你这爱啰嗦的狗熊，让你的灵魂尝到甜头吧！因为晚上我们俩要心情愉快，

——因为这一天的终结而心情愉快，高高兴兴！而你自己应该作为

我的跳舞熊跟着我的曲调跳舞。

你不相信这个吗？你摇头了？行了！行了！老狗熊！可是我也——是一个先知。”

查拉图斯特拉如是说。

和国王们的谈话

1

查拉图斯特拉在他的丛山和森林里走了还不到一个小时，他突然看 304
到一个罕见的行列。就在他要往下走的那条道上，走来了两个国王，头戴王冠，装饰着紫色腰带，像火烈鸟一般色彩鲜艳：他们赶着一头负重的毛驴。“这些国王想要在我的王国里干什么?”查拉图斯特拉惊讶地在心中说道，迅速藏到一棵灌木后面。可是，当国王们径直朝他走来时，他像一个自言自语者那样低声说道：“怪哉！怪哉！这是怎么回事？我看见两个国王——只和一头毛驴在一起!”

这时候，两个国王笑着停下来，朝发出声音的地方望过去，然后两人互相看看对方的脸。“我们各自一定也是这样想的，”右边的国王说，“可是没有说出来。”

可是左边的国王耸了耸肩，回答说：“这大概是一个牧羊人。要不然就是一个隐士，他在石头和树木中间生活得太长久了。因为根本就没有社会交往来败坏礼仪。”

“礼仪?”另一个国王很不情愿、很尖刻地回答，“我们究竟是在躲避什么？不就是躲避‘礼仪’吗？不就是躲避我们的‘好伙伴’吗？

真的，宁愿待在隐士和牧羊人中间，也不愿意和我们那些镀了金的、 305
虚伪的、过于美化了的群氓生活在一起，——尽管他们自称为‘好伙伴’，

——尽管他们自称为‘贵族’。可是在那里一切都是虚伪的、腐朽的，尤其是血液，都是由恶性的老毛病和更恶劣的救世艺术家所造成的。

今天对我来说，最好、最亲切的，仍然是健康的农民，粗犷、狡猾、

固执、持久：这在今天是最高贵的特性。

农民在今天是最佳者；农民之类应该成为主人！可是，这是群氓的王国，——我不会再让任何事情蒙骗我。而群氓，即：大杂烩。

群氓大杂烩：其中一切的一切都乱七八糟，圣人、骗子、容克地主、犹太人以及任何从诺亚方舟出来的家畜。

礼仪！我们的一切都是虚伪的、腐朽的。没有人再懂得如何来尊重：我们刚刚从**那种人**那里逃走。这是一些虚情假意、纠缠不休的狗儿，他们把棕榈叶涂成了金色。

这种恶心窒息了我：我们国王本身变得虚伪，悬挂起祖先褪了色的旧日辉煌，悬挂起给最愚蠢者、最狡猾者以及今天一切都用权力来进行肮脏交易之人的纪念币①，以此作为伪装。

我们不是一流之人——可是必然**意味着**这种意思：我们最终厌倦了、厌恶了这种欺骗行为。

我们躲避了恶棍，躲避了所有那些喋喋不休、舞文弄墨的家伙，躲避了铜臭，躲避了野心勃勃，躲避了令人恶心的气息——：呸，生活在恶棍之中，

——呸，就意味着恶棍之中的一流之人！啊，恶心！恶心！恶心！跟我们国王有什么关系！”——

“你的老毛病犯了，”这时候左边的国王说，“你感到恶心了，我的可怜的兄弟。可是你是知道的，有一个人正在听我们说话。”

306 瞪大眼睛看着他们、竖起耳朵听着这谈话的查拉图斯特拉立刻从他的隐匿处起身，走到国王们跟前，说了起来：

“听你们说话，很高兴地听你们两位国王说话的人名叫查拉图斯特拉。

我就是曾经说过‘跟国王有什么关系！’的查拉图斯特拉。请你们原谅我。当你们互相说‘跟我们国王有什么关系！’的时候，我很高兴。

可是，这里是**我的**王国，我的统治：你们一定想在我的王国里寻找

① 指不流通，但是用来表明往日辉煌的纪念硬币，它的价值不是以流通价格来计算的，可能不值钱，也可能很值钱，特别是可以为最狡猾者和进行权力交易的人所利用。

些什么？可是，也许你们在路上**找到了我**正在寻找的事物：更高之人。”

两位国王听到这话时，捶着胸膛，异口同声地说：“我们被认出来了！”

你用这些话的利剑劈碎了我们内心最浓重的黑暗。你发现了我们的困境，因为瞧啊！我们正在找到更高之人的半道上——

——比我们更高之人：尽管我们是国王。我们将这头毛驴牵给他。因为最高之人在地球上也应该是最高的主人。

如果大地的强者不也是一流之人，那么在全部人类命运中，就没有比这更强烈的不幸了。这时候，一切都变得虚伪、歪斜、可怕。

如果他们竟然是末流之人，更多地是畜生而不是人的话：那么群氓就会身价百倍，最终群氓的美德就会说：“瞧，只有我才是美德！”——

我刚才听到了什么？查拉图斯特拉回答；真是国王们的至理名言啊！听得我满心喜欢，真的，我很想听出其中的韵味呢：——

——也许这不是一种适合于任何人耳朵听的韵味。长久以来我已经忘记了考虑长耳朵了。好了！行吧！

（可是，在这当儿，毛驴竟然说起话来。它可说得清晰而恶毒：咿——呀！）

从前——我相信是在公元1年—— 307
女巫无酒醉言：
“不幸啊，呜呼哀哉！
世界沉沦至深！衰哉！败哉！
罗马沉沦为婊子和妓院之镇，
罗马皇帝沦为畜生，上帝竟——成犹太人！”

2

国王们很欣赏查拉图斯特拉的这些有韵之句；然而右边的国王说话了：“哦，查拉图斯特拉，我们外出看到你是多么有幸啊！

因为你的敌人在他们的镜子里向我们展示了你的映像：你在那里张望着，一副魔鬼的面孔，微笑中露出讥讽：于是我们很害怕你。

可是这有什么用！你一再用你的格言蜇我们的耳朵和内心。于是我们最终说：他看上去什么样子，与我们有何相干！

我们得**听到**他说话，他这个人是这样教导的：‘你们应该爱和平，以之作为新战争的手段，更爱短暂的和平甚于长期和平！’

没有人曾说过如此好战的话：‘什么东西好？勇敢就是好。正是有益的战争把任何事业神圣化。’

哦，查拉图斯特拉，听到这样的话，我们父辈的血在我们身体里涌动：就像春天在向陈年的酒桶诉说。

当利剑像红斑点点的群蛇一样相交乱舞的时候，我们的父辈开始善待起生命来；所有和平的阳光在他们看来都软弱无力，像温吞水一样，而长久的和平让人羞愧。

我们父辈如果看见利剑干净铮亮地挂在墙上，他们会如何叹息啊！
308 利剑像他们一样渴望战争。因为一把利剑要喝血，因渴望而闪闪发光。”

——当国王们如此热烈地谈论他们父辈的幸福时，查拉图斯特拉生出了不小的兴致，想要挖苦一下他们的热情：因为他在自己面前看到的，显然是非常温和的国王，有着古老而高雅的面容。可是他克制住了自己。“好吧！”他说，“这条道通向查拉图斯特拉的洞穴所在之处；今天应该有一个漫长的夜晚！可是，现在有一个呼救声急切地把我从你们身边叫走。

如果国王们想要坐在我的洞穴里等待，那我的洞穴就蓬荜生辉了：可是，你们当然得等很长时间哟！

好啦！这有何关系！今天你在哪里能学会比在宫廷里更好的等待呢？国王剩下的整个美德——今天不是叫做：**能**等待吗？”

查拉图斯特拉如是说。

水　蛭

查拉图斯特拉沉思着继续往前、往下走，穿过森林，经过沼泽地； 309
但是，就像任何一个沉思困难问题的人那样，他无意中踩到了一个人身上。瞧啊，突然之间，一声痛苦的叫喊，两声诅咒，二十句难听的骂人话一股脑儿抛洒到他脸上：于是他在惊恐中举起棍子，抽向那个被他踩到的人。但是他很快恢复了镇静，心中嘲笑他刚才所做的蠢事。

“请原谅，”他对被踩的人说，那人愤怒地爬起来，坐下。“请原谅，先听一个比喻吧。

有一位梦想遥远事物的漫游者，无意中在一条偏僻的街上撞上了一条正躺在阳光里睡觉的狗：

——这时候两者暴跳起来，互相斥责，像死敌一样，这两个吓得要死的家伙：这样的事也发生在我们身上。

可是！可是——当时他们差一点互相拥抱起来，这条狗和这位孤独者！他们两者不都是——孤独者吗！”

——“无论你是谁，”被踩的人始终很生气地说，“你不仅用你的脚，也用你的比喻，跟我套近乎！

可是，瞧，我竟是一条狗吗？”——这时候，坐着的那位站起来，将 310
他赤裸的胳膊从沼泽地里抽出来。因为一开始他伸展身子躺在地上，像那些埋伏着等待沼泽地野味的人那样躲藏着，让人认不清楚。

“可是你在做什么呀！”查拉图斯特拉吃惊地喊道，因为他看到，那赤裸的胳膊上流出了许多鲜血，——你遇到了什么事？你这不幸的人，是一只恶兽咬了你？

流血的人笑了，仍然在生气。“与你有何相干！”他说，而且还想往下说，“我在这里是在自己家里，在我的领域。无论谁愿意，都可以向我询问：可我就是很难理会一个蠢货。”

“你错了，”查拉图斯特拉同情地说，紧紧抓住他，“你错了：你在这里不是在你家，而是在我的王国，在其中我不会让任何人受到伤害。

可是，无论你叫我什么，都随你的便，——我是我必然是的那个人。我管自己叫查拉图斯特拉。

行啦！这条路通往上面查拉图斯特拉的洞穴：它不远，——你愿意在我这里养伤吗？

你过这样的生活真是太糟了，你这不幸的人：先是动物咬了你，然后是——人踩了你！”——

可是，当被踩的人听到查拉图斯特拉名字的时候，他变了副模样。“我碰上了什么样的事啊！”他大呼道，“除了这一个人，也就是查拉图斯特拉，以及那一个动物，那个以血为生的动物，那条水蛭以外，究竟还有谁在此生中关心我呢？

由于这条水蛭的缘故，我像渔夫一样躺在这泥塘边上，我伸出的胳膊已经被咬了十次了，这时候还有一只更漂亮的刺猬，查拉图斯特拉本人，向我的血液扑过来！

哦，幸福！哦，奇迹！愿诱惑我进入这个沼泽地的这一天得到赞美
311 吧！愿当今活着的最佳、最活跃的吸血者得到赞美吧，愿查拉图斯特拉这伟大良心的水蛭得到赞美吧！”——

被踩的人如是说；查拉图斯特拉听了他的话以及这些话的机智、敬畏的风格，很是喜欢。“你是谁？”他问，向他伸出手去，“在我们之间，仍然有许多事需要澄清，仍然有许多事要变得愉快起来：可是，我已经认为，纯净、明朗的白天正在到来。”

“我是**精神上的认真者**，”被问者回答，“在精神事物中，不容易有比我更严格、更贴切、更坚定的人，除了我向他学到这一切的那个人，查拉图斯特拉本人。

宁愿什么也不知道，也比一知半解好！宁愿做一个自己做主的傻瓜，也不愿意做一个拾人牙慧的智者！我——刨根问底：

——根底大小有何关系？它叫做沼泽地还是天空有何关系？一拃宽的根底对于我足够了：只要它真的是根底和根基！

——一拃宽的根底：你可以有立足之地。在真正的求知良心中无所谓大与小。”

“那么你也许是水蛭的认识者啰？”查拉图斯特拉问，“你刨根问底探究水蛭啰，你这位认真者？”

“哦，查拉图斯特拉，”被踩的人回答，“那是一件非同小可的事，我怎么可以造次！

可是，我是水蛭**大脑**的研究大师和认识者：——这是**我的**世界！

而这也是一整个世界！不过，请原谅我在这里把我的骄傲说了出来，因为在这里没有人能和我相比。因此我说：‘我在这里是在自己家里。’

我多么长久地探究这东西，即水蛭的大脑，以使这滑溜溜的真理不再从我手里滑脱！这里是**我的**王国！

——为此我把一切别的东西都抛到一边，为此我对一切别的东西都感到无所谓；在我的知识旁边，稠密地贮藏着我黑色的无知。 312

我的精神良心要求我知一，要不然就一无所知：所有精神上的半桶子水，所有雾气蒙蒙、飘忽不定、耽于幻想的东西都让我恶心。

在我的诚实止步的地方，我就盲目，也很愿意是盲目的。可是在我要求知的地方，我也要求诚实，即坚定、严格、专一、冷酷、无情。

哦，查拉图斯特拉，你曾经说过：‘精神是镌刻在生命上的生命’，这一点引导我、诱惑我走向你的学说。真的，我用自己的鲜血增加了我自己的学问！”

——“正如我亲眼目睹的见证，”查拉图斯特拉插嘴说；因为那位认真的人赤裸的胳膊上不断有血流下来。因为有十条水蛭咬了这同一条胳膊。

“哦，你这奇特的家伙，这种亲眼目睹，即你本人，教了我多少东西啊！也许我不可以把一切都灌输到你严格的耳朵里！

好吧！我们在这里分手！可是我很想重新找到你。那边向上有路通到我的洞穴：今天夜里你应该在那里当我亲切的客人！

查拉图斯特拉用脚踩了你，我很愿意对你的身体做出补偿：我在思考这个问题。可是现在一个呼救声急迫地把我从你身边叫走。”

查拉图斯特拉如是说。

巫　师

1

可是，当查拉图斯特拉绕过一块岩石头的时候，他看见在自己下面 313
不远的地方，在同一条道路上，有一个人挥舞着四肢，如同癫狂者一般，最终脸朝下往地上扑倒。"停下！"查拉图斯特拉心里说，"那边的那个人一定是更高之人，从他那里传来那种可怕的呼救声，——我要看看是否可以帮得上忙。"可是，当他跑过去，到了那人横躺的地方，他发现一个目光呆滞的老人，正在颤抖；无论查拉图斯特拉如何努力扶他站起来，都是徒劳。这不幸的人似乎没有注意到有人正在他身边；更应该说，他始终在用动人的神情环顾四周，就像一个被全世界抛弃、孤立的人那样。然而，在许多颤抖、抽搐、蜷缩之后，他开始如是悲叹：

谁还给我温暖，谁仍然爱我？
伸出滚烫的双手吧！
给我心房的火盆吧！
躺着，颤抖着，
像半死的人，有人给他暖着双脚——
啊，因无名的高烧而寒战，
在凛冽刺骨的冰霜之利箭面前颤抖， 314
为你所追猎，思想！
不可名状者！隐藏者！惊人者！
你这云层背后的猎人！
为你的雷电所击倒，

你这在黑暗中注视我的讽刺之眼：
——我如是躺着，
弯曲、蜷缩，为所有
不朽之烈士所折磨
为你，最残酷的猎人
所踩，
你这无名的——上帝！

砍得更深一点，
再砍一下！
刺伤、撕碎这颗心！
何以用齿状的钝箭
加以如此的折磨？
为什么不厌倦于人类的痛苦
你还用诸神闪电的目光
幸灾乐祸地观望？
你不想杀人，
只想折磨，给人痛苦？
为何——折磨我，
你这幸灾乐祸的无名上帝？——

哈哈！你偷偷溜到跟前？
在如此的午夜时分
你想要什么？说！
你推挤我、挤压我——
哈！已经挨得太近了！
走开！走开！
你听到我在呼吸，
你窃听我心脏的跳动，

你这嫉妒者——
可是有什么好妒忌的呢？
走开！走开！梯子是做什么用的？
你要进去，
进到心脏里，
进去，进到我最隐秘的
思想里去吗？
无耻之徒！无名的——盗贼！
你要偷盗什么？
你要偷听什么？
你要用折磨来得到什么？
你这个折磨者！
你这个——刽子手上帝！
要不然我得像狗一样，
在你面前翻滚？
无私地、激动不已地，
朝你这个——恋人摇尾乞怜？

徒劳啊！继续挥舞刺棒，
最残酷的刺棒！不，
不是狗——我只是你的猎物，
最残酷的猎人！
你最骄傲的囚徒，
你这云层背后的盗贼！
说话吧，
你这拦路的盗贼，你要**从我这里**得到什么？
你这为闪电所遮蔽的人！无名者！说吧，
你要什么，**无名的**上帝？——

怎么？赎金？
你要多少赎金？
316 多要——我的高傲如是建议！
少说——我的另一种高傲如是建议！
哈哈！

你要的是——我？是我吗？
我——整个的我？

哈哈！
你，你这个傻瓜，折磨我，
把我的高傲折磨殆尽？
给我爱——谁还给我温暖？
谁仍然爱我？伸出滚烫的双手吧！
给我心房的火盆吧！
给我这个最孤独者以坚冰吧！
啊！七重的坚冰教你
渴望真正的敌人，
渴望劲敌，
投降吧，
你——最残酷的敌人，
屈服于我！——

跑了！
他自己跑了，
我最后的、唯一的同志，
我伟大的敌人，
我的无名者，
我的刽子手上帝！——

——不，回来吧，
带着你所有的折磨！
回到所有孤独者中的最后一位这里来！
哦，回来吧！
我所有的泪泉
都在向你奔腾！
我最终的心灵火焰—— 317
朝你放射光芒！
哦，回来吧，
我的无名上帝！我的痛苦！我的最终的——
幸福！

2

——可是，听到这里，查拉图斯特拉再也忍不住了，他拿起棍子，用尽全力痛打那悲叹者。“住嘴！”他以狂怒的笑声朝他喊道，“住嘴，你这个戏子！你这个伪币制造者！你这个彻头彻尾的说谎者！我很了解你！

我要把你的脚烤热，你这个恶劣的巫师，我很懂得如何给你这样的人——生火取暖！”

——“住手啦，”那个老人说，从地上跳起来，“不要再打了，哦，查拉图斯特拉！我如是做只为表演一下而已！

这样的事情属于我的艺术领域；当我这样排演的时候，我也是要考验你！真的，你完全看透了我！

可是，你的表演也不赖呀：你很**无情**，你这聪明的查拉图斯特拉！你用你的‘真理’无情地朝我打来，你的棍子强迫我说出——**这一条**真理！”

——“不要吹捧，”查拉图斯特拉回答，始终很激动，露出阴森森的目光，“你这彻头彻尾的戏子！你错了：你为什么谈论——真理！

你这孔雀中的孔雀①，你这虚荣的海洋，你在我面前表演了**什么**，你

① “孔雀（Pfau）”一词在德语中含有“爱好虚荣者”、“沾沾自喜者”的意思，“孔雀中的孔雀”意思就是极为虚荣的人。

这恶劣的巫师！当你以这样的方式悲叹时，我会相信**谁**呢？”

318 “相信**精神的忏悔者**，”老人说，“那个——我所扮演的人：你曾经自己发明了这个词——

相信诗人和巫师，他们最终以自己的精神来反对自己；相信变形者，他被他危险的知识和愧疚的良心冻僵。

你就承认这一点吧，哦，查拉图斯特拉：离你看破我的艺术和谎言，还差得很远呢！当你用双手捧着我的脑袋时，**你相信了**我的困境，——

——我听到你悲叹说：‘我们爱他爱得太少，爱得太少！’因为我至今欺骗了你，所以我的恶在心中暗喜。”

“你也许欺骗了比我更聪明的人，”查拉图斯特拉冷冰冰地说，“我不提防骗子，我必然没有戒心：我的命中注定。

可是你——必然欺骗：我就了解你到这一步！你必然是模棱两可、三可、四可、五可！即使是你现在承认的东西，在我看来也远远不够真实，远远不够虚假！

你这个恶劣的伪币制造者，你怎么可能是别的样子！当你赤身裸体地把身子亮给医生看的时候，你还会美化你的疾病咧！

所以当你说‘我如是做只为表演一下而已！’时，你就是在我面前美化你的谎言。倒也有**严肃性**在其中：你在某些方面**就是**一个精神的忏悔者！

我猜你猜得很准：你正成为所有人的迷惑者，可是你不再剩下谎言和狡猾对付你自己，——你对自己失去了魔力！

你收获恶心作为你的一个真理。你不再有任何话是真的，除了你的嘴：也就是说，粘在你嘴上的恶心。”——

——“你究竟是谁！”这时候老巫师用一种顽固的声音喊道，“谁可以对我这个当今活着的最伟大者如此说话？”——从他的眼睛里放射出一
319 道绿色的闪光，射向查拉图斯特拉。可是他马上变了腔调，悲哀地说：

“哦，查拉图斯特拉，我厌倦了它，我对我的艺术感到恶心，我并不**伟大**，为什么我假装呢！可是，你一定知道——我寻求伟大！

我要使许多人看到、使许多人相信一个伟人：可是这个谎言超越了

我的能力。我为它而心碎。

哦，查拉图斯特拉，我的一切都是谎言；可是我心碎——我的这个心碎是**真的**！”——

“你感到荣幸，”查拉图斯特拉阴沉沉地说，向下的目光投向一边，“你寻求伟大，这使你感到荣幸，可是这也把你暴露出来。你并不伟大。

你这个恶劣的巫师，你厌倦了自己，并说出来：‘我并不伟大。’**这**是你身上我所尊重的最好、最诚实的地方。

在这点上，我尊重你为精神的忏悔者：尽管只是一刹那，但是这一瞬间你却是——真的。

可是，说吧，你在这里**我的**森林和丛石中寻找什么？你躺在路上挡**我**的道，你想要怎样来考验我？——

你是试探我什么东西？”——

查拉图斯特拉如是说，他的眼睛闪烁光芒。老巫师沉默了一会儿，然后他说：“我试探你？我——只寻求。

哦，查拉图斯特拉，我寻求一个真正的人、一个正确的人、一个单纯的人、一个不模棱两可的人、一个十分诚实的人、一个智慧的容纳者、一个有知识的圣人、一个伟人！

你竟然不知道吗，哦，查拉图斯特拉？**我寻求查拉图斯特拉**。”

——这时候，两人之间出现了很长时间的沉默；而查拉图斯特拉深 320
深地陷入了自己的内心里，于是他闭上了眼睛。然后，他一边回到他的交谈者那里来，一边抓住巫师的手，十分彬彬有礼、十分奸诈地说：

“好吧！这条路通往上面查拉图斯特拉的洞穴所在之处。在洞穴中你可以寻找你愿意找到的人。

向我的动物们，我的老鹰和我的蛇，寻求指点吧：它们会帮助你寻求。可是我的洞穴很大。

当然，我自己——我还没有看见过伟人。对于伟大的东西，今天最精细者的目光也是粗糙的。这是群氓的王国。

于是我发现了一些伸展身子、膨胀起来的人，大众喊道：‘瞧哪，一个伟人！’可是，所有的风箱有什么用！最终风从里面跑了出来。

膨胀得太久了的青蛙最终肚子爆裂：气从里面跑了出来。给一个膨胀者肚子上扎一针，我称此为真正的消遣。听到了吗，你们这些男孩子！

这个今天是群氓的今天：谁还知道何为大，何为小！谁曾成功地寻求过伟大！只有傻瓜：只有傻瓜成功了。

你寻求伟人，你这个奇异的傻瓜？谁教你的？今天是适合这样做的日子吗？哦，你这个拙劣的寻求者，为什么——你试探我？”——

查拉图斯特拉如是说，心中得到了安慰，笑着继续走他的路。

退职者

可是，在查拉图斯特拉离开巫师后不久，他再次在他走的路上看见 321
坐着某个人，也就是说，一个脸色苍白、面孔瘦长、黑不溜秋的高个子男人：这个人格外令他恼火。“倒霉，”他心中暗暗说道，“那里坐着伪装起来的悲伤，这让我想起教士一类的人，他们想要在我的王国里干什么？

嘿！我刚摆脱那个巫师：又得在路上碰到另一个巫师，——

任何一个把手放在人身上行巫的巫师，任何一个蒙上帝恩宠而创造奇迹的神秘者，任何一个一本正经的世界诽谤者，让他们统统见鬼去吧！

可是，魔鬼永远不在他应该在的地方：他总是来得太晚，这该死的侏儒和畸形脚！”——

查拉图斯特拉心中不耐烦地如是诅咒，考虑如何把目光避开，悄悄从那黑不溜秋的男人身边溜过去：可是，瞧啊，事与愿违。因为那个坐着的人马上就看见他了；就像是一个意外地被好运撞上的人那样，他跳起来，直奔查拉图斯特拉而去。

“无论你是谁，你这个漫游者，”他说，“请帮助一个迷路者，一个寻 322
求者，一个在这里很容易受到伤害的老人！

这里的这个世界对于我来说很陌生、很遥远，我还听见野兽的咆哮；能给我提供保护的人自己都不复存在。

我寻求最后的虔诚者，一位圣人和隐士，他独自在自己的森林里，一点都没有听说当今全世界都知道的事情。”

“当今全世界都知道些**什么**？”查拉图斯特拉问，“也许是，全世界曾经相信的老上帝不再活着？”

“让你说着了，”老人忧伤地回答，“我伺候这老上帝直到他的最后时刻。

可是我现在退职了，没有主人，然而却不自由，也不再有任何时刻的快乐，除了在回忆中。

我上来到这山区，为的是最终重新给自己过一个节日，像老教皇和教父应有的那种样子：因为你知道，我是最后一个教皇！——过一个虔诚回忆和礼拜的节日。

可是，现在他自己死了，那个最虔诚的人，那个林中的圣人，他始终以歌唱和呢喃赞美他的上帝。

当我找见他的小屋时，我却再也找不见他本人，——但是里面有两只狼，在为他的死嗥叫——因为所有动物都爱他。这时候，我匆匆跑走了。

我就这样徒然来到这森林里、这山区里。这时候我下了决心找另一个人，找一个最虔诚地不信上帝的人——，找查拉图斯特拉!”

这年迈者如是说，用犀利的目光看着那个站在他面前的人；可是查拉图斯特拉抓住老教皇的手，赞赏地长时间注视它。

“瞧你这个令人崇敬的人，”这时候他说，“多么好看、纤长的手啊！
323 这是一个总是在给人以恩赐之人的手。可是，它现在抓住了我，你寻找的那个人：查拉图斯特拉。

是我这个目无上帝的查拉图斯特拉说：谁比我更目无上帝，我期待他的指教?”——

查拉图斯特拉如是说，他的目光穿透了老教皇的思想和内心想法。最终老教皇开始说：

“最多地爱他、占有他的人，现在也最多地失去他——：

——你瞧，现在我在我们两者中大概更是目无上帝者吧？可是谁会为此感到高兴!”——

——“你伺候他到最后，”在一阵深沉的沉默之后，查拉图斯特拉沉思着问道，“你知道他怎么死的？人们说是同情扼杀了他，

——说是他看见人类如何挂在十字架上，他无法忍受，他对人类的爱成了他的地狱，最终成了他的死神，这是真的吗?”——

可是老教皇不回答，只是带着一种痛苦而阴沉的表情，羞怯地把目光投向一边。

“不要管他，”在长时间的沉思之后，查拉图斯特拉说道。他在这期间始终直盯着老人的眼睛。

“不要管他，他死了。尽管你只散布关于这死者的好话，这使你感到荣幸，但是你像我一样清楚地知道，他是谁；知道他走的是奇怪的道路。”

“在三只眼睛面前私下说说，”老教皇开心地说道（因为他有一只眼睛是瞎的），“在上帝的万物之中，我比查拉图斯特拉本人还明白——也应该是这样的。

我的爱伺候他多年，我的意志追随他的全部意志。可是一个好侍者知道一切，甚至知道一些他的主人自我隐瞒的事情。

这是一个隐蔽的上帝，充满秘密。真的，甚至到一个儿子那里去，他也不会不是偷偷摸摸的样子。在他的信仰之门边上标着‘通奸’。

谁把它赞美为爱神，谁就没有站在足够的高度上看待爱本身。这位 324
神不也想要当审判者吗？可是，爱者的爱是超越报答和报仇的。

这位来自东方的神，当他年轻的时候，他冷酷无情、复仇心强，为了讨他心爱者的欢心，给自己建造了一个地狱。

可是，最终他老了，心软了，脆弱了，有同情心了，更像一个祖父而不是父亲，可是最像一个步履不稳的老祖母。

这时候，他一副干瘪的样子，坐在他炉边的角落里，为自己孱弱的双腿而苦恼，厌倦了世界、意志，有一天因为他太大的同情，窒息而死。”——

“你这个老教皇，”这时候查拉图斯特拉打断他的话说，“你亲眼看见这一切了吗？事情很可能是这样的：是这种样子，而也可能是另一种样了。诸神死的时候，始终有多种死法。

可是，罢也！无论这样还是那样，无论如何——他死了！他违背我的视听趣味，我不想在背后说他更坏的坏话。

我爱有敏锐目光、诚实言论的一切。可是他——你是知道的，你这个老教士，他身上有某种你的特征，某种教士一类的东西——他是模棱多可的。

他也含混不清。他这个怒气冲冲的人，因为我们没有很好地理解他，他就对我们生气！可是为什么他不说得更清楚一点呢？

如果怪我们的耳朵，那么为什么他给予我们不能很好听清他说话的耳朵呢？如果我们耳朵里有泥巴，好啊！是谁把它放进去的呢？

他搞糟了太多的事情，这个学徒期未满的陶工！可是，因为他的陶器和作品做得不成功，他就对它们实施报复，——这是一种违背**礼仪**的罪孽。

325 在虔诚中也有礼仪：**这一位**最后说，‘让**这样**一个上帝滚开吧！宁愿没有上帝，宁愿独当一面地建立命运，宁愿做一个傻子，宁愿自己做上帝！’”

——“我听到了什么呀！”这时候，老教皇竖起了耳朵说，“哦，查拉图斯特拉，以你这样一种无信仰，你比你自己相信的更虔诚！你心中有某一位神使你转向你的目无上帝。

不正是你的虔诚让你不再相信一个上帝？你过大的诚实甚至还将领你超越善恶！

可是你瞧，你留下了什么？你有眼睛、有手、有嘴，它们注定永恒用于祝福。人们是不仅仅用手来祝福的。

在你周围，尽管你愿意做最目无上帝者，我却嗅到一种隐蔽的、长期祝福留下的庄严、幸福的气息：这时候我感到愉快而又心痛。

哦，查拉图斯特拉，让我仅仅成为你一夜的客人吧！现在大地上没有任何地方会让我感觉比在你家里更舒服！”——

“阿门！应该如此！”查拉图斯特拉十分惊讶地说，“这条路通往上面查拉图斯特拉的洞穴所在之处。

真的，我会很愿意陪你到那里去，你这个令人崇敬的人，因为我爱所有虔诚的人。可是现在一个呼救声急迫地呼唤我离开你。

在我的领域里，不应该有人受到损害；我的洞穴是一个良好的港湾。

我最喜欢让每一个悲哀者重新坚定地站立起来。

可是，谁会从你肩膀上除去**你的**忧郁？我太弱而做不到这一点。真的，我们早就等待着有一个人为你重新唤醒你的上帝。 326

因为这个老上帝不再活着：他彻底死了。”——

查拉图斯特拉如是说。

最丑之人

327 ——查拉图斯特拉的双脚又跑过丛山，穿越森林，他的双眼寻了又寻，可是哪里也看不见想要看见的那个人，那个大受困顿者，那个大呼救命者。不过，整个一路上，他都心中暗喜，心存感激。“这一天，”他说，“馈赠给我多好的事物，补偿了糟糕的开端！我找到了多么难得的交谈者！

我现在要长久地咀嚼他们的言论，有如咀嚼良种的玉米；我的牙齿会把它们细细地碾碎、磨碎，直到它们像牛奶一样流入我的灵魂！”——

可是，当道路又绕过一处岩石时，地形一下子改变了，查拉图斯特拉走入了死亡王国。在这里，黑色、红色的危岩高耸：没有草木，没有鸟鸣声。因为这是一个所有动物甚至连猛兽都避开的峡谷；只有一种丑陋粗大的绿色蟒蛇，在年老之后，来这里赴死。所以牧羊人称这个峡谷为：蟒蛇之死。

然而，查拉图斯特拉陷入一种黑色的回忆，因为他感觉好像曾来过这个峡谷。他感觉十分沉重：于是他走得很慢，越走越慢，最后站住了。
328 可是，这时候，当他睁开眼睛的时候，他看见有什么东西蹲坐在路上，形状像是一个人，几乎又不像是个人，是某种难以名状的东西。查拉图斯特拉一下子感到一种大羞耻，因为他的眼睛注视着如此的东西：他脸红一直红到了白头发根上，他把目光转开去，抬腿离开这倒霉的地方。可是，这死寂的荒凉之地，此时发出了声音：因为从地上冒出汩汩的声音和呼噜声，就像夜间水在堵塞的水管里汩汩地、呼噜噜地流过一样；最后它变成了人的声音和人的说话：——说话的内容是这样的：

“查拉图斯特拉！查拉图斯特拉！猜一下我的谜吧！你说，你说！**对**

目击者的报复是什么？

我引诱你回来，这里是光滑的冰！留神，留神，不要让你的高傲在这里摔断腿！

你以为你很聪明，你这个高傲的查拉图斯特拉！那么你就猜一下这个谜，你这坚硬的胡桃夹子，——我就是这个谜！那么你就说吧：**我是谁！**”

——可是，当查拉图斯特拉听到这些话的时候，——你们认为他的心灵中发生了什么？**他产生了同情**；他像一棵长期抵挡了许多樵夫的橡树，一下子倒下了，——笨重地，突然地，甚至让那些想要砍倒它的人也大吃一惊。可是他马上又从地上站起来，他的面容变得很严厉。

“我清楚地认识你，”他用响亮的声音说，“**你是上帝的谋杀者！**让我走吧。

你**忍受**不了看见**你**的人，——始终看见你、彻底看透你的人，你这最丑之人！你向这个目击者报复！”

查拉图斯特拉如是说，他想要离开；可是那难以名状者设法拽住他的衣角，重新开始发出汩汩声，搜索枯肠，想说点什么。“留下来！”他最终说——

——“留下来！不要走开！我猜到了是什么斧子将你砍倒在地：祝 *329*
你好运，哦，查拉图斯特拉，你重新站起来了！

我很清楚，你猜到了那个杀死上帝的人有怎样的心情，——那个上帝的谋杀者！请坐到我这边来，这不是徒劳的。

如果我不想去你那里，会想去谁那里呢？留下来，坐下！可是不要盯着我看！也就是说，尊重——我的丑陋吧！

他们迫害我：现在你是我最后的避难所。**没有**他们的憎恨，**没有**他们的密探：——哦，我会嘲笑这样的迫害，会为这样的迫害感到骄傲和高兴！

历来一切成就不是都在备受迫害者一边吗？备受迫害者很容易学会追随：——一旦他落在——后面！可是这正是他们的**同情**——

——我所逃避的、让我躲避到你这里来的，正是他们的同情。哦，查拉图斯特拉，保护我，你，我的最后避难所，你，唯一猜透我的人：你猜到了杀死**他**的那个人有怎样的心情。留下来！如果你要走，你这个不耐烦的人：不要走我来的那条路。**那条**路很糟糕。

你因为我欲言又止了半天，因为我给予你忠告，你就生我的气吗？可是，你要知道，正是我，这个最丑之人，

——也有着最大最笨重的脚。我去过的地方，路就坏了。我踩死了所有的路，我让所有的路蒙羞。

可是你默默地从我身边走过；你脸红了，我看得很清楚：由此我认出你就是查拉图斯特拉。

其他任何一个人都会以目光和言语将他的施舍、他的同情扔给我。可是，做这样的——乞丐，我还不够格，你猜到了这一点——

——我在这方面太富有了，富有伟大的事物、可怕的事物、最丑陋的事物、最无可名状的事物！你的羞耻，哦，查拉图斯特拉，**使我感到荣幸！**

330 我好不容易摆脱掉同情者的群体，——也许我发现了今天教导说“同情是强加于人的”的唯一之人——你，哦，查拉图斯特拉！

——无论这是一位神的同情，还是人类的同情：它都是和羞耻相对立的。不愿意帮忙也许会比快步上前帮忙的那种美德更高尚。

可是，**那种东西**，即同情，今天在所有小市民那里就叫做美德本身：——这些小市民不敬畏大不幸、大丑陋、大失败。

我不屑一顾所有这些人，就像一条狗不屑一顾拥挤到一起的羊群之背。这是些渺小、温顺、好心、苍白的人。

就像一只鹭鸶，轻蔑地扬起脑袋，对浅水池塘不屑一顾，我也对熙来攘往的灰色小浪、卑微意志和灵魂不屑一顾。

我们太长久地承认他们有道理，这些小市民：**所以**我们最终也给予他们权力——现在他们教导说：‘只有小市民称之为善的东西才是善的。’

今天，来自他们的说教者，那种小市民的奇异圣人和代言人，所说的一切都叫做‘真理’，他自我证明说：‘我——即真理。’

这位不谦虚的人早就让小市民趾高气扬了——他，当他教导说

‘我——即真理’的时候，教的是不小的谬误。

一个不谦虚的人得到了什么更有礼貌的回答吗？——可是，你，哦，查拉图斯特拉，从他身边经过，说：‘不！不！三倍的不！’

你对他的谬误提出警告，你是针对同情提出警告的第一人——不是警告所有人，不是警告任何一个人，而是警告你和你那种人。

你为受大痛苦之人的羞耻而感到羞耻；真的，当你说‘从同情中产生出一大块云，当心啊，你们这些人！’的时候，

——当你教导说‘所有创造者都是无情的，所有伟大的爱都高于他 331
们的同情’：哦，查拉图斯特拉，在我看来，你多么熟谙天气的征兆！

可是你自己——也警告你自己不要有**你那种**同情吧！因为许多人都在前来找你的中途，许多痛苦者、怀疑者、绝望者、溺水者、受冻者——

我也警告你当心我。你猜出了我的最佳、最差的谜，即我自己和我之所为。我认识那把砍倒你的斧子。

可是他——**不得不**死：他用看见**一切**的眼睛来看，——他看见了人类的内心深处，看见了他全部隐瞒起来的羞辱和丑陋。

他的同情不知羞耻：他爬入我最肮脏的角落。这最好奇的人、过于强求的人、过于同情的人不得不死。

他始终看见**我**：对于这样一个目击者，我要进行报复——要不然就是，我自己不想活了。

看见一切的上帝**也看见人类**：这个上帝必须死！人类不能**忍受**让这样一个目击者活着。”

最丑之人如是说。可是，查拉图斯特拉起身准备继续上路：因为他感到五脏六腑都上了冻。

“你这难以名状者，”他说，“你警告我不要走你的道路。为表示感谢，我向你赞美我的道路。你瞧，那上面是查拉图斯特拉的洞穴。

我的洞穴很大、很深，有许多角落；在那里，最深藏不露者也会找到他的隐匿之处。在它周围，密布着上百个爬行动物、飞行动物、跳跃

动物的藏身之处和潜行之处。

你这个被放逐者，是你放逐了自己，你不愿意待在人们和人们的同情中间？好吧，那就像我一样去做吧！那你就向我学习吧！只有有作为者才学习。

332 首先同我的动物们谈一谈！最高傲的动物和最聪明的动物——它们很愿意给我们俩做真正的顾问！”——

查拉图斯特拉如是说，比以前更深地陷于沉思之中，更缓慢地走他的路：因为他问自己许多问题，自知不容易做出回答。

“人类多么贫乏！”他心中暗想，“多么丑陋，多么可怕地发出垂死之声，多么充满隐藏的羞耻！

有人对我说，人类自爱：啊，这种自爱究竟会有多大呀！它对自己有多少的蔑视！

甚至人类自爱如同其自蔑，——在我看来，人类是伟大的施爱者，也是伟大的轻蔑者。

我还没有发现有更低下的自我轻蔑者：连这一点也是高高在上。哎呀，我听见其呼喊的那个人也许就是更高之人吧？

我热爱伟大的轻蔑者。可是人类是某种必然要被超越的东西。”——

自愿的乞丐

当查拉图斯特拉离开最丑之人时，他感到寒冷和孤独：因为他整个 333
意识中有大量寒冷和孤独，因此他的四肢也就变得更冷了。可是，他不断攀登、下坡，一会儿经过绿草地，一会儿经过荒野的石头河床，以前这里曾经有不耐烦的小溪流淌：这时候，他一下子重新感觉暖和起来、热心起来。

“我究竟发生了什么事?”他自问，“某种温暖而活生生的东西使我恢复了精神，这东西一定就在我附近。

我已经不那么孤单；无意识的伙伴和兄弟在我周围漫游，他们的温暖气息触动了我的灵魂。”

当他朝四周张望，寻找安慰者来安慰他的孤独时：瞧，那里有一群奶牛，正站在高坡上；它们近在眼前，散发出它们的气息，这使他的心感到温暖。可是，这群奶牛似乎正热心地聆听着一个人说话，没有注意来到跟前的人。当查拉图斯特拉十分接近它们的时候，他清楚地听到一个人的说话声从奶牛群中传出来；显然它们全都把脑袋转向了演讲者。

这时候，查拉图斯特拉猛然跳上前去，推开动物，因为他害怕这里 334
有人遭遇了不幸，而奶牛的同情也许会无济于事。可是他把这事情估计错了；因为瞧啊，那里有一个人坐在地上，似乎在对动物说话，让它们不要怕他，一个温和的人、山里的说教者，在他的眼睛里，善本身就在说教。“你在这里找什么?”查拉图斯特拉惊讶地喊道。

“我在这里找什么?”他回答，“和你寻找的是同样的东西，你这个捣蛋鬼！也就是大地上的幸福。

可是，要达此目的，我很愿意向这些奶牛学习。因为，你要知道，半个早晨我都在对它们说话，刚才它们正要做出决定。可你为什么打扰它们？

如果我们不回过头去，变得像奶牛那样，那么我们就进不了天国。因为我们有一件事应该从它们那里学到手：反刍。

真的，尽管人类会赢得整个世界，却没有学会一件事，即反刍：这会有什么意义呢！他会摆脱不了他的痛苦。

——他的大痛苦：可是这在今天叫做**恶心**。现在谁不在心中、嘴上、眼睛里充满恶心呢？你也是！你也是！可是瞧这些奶牛吧！”——

山里的说教者如是说，然后将他自己的目光转向查拉图斯特拉，——因为直到这时，他的目光都是充满爱怜地停留在奶牛身上——：可是这时候，他变了一副模样。“我与之交谈的是何许人？”他惊慌地喊道，从地上跳起来。

“这是没有恶心的人，这是查拉图斯特拉本人，大恶心的征服者，这是眼睛，这是嘴，这是查拉图斯特拉本人的心。”

他一边如是说，一边热泪盈眶地亲吻他与之交谈的那个人的手，就
335 像一个捡了天上掉下的宝贵礼品和珍宝的人一般。奶牛则望着这一切，很是惊奇。

“不要说我吧，你这个奇异的人！可爱的人！”查拉图斯特拉说，克制住自己的温情，“先给我说说你自己！你不是曾经扔掉了自己的巨大财富，自愿当乞丐的人吗？——

——你不是为自己的财富和那些富有者感到羞愧，逃到最穷的人那里去，把你的充裕和你的心送给他们的人吗？可是他们不接受你。”

“可是他们不接受我，”自愿的乞丐说，“你知道了，是这样的。所以我最终到动物那里去，来到了这些奶牛中间。”

“在那里你知道了，”查拉图斯特拉打断了说话者，“正当的给予如何比正当的索取更难；恰到好处的馈赠是一种艺术，是大师级最终、最巧妙的艺术。”

“尤其是现在，”自愿的乞丐回答说，“也就是说，今天，卑贱的一切都起来反叛，胆怯而又以其特有的方式盛气凌人：即以群氓的方式。

因为，你是知道的，群氓与奴隶之恶劣、长久、缓慢的大暴动时刻已经来临：大暴动在成长，再成长！

现在一切的善行和小恩小惠都会激怒卑贱者；过于富有的人可得要小心了！

今天，谁像大肚小颈的瓶子那样一点一滴地往外倒：——今天的人们就是要折断这种瓶子的瓶颈。

贪得无厌、妒火中烧、一心复仇、群氓之傲：这一切都引起我的注意。所谓穷人有福不再是真实的了。而天国乃与奶牛同在。”

“那么为什么天国不与富人同在呢?”查拉图斯特拉一边阻止信赖地朝那个温和的人喘着粗气跑过去的奶牛，一边试探着问道。

“为什么你试探我?”那人回答，“你甚至比我更了解这一点。是什么 336
驱使我到最穷之人那里去的呢，哦，查拉图斯特拉?难道不是对我们的最富有者的恶心吗?

——对财富之囚犯的恶心，这些囚犯以冷漠的眼光，淫荡的念头，从任何垃圾中给自己捡出一些好处；对这种臭气熏天之流氓的恶心，

——对这种镀金、掺假之群氓的恶心，他们的父辈曾是扒手、吸血鬼、捡破烂的，娶了顺从、贪婪、健忘的女人：——也就是说，她们都和妓女差不多——

上下都是群氓！现在还有什么‘贫’‘富’！我已经忘记了这种差别——于是我远远地逃走了，越走越远，直至我来到这些奶牛中间。”

那个温和的人如是说，一边说着，一边喘着粗气，大汗淋漓：于是这些奶牛又惊讶起来。可是，查拉图斯特拉在他如此坚定地谈论的时候始终微笑着直视他的面孔，默默地摇头。

“你这山里的说教者，当你使用这样一些坚定的语言时，你是在强制自己。你天生没有用来表达这种坚定的嘴巴和眼睛。

我认为，你的肠胃也不行：承受不了所有这些怒火、仇恨、放纵。你的肠胃需要更柔和的东西：你不是屠夫。

更应该说，你在我看来是一个素食者和原始人。也许你磨碎谷粒。可是你无疑厌恶了肉食的快感，爱好蜂蜜。”

“你猜透了我，”自愿的乞丐轻松地回答，“我热爱蜂蜜，我也磨碎谷粒，因为我寻找美味可口而又让口气清新的东西：

——也寻找需要很长时间的东西，寻找一种优雅的游手好闲者和懒汉所做的每日工作和不停地动嘴巴的事情。

337 当然，走得最远的是这些奶牛：它们为自己发明了反刍和晒太阳的静躺。它们放弃了所有让心脏胀气的沉重念头。”

——“好吧！”查拉图斯特拉说，“你也应该见一见我的动物们，见一见我的老鹰和我的蛇，——和它们一样的动物今天在大地上已经没有了。

瞧啊，那条路向上通往我的洞穴：今夜你就当我洞穴的客人吧。和我的动物们谈一谈动物的幸福，——

直到我自己回家来的时候。因为现在有一个呼救声呼唤我马上离开你。你在我家里还可以找到新鲜蜂蜜，冰爽的、金灿灿的蜂房里的蜂蜜：你就吃吧！

可是，现在马上和你的奶牛们告别吧，你这个奇异的人！可爱的人！尽管这对你来说会很困难。因为它们是你最热心的朋友和老师！”——

“——有一个朋友和老师除外，我宁愿要这一个，”自愿的乞丐回答，“你自己很不错，比一头奶牛还好，哦，查拉图斯特拉！”

“走开！你走开吧！你这个讨厌的马屁精！”查拉图斯特拉恶狠狠地喊道，“你为什么用这样的赞美之词和蜂蜜般的马屁来毁我？”

“走开，从我这儿走开！”他又一次喊叫，朝深情的乞丐挥舞他的棍子：而乞丐迅速跑走了。

影　子

可是，自愿的乞丐刚刚跑走，查拉图斯特拉又一人独处时，他听见 338
自己身后又有一个新的声音喊道：“站住！查拉图斯特拉！等一下！是我呀，哦，查拉图斯特拉，是我，你的影子！”可是，查拉图斯特拉不等了，因为他为他山中有许多应接不暇的事情而突然感到恼火。“我的孤独到哪儿去了？”他说。

“这对我来说真的太多了；这山里面都挤满了，我的王国不再属于这个世界，我需要新的群山。

我的影子在呼唤我？与我的影子有何相干！让它追我吧！我——离它而去。”

查拉图斯特拉一边心中如是说，一边跑走了。可是他身后的那位老跟着他：于是随即就有三个奔跑者你追我赶，也就是说，先是自愿的乞丐，然后是查拉图斯特拉，第三个也是最后面一个，是他的影子。他们这样跑了不久，查拉图斯特拉意识到自己的愚蠢，一下子把所有的恼怒和厌恶全都抛开了。

“嘿！”他说，“在我们这些老隐士、老圣人这里不是历来就有最可笑的事情发生吗？

真的，我的愚蠢在山里已增长得很多！现在我听见六条傻瓜的老腿在前前后后地发出啪嗒、啪嗒的声响！

可是，查拉图斯特拉也许会害怕一个影子？我终究认为，它有比我 339
更长的腿。”

查拉图斯特拉如是说，眼睛笑眯眯的，肚子里也笑，他站住脚，迅速转过身来——瞧，这时候他几乎把他的追随者影子摔倒在地上：这家伙跟他跟得太紧，而且也如此弱不禁风。因为当查拉图斯特拉用目光审视他的时候，像突然见了鬼一样惊慌失措：这个追随者看上去如此瘦骨嶙峋，如此黑不溜秋，如此腹中空空，如此衰老陈旧。

“你是谁?”查拉图斯特拉激动地问，“你在这里干什么？为什么你自称为我的影子？我不喜欢你。”

“请原谅我是你的影子吧，”影子回答，“如果你不喜欢我，那好吧，哦，查拉图斯特拉！在这件事情上我赞美你，赞美你的好品味。

我是一个漫游者，已经跟在你后面走了很多地方：总是在路上，可是没有目标，也没有家：所以我真的不缺少成为永恒之犹太人的东西，除非我既不永恒，也不是犹太人。

怎么啦？我不得不永远在路上？被任何一阵风卷起，飘忽不定，飞撒四方？哦，大地，在我看来，你已经变得太圆！

我曾栖息在任何表面上，就像疲倦的灰尘，我在镜子和窗户玻璃上入睡：一切都从我这里索取，给我的却是一无所有，我变得很瘦，——我几乎像是一个影子。

可是，哦，查拉图斯特拉，我最为长久地尾随着你，跑得飞快；尽管我在你面前躲藏起来，我却是你最好的影子：无论你栖息在哪里，我也就在那里栖息。

和你在一起，我周游了最遥远、最寒冷的世界，像一个自愿在冬天的屋顶上和雪地里奔跑的幽灵一样。

340 和你在一起，我径直走向任何禁区、任何最恶劣最遥远的地方：如果我身上有任何美德的东西，那就是我不害怕任何禁区。

和你在一起，我打碎了我的心所尊敬的东西，我推倒了所有的界碑和雕像，我追求实现最危险的愿望，——真的，我一下子超越了任何罪过。

和你在一起，我忘却了对于道、价值和伟大名分的信仰。魔鬼蜕皮时，不是他的名分也下降吗？因为名分也是皮。也许魔鬼自己也是——皮。

‘没有一样东西是真的，一切都是许可的’：我对自己如是说。我全身心地一头扎进冰冷刺骨的水中。啊，我因此而多么经常地像红色的螃蟹那样赤裸裸地站立在那里！

啊，我所有的善、所有的羞耻、所有对善的信仰都到哪里去了！啊，我曾经拥有的那种虚假的无辜，那种善人及其高尚谎言的无辜，到哪里去了！

真的，我太经常地紧跟真理的脚步：这时候它却差点踢到了我的脑门。有时候我打算说谎，瞧啊，我首先说出了——真理。

在我看来，已有太多的东西得到了澄清：现在一切对我来说都无关紧要。我所爱的东西没有一样还活着——我怎么可以还自爱呢？

‘像我乐意的那样生活，不然就根本不活’：我要的就是这样，最神圣者要的也是这样。可是，见鬼，我怎么还会——乐意？

我仍有——一个目标吗？仍有一个港湾可以让我的风帆驶向那里吗？

仍有一阵好风？啊，只有知道自己驶向**何处**的人才会知道，什么样的风好，什么样的风是他的顺风。

给我留下的还有什么？一颗疲惫而狂妄的心；一个不安分的意志；振翅飞翔的双翼；粉身碎骨的下场。

这种对**我的**家园之追寻：哦，查拉图斯特拉，你大概知道，这种追 *341*
寻曾经是**我**的灾祸，它吞噬了我。

‘哪里是——**我的**家园？’我询问又追寻，而我曾经追寻过，却没有发现。哦，永恒的无处不在，哦，永恒的无处所在，哦，永恒的——徒劳！”

影子如是说，而查拉图斯特拉听着他的话，把脸拉长了。“你是我的影子。”他最终悲哀地说。

“你的危险不小，你这个自由的精灵和漫游者！你度过了糟糕的一天：留心不要再遇上一个糟糕的傍晚！

像你这样一个不安分者，最终还以为监狱是极乐之地呢。你曾经见过被囚禁的罪犯是怎样睡觉的吗？他们睡得很宁静，他们享受着他们新的安全。

小心不要最终让一种狭隘的信仰，一种无情、严厉的狂妄俘虏了你！

因为现在任何狭隘、固定不变的东西都会引诱你、诱惑你。

你失去了目标：见鬼，你将如何摆脱这样的损失，如何克服这种损失带来的痛苦呢？因此——你也迷失了你的道路！

你这可怜的漫游者、游荡者，你这疲惫的蝴蝶！你想要在今天晚上休息一下，想要有一个落脚之处吗？那就上去，到我的洞穴那里去！

那条道通向我的洞穴。现在我又要迅速离开你。我心中已经像有一个影子一样，很是沉重。

我要一个人走，这样我周围就会重新明亮。所以我必然还要长久地、快乐地奔忙。可是在晚上，我那里就将——翩翩起舞！”——

查拉图斯特拉如是说。

晌　午

——而查拉图斯特拉跑了又跑，不再发现有任何人，他孑然一身， 342
一再发现了自己，享受着、津津有味地啜饮着孤独，想着好事，——整整好几个小时。在晌午时分，当太阳直立在查拉图斯特拉头顶上的时候，他在一棵弯曲而多节的老树旁走过，这棵树被一根葡萄藤的丰富情爱团团缠住，被遮挡起来：漫游者看到树上竟悬挂着大量黄澄澄的葡萄。这时候，突然很想稍稍解渴，为自己摘一串葡萄；可是，正当他伸出胳膊去摘时，突然又很想做另一件事了：在正午时分，躺在树旁睡上一觉。

查拉图斯特拉想到做到；他刚一躺在地上，躺在绿草丛的宁静与隐秘之中，他就忘记了他那一点点干渴，睡着了。因为，正如查拉图斯特拉之谚语所说：诸多事情中，不可少的只有一件。① 只是他的眼睛仍然睁开着：——因为它们不倦于看见和赞美那树和葡萄藤之爱。睡眠之中，查拉图斯特拉在内心里如是说：

安静！安静！刚才世界不是变得很完美吗？可我正在发生什么？

有如一阵看不见的和风轻盈地，羽毛般轻盈地在平静的海面上跳舞： 343
如是——睡眠在我身上跳舞。

它不让我闭上眼睛，它让我的灵魂清醒。它很轻盈，真的！羽毛般轻盈。

它说服我——我不知道是如何说服的——它亲切地用手触动了我的内心，它强制我。是的，它强制我，以致我的灵魂伸展开四肢：——

---

① 参见《圣经·路加福音》第10章第41—42节：“你为许多的事，思虑烦扰，但是不可少的只有一件。”

——在我看来，它变得又长又疲乏，我的奇异的灵魂！对它来说，一个第七天的晚上恰恰是在晌午时分到来？它已经太长久地在极乐中漫步于善与成熟的事物中间？

它把身子伸展得长而又长，——越来越长！它静静地躺着，我的奇异的灵魂。它已经品尝了太多的善，这金子做成的悲哀挤压了它，它扭歪了嘴。

——有如一条驶入最宁静海湾的船：——现在它靠拢陆地，厌倦了漫长的旅行，厌倦了变化无常的大海。陆地不是更忠诚吗？

当这样一条船停靠陆地，紧挨陆地：——这时候，一只蜘蛛从岸上朝它吐出丝来便已足够。不需要更结实的缆绳。

有如最宁静的海湾中这样一条疲惫的船：现在我也如此挨着陆地休憩，忠实地、信任地耐心等待，由最细微的细丝同它维系。

哦，幸福！哦，幸福！你一定愿意唱歌吧，哦，我的灵魂？你躺在草地上。可是这是没有牧童吹笛的隐秘而庄严的时刻。

你要小心啊！炎热的晌午正睡在田野上。不要唱歌！安静！世界很完美。

不要唱歌，你这草地里的家禽，哦，我的灵魂！甚至不要细声低语！你瞧——要安静！古老的晌午睡着觉，它动着嘴巴：难道它不正在啜饮一滴幸福——

——一滴黄金般的幸福，黄金般的陈年红酒吗？有什么东西从它面前掠过，它的幸运之神笑起来。如是——一位神笑了。安静！——

344 ——“为幸运之神干杯，一点点的东西就足以造成幸福啊！”我曾经如是说，自以为很聪明。可这是一种亵渎：我现在懂得了**这一点**。聪明的傻瓜说得更好。

正是最少、最小、最轻的东西，一条蜥蜴簌簌作响的声音，一口气息，一个瞬间，眼睛的一瞥——**微不足道**，造就那种**最佳**幸福。安静！

——我发生了什么：听！难道时光飞逝了吗？我不坠落吗？我难道没有坠落到永恒之井里吗？

——我正在发生什么？安静！我被刺——倒霉——入了心脏？刺入

了心脏！哦，心啊，在这样的幸福之后，在这样的刺痛之后，碎了吧，碎了吧！

——怎么？刚才世界不是已经变得很完美吗？变得圆满而成熟了吗？哦，圆圆的金戒指的那种圆满——它会飞向何处？让我追赶它！快！

安静——（这时候查拉图斯特拉伸展开四肢，感觉自己在睡觉。）

起来！他对自己说，你这个睡眠者！你这个晌午的睡眠者！行了，好吧，你们这两条老腿！是时候了，太是时候了，你们还落后了好一段路呢——

你们现在睡够了，可睡了多久了？一半的永恒！行了，好吧，我古老的心啊！在这样的睡眠之后，你多久才会——彻底醒来？

（可是这时候，他又重新睡着了，他的灵魂反对他，自行其是，重新躺倒了）——“不要管我！安静！刚才世界不是已经变得很完美吗？哦，圆圆的金球的那种完美！”——

“起来！”查拉图斯特拉说，“你这女贼，你这白天没事可干的女贼！怎么？还是伸展四肢、打哈欠、叹息、坠落到深井里？

可你是谁啊！哦，我的灵魂！”（这时候他惊慌起来，因为一道阳光从天而降，照到他的脸上）

“哦，我头顶上的苍天，”他叹息着说道，直直地坐了起来，“你在注 345
视我？你在倾听我奇异的灵魂？

你何时啜饮这滴露水，它滴落在世间万物之上，——你何时啜饮这奇异的灵魂——

何时，永恒之井！你这快乐的、可怕的晌午之深渊！你何时饮下我的灵魂，让它回到你的体内？”

查拉图斯特拉如是说，从他在树边的床铺中站起来，就像从一种莫名其妙的醉态中清醒过来一样：瞧啊，太阳还是正好在他头顶上。可是，人们可以准确地推算出，查拉图斯特拉当时没有睡很久。

问　候

346 到了下午很晚的时候，查拉图斯特拉在长时间徒劳无益的寻求和四处奔波之后，又回到他的洞穴。可是，当他站在洞穴前，离洞穴不到二十步远的地方时，当时最意料不到的事情发生了：他又听到那巨大的**呼救声**。而且，很令人吃惊的是，这一回，同样的呼救声来自他自己的洞穴。不过，这是一种长长的、纷乱的、奇怪的呼救声，查拉图斯特拉清楚地分辨出，呼救声是由多种声音构成的：但是从远处听，它像是唯一的一张嘴里发出的喊叫声。

于是，查拉图斯特拉直扑他的洞穴而去，瞧啊，紧接着这听觉表演之后，有什么样的视觉表演在期待着他呀！因为他白天里碰到的那些人都挨着坐在那里：右边的国王和左边的国王、老巫师、教皇、自愿的乞丐、影子、精神上的认真者、悲伤的先知、驴子；可是，最丑之人给自己戴上了一顶王冠，缠上了两条紫色带子，——因为他像所有丑陋者一样，喜欢乔装打扮，美化自己。然而，在那郁郁不乐的一伙之中，站立
347 着查拉图斯特拉之鹰，它羽毛竖立，烦躁不安，因为它被要求回答太多它的自尊心找不到答案的问题；而智慧的蛇则缠在它的脖子上悬挂着。

查拉图斯特拉十分惊奇地看着这一切；然后他和蔼可亲地怀着好奇心审视他的每一个客人，解读他们的灵魂，再次感到惊奇。在这期间，集合在一起的这一伙从各自的座位上站起来，敬畏地等待查拉图斯特拉发话。而查拉图斯特拉则如是说：

“你们这些绝望者！你们这些异类！那么说，我听见的是你们的呼救声？现在我也知道，我今天徒然寻找的人在哪里可以找到：**那更高之人**——：

——那更高之人就坐在我自己的洞穴里！可是我有什么好惊奇的呀！不是我自己用蜂蜜祭品，用我的幸福诱人地发出的巧妙呼唤把他诱惑到我这里来的吗？

可是在我看来，你们不适合于聚在一起，当你们在这里坐在一起的时候，你们相互间便不能心平气和了吧，你们这些呼救者？必须有一个人先来才行，

——一个让你们重新欢笑的人，一个快乐的棒小丑，一个伴随着风和鹰的舞者，任何一个老傻瓜：——你们有何想法？

不过请原谅我，你们这些绝望者，我在你们面前用这样的卑微之词来谈论这样的客人，有失体面啊，真的！可是你们没有猜到，是**什么**让我心存戏弄之意：——

——是你们自己，是你们的样子，请原谅我！因为注视着一个绝望者的每一个人都会变得很有勇气。每个人都自以为很有本事，足以劝说一个绝望者。

是你们给了我自己这种本事，——一件出色的礼物，我高贵的客人！一件客人馈赠的真正礼品！好吧，那你们现在不要因为我也向你们提供我的礼品而生气。

这里是我的王国和我的治下：可是，属于我的东西，今夜今宵也应属于你们。我的动物们应该为你们服务：让我的洞穴成为你们的休憩之处吧！

在我这里是宾至如归，不应该有任何人感到绝望，在我的山林里， *348*
我让每一个人在他的野兽面前受到保护。这是我给你们提供的第一件东西：安全！

而第二件东西是：我的小小手指。如果你们首先拥有了**它**，那就有请接受整个手吧，是的，连同心也拿走！欢迎来这里，欢迎，我的宾客！”

查拉图斯特拉如是说，钟爱而又不怀好意地笑起来。在这问候之后，他的客人们再次鞠躬，并敬畏地沉默不言；可是右边的国王代表他们全体对他做出回应。

“哦，查拉图斯特拉，凭着你向我们伸出的手和给予我们的问候，我们认出你就是查拉图斯特拉。你屈尊俯就我们；你几乎伤害了我们的敬畏之情——：

——可是谁能像你一样如此高傲地屈尊俯就呢？这就鼓舞了我们，对于我们的心和眼来说，这是一剂提神的饮料。

单单为了看到这一点，我们就很乐意登上比此山更高之山头。因为我们作为爱看热闹者而来，我们是要看一看，是什么东西令暗淡的眼光变得明亮。

瞧啊，我们所有的呼救声都已经成为过去。我们的感官和心灵自由驰骋，心醉神迷。没有什么缺憾：我们的心情变得随心所欲起来。

哦，查拉图斯特拉，大地上生长的东西，没有什么比高贵而强大的意志更令人愉快的了：这是大地最美的植物。靠着这样的一棵树，整个景色焕然一新。

我将它比作松树，它像你，哦，查拉图斯特拉，一样成长起来：高大、沉默、坚定、孑然一身、有着柔韧的最佳木质、壮观，——

——可是最终用粗壮的绿色枝丫抓取它的统治地位，在疾风暴雨和高山上固有之一切的面前发出强有力的疑问，

——更强有力地做回应的是一个命令者，一个胜利者：哦，有谁会不登上高山，看一看这样的植物呢？

349 在这里借助于你的树，就是忧郁者、失败者也会打起精神，见到你的样子，甚至惴惴不安者也会变得信心十足，心病痊愈。

真的，今天有许多人把目光投向你的山、你的树；一个大渴望油然而生，有些人学习询问：谁是查拉图斯特拉？

谁是你曾经将你的歌曲和你的蜂蜜滴入其耳朵里的人：所有那些藏匿者、隐居者、两栖者一下子都在心中自言自语：

‘查拉图斯特拉仍然活着吗？再也不值得活下去，一切都无所谓，一切都是徒然：要不然——我们就得和查拉图斯特拉一起生活！’

‘为什么早就宣告来临的人还不到来？’许多人如是问道，‘是孤独吞噬了他？还是我们应该到他那里去？’

现在这样的事情发生了：孤独自身风化了，粉碎了，像一个粉碎了的坟墓，不再能盛下其中的死人。你到处都看见复活者。

现在浪涛在你的山周围滚滚攀升，哦，查拉图斯特拉。无论你的山有多高，众多的浪涛也一定会攀升到你那里；你的小舟不应该再躺在旱地上。

而我们这些绝望者如今来到你的洞穴，已经不再绝望：这只是一种标志和征兆，表明更优秀者正在前来你这里的中途，——

——因为他自身就在前来你这里的中途，那上帝留在人间的最终残余，即所有那些有着大渴望、大恶心、大厌倦的人，

——所有那些不愿意活着的人，或者他们学习重新希望——或者他们向你学习，哦，查拉图斯特拉，**伟大的**希望！”

右边的国王如是说，抓起查拉图斯特拉的手就吻；可是查拉图斯特拉制止了他的敬仰，惊恐地退后去，沉默中蓦然有如逃到了远方。可是 350
一小会儿以后，他又重新和客人们在一起，用明亮的眼睛审视着他们说：

“我的客人们，你们这些更高之人，我要坦率①而明晰地同你们说话。我在这山里不是在等候**你们**。”

（“坦率而明晰地？上帝啊，发发慈悲吧！”左边的国王在一边说，“大家察觉到，他不懂得可爱的德国人，这来自东方的智者！

可是他的意思是‘坦率而粗俗’——行了！这在现今还不是最糟糕的趣味咧！”）

“你们也许真的全都是更高之人，”查拉图斯特拉继续说，“可是，对于我来说——你们还不够高，不够强。

对于我，也就是说：对于我心中那沉默着、然而不会始终沉默的铁石心肠而言。而即使你们属于我，也不是作为我的右臂。

因为像你们那样自己用病弱之腿站立的人，无论有意还是躲躲闪闪，

---

① 这里的“坦率”一词，在德语原文中是 deutsch，意思是“德语的”、“德国的”，也可以用来做状语，比如说 deutsch sprechen（用德语说话），但是尼采在这里套用了德语成语 mit jmdm. deutsch reden（坦率地和某人谈话），一语双关，因此也就引出了下面所说的“他不懂得可爱的德国人”的说法。

都特别想要受到**呵护**。

可是我不呵护我的手臂和大腿，**我不呵护我的武士**：而你们如何会适合于**我的**战争呢？

和你们在一起，我还会败坏我的每一场胜利。你们当中有些人还只是听到我的响亮鼓声，便会昏倒在地。

在我看来，你们甚至还不够漂亮，不够尊贵。我需要光洁平滑的明镜来反映我的学说；在你们的表面上，连我自己的映像都遭到扭曲。

一些重负，一些记忆，压在你们的肩上；一些下流的侏儒蹲在你们的角落里。你们心中也有隐藏的暴民。

而即使你们高大，并属于较高大的类型：你们身上也有许多东西是
351 弯曲的、畸形的。因为世界上没有铁匠能为我把你们敲平整了。

你们只是桥梁：愿更高者跨越你们！你们意味着台阶：那你们就不要对跨越你们而登上自己高度的人生气！

从你们的种子里将来也会为我生长出一个真正的儿子和完美的继承人：可是那很遥远。你们本身就不是我的遗产和姓氏所属的人。

我在这山里不是在等候你们，我不可以和你们一起最后一次下山。你们只是作为征兆来到我这里，表明更高之人正在来我这里的中途，

——**不是**有着大渴望、大恶心、大厌倦的人和你们称之为上帝残余的东西。

——不！不！三倍的不！我在这山里等候**别人**，没有他们，我连脚都不愿意从那里抬起，

——我等候更高之人、更强之人、更有必胜信念之人、更满怀信心之人，那些身心健壮之人：**笑面之狮**必定会来！

哦，我的宾客，你们这些怪人，——你们还没有听说过我的孩子们吗？没听说他们正在前来我这里的中途吗？你们给我说一说我的花园、我的幸福岛、我的美好新物种，——你们为何不跟我谈论这些？

我恳求从你们的爱之中得到这客人的馈赠：你们给我谈论一下我的孩子们吧。为此，我现在是富裕的，为此，我曾贫困：我还有什么没有奉献过。

——我还有什么不会奉献，只要我拥有一样：**这些**孩子，这**种**活生生的植物，我的意志和我的最高希望的生命之树！”

查拉图斯特拉如是说，在他的谈论中突然停顿下来：因为他的渴望 352
一下子袭上他的心头，他因为心中的激动而闭上眼睛和嘴巴。就连他所有的客人也都一言不发，一动不动，惊愕不已：只是那老先知用手和表情发出暗号。

晚　　餐

353 这时候，先知打断了查拉图斯特拉及其客人的问候辞：他像一个不浪费时机的人那样挤到前面去，抓住查拉图斯特拉的手，喊道："可是查拉图斯特拉！

有一件事比别的事情更有必要，你自己这样说：好吧，**在我看来**，有一件事现在比所有其他事情都更有必要。

现在这时候，理当问一句：你不是请我来**吃饭**的吗？这里有许多长途跋涉的人。你不会只是想要用谈话来填饱我们的肚子吧？

在我看来，你们大家关于冻死、溺死、窒息而死以及其他身体上的危急状态想得太多了：可是没有人想一想**我的**危急状态，也就是说，被饿死的危险——"

（先知如是说；可是，当查拉图斯特拉的动物听到这些话时，它们惊恐地跑走了。因为它们看见，它们白天拿回家来的东西，甚至不够填满先知一个人的肚子。）

"还要算上被渴死的危险，"先知继续说，"尽管我听见这里有水声潺潺，像智慧之言一样，丰富而孜孜不倦地流动：可我要的是——**美酒**！

不是每个人都像查拉图斯特拉一样是个天生的饮水者。水也不适合于疲劳者和枯萎者：**我们**应该喝美酒，——它才可以让你突然间恢复元气，给予你临时的健康！"

354 在这先知渴望美酒之际，碰巧连左边的国王，这位沉默寡言者，也说起话来。"对于美酒，"他说，"**我们**已经操过心了，我，还有我的兄弟，右边的国王：我们有足够的美酒，——一匹驴子负载了满满的酒坛子。所以缺的只是面包。"

“面包?”查拉图斯特拉回答，边说边笑起来。“隐士恰好没有面包。可是人类不是只靠面包生活的，也靠上好的羔羊肉，我有两只羔羊呢：

——我们很快把它们宰了，加上香料烹制：这是我所喜欢的。这里不乏根菜类食物和水果，甚至对于美食家和饕餮之徒来说也足够好了；这里也不乏坚果和其他需要敲开的妙物。

所以我们要在很短时间内做出一顿好饭来。可是，谁想要一起吃饭，谁就得动手干，国王也不例外。因为在查拉图斯特拉这里一位国王也可以是一个厨师。”

这个建议说到大家心里去了：只是那自愿的乞丐反对酒肉和香料。

“你们给我听一听这饕餮之徒查拉图斯特拉说的什么吧!”他开玩笑地说，“大家到洞穴里、到高山上，就是为了做这样一顿饭吗?

现在我的确明白了他曾经教导我们的话：‘愿小贫受到祝福!’而他为什么要排除乞丐呀!”

“你要心情愉快呀，”查拉图斯特拉回答他说，“像我的情况一样。遵守你的习俗，你这杰出的人，咀嚼你的粮食，喝你的水，赞美你的饭菜：只要你能让自己高兴!

我只是我自己一类人的法则，我不是所有人的法则。可是谁要是属于我，谁就得有强健的体格和轻捷的脚步，——

——乐于战争和庆典，不愁眉苦脸，不做白日梦，健康而完好，欣 355
然去做最艰难的事情，有如赴宴。

最好的东西属于我的一类人和我自己；如果有人不给我们，我们就拿过来：——最好的食品，最纯净的天空，最强有力的思想，最美的女人!”——

查拉图斯特拉如是说；可是右边的国王反驳道：“怪哉！有谁曾从一位智者嘴里听说过如此明智之语?

真的，如果一位智者在其所有的一切之外仍然很明智，不当蠢驴，那么这是他身上最非同寻常的东西了。”

右边的国王如是说，感到很惊异；而驴子恶意地针对他的话说：咿—呀。可是这只是那顿在历史书中被称为“晚餐”的漫长膳食的开始。而在进餐中，除了谈论**更高之人**以外，没有谈论别的。

关于更高之人

1

356 当我第一次到人类那里去的时候，我做了隐士做的蠢事，巨大的蠢事：我站到了市场上。

当我对大家说话的时候，等于没对任何人说话。可是在晚上，走钢丝的演员是我的伙伴，还有死尸；而我自己几乎也是一具死尸。

可是第二天早晨，我得到了一条新的真理：这时候我学习说："市场、群氓、群氓的噪音、长长的群氓之耳与我有何相干！"

你们这些更高之人，向我学习这一点吧：在市场上无人相信更高之人。而如果你们愿意在那里说话，好吧！可群氓眨着眼睛说："我们大家都一样。"

"你们这些更高之人，"群氓眨着眼睛说，"没有更高之人，我们大家都一样，在上帝面前，人就是人——我们大家都一样！"

在上帝面前！——可是，现在这上帝死了。然而在群氓面前，我们不愿意都一样。你们这些更高之人，从市场上走开吧！

2

357 在上帝面前！——可是，现在这上帝死了！你们这些更高之人，这上帝是你们最大的危险。

自从他躺在坟墓里以来，你们才又有了新生。现在才有伟大晌午的到来，现在才开始有更高之人成为——主人！

你们明白这句话了吗，哦，我的兄弟们？你们吓坏了：你们的心中不感到眩晕吗？这里的深渊不在向你们张开大口吗？这里的地狱之犬不在向你们吠叫吗？

好吧！好吧！你们这些更高之人！现在，人类未来之山才开始有临产之阵痛。上帝死了：现在**我们**愿意——超人活着。

3

今天最谨慎的人问道："人类如何延续香火?"可是，查拉图斯特拉是唯一的一个，也是第一个这样问的人："人类如何**被超越**?"

我心中想的是超人，**他**是我的第一和唯一，——人类不是我的第一和唯一：不是最亲近的人，不是最贫穷的人，不是最痛苦的人，不是最好的人——

哦，我的兄弟们，我能在人类身上所爱的是，人类是一种过渡和下沉。而在你们身上也有许多令我喜爱和希冀的东西。

你们蔑视，你们这些更高之人，这一点令我希冀。因为伟大的蔑视者就是伟大的尊敬者。

你们绝望，在这方面有许多可以尊敬的。因为你们没有学会屈服，你们不学小聪明。

因为今天小人当道：他们全都宣扬屈服、谦卑、明智、勤勉、体贴， *358*
以及一长串其他的小德行。

属于女性的东西，出自奴性的东西，尤其是一大帮群氓：**它们**现在要主宰整个人类的命运——哦，恶心！恶心！恶心！

它们问了又问，孜孜不倦："人类如何最好、最长久、最舒服地延续香火?"因此——他们是今日之主宰。

给我超越这些今日之主宰，哦，我的兄弟们，——这些小人：**他们**是超人最大的危害！

你们这些更高之人，给我超越小德行、小明智、沙粒般微不足道的体贴、蚂蚁般涌动的廉价品、可怜的舒适感、"大多数人的幸福"——！

宁愿绝望，你们也不要屈服。真的，因为你们今天不懂得生活，所以我爱你们，你们这些更高之人！因为你们如此才生活得——最好！

4

你们有勇气吗？哦，我的兄弟们！你们大胆吗？不是在目击者面前的勇气，而是不再有上帝注视的隐士之勇气、雄鹰之勇气？

冷漠的人、骡子、瞎子、醉汉在我看来是胆子不大的。大胆的人知道恐惧，但是他**能对付**恐惧；他看见深渊，但是他**高傲**地看着它。

谁看见深渊，但是用鹰眼去看；谁用鹰爪去**抓**深渊：谁就有勇气。——

5

359 "人类是恶的"——所有最有智慧的人都对我如是说，作为对我的安慰。啊，但愿此话在今天仍然说的是实情！因为恶是人类的最善之力。

"人类必然变得更善、更恶"——**我**如是教导。对于超人的最善，最恶是必不可少的。

对于那班小人的说教者来说，担当人类的罪恶并受苦也许很好。① 可是我喜欢以大罪恶作为我的大**慰藉**。——

可是，这样的话不是对长耳朵蠢驴说的。也不是任何话都适合用任何嘴巴来说。这是些精妙而遥远的东西：不应该由傻瓜的笨手笨脚来攫取。

6

你们这些更高之人，你们认为我在这里是要弥补你们的过错吗？

还是我想要在今后让你们这些病人更舒服地躺下？要不然就是给你们这些流离颠沛者、迷途者、攀登错了山头的人指出一条更容易走的小径？

不！不！三倍的不！你们这类人中应有更多、更好者赴死，——因为你们的日子会过得越来越糟糕、越来越艰难。唯有这样——

——唯有这样人类方能往**那**有闪电击中他、粉碎他的高处生长：高到足以接触闪电！

我的意识、我的渴望趋向于少量、长远：你们的许多短暂的小不幸与我有何相干！

在我看来，你们受苦还不够！因为你们受自己之苦，你们还没有**受人类之苦**。如果你们有其他说法，便是撒谎！你们大家都没有受我所受

① 参见《圣经·马太福音》第8章第17节："他代替我们的软弱，担当我们的疾病。"

过的苦。——

7

对我来说，闪电不再造成伤害是不够的。我不想把它引开：它应该 360
学习为**我**——而工作。——

我的智慧早就如一片云一样聚集起来，它变得更宁静、更阴暗。**有朝一日**会诞生闪电的任何智慧都是这样。

对于这些当今之人，我不愿意成为光，也不愿意叫做光。**他们**——我要他们瞎掉：我的智慧之闪电！把他们的眼睛刺瞎了吧！

8

不要要求做力不能及的事情：在力不从心者那里有一种严重的虚妄。

尤其是当他们想要做大事之时！因为他们唤起对大事的怀疑，这些聪明的伪币制造者和演员：——

——直至最终他们在自己面前都甚为虚妄，相互间斜眼看人，真是金玉其外，败絮其中，却使用激烈的言辞，挂起美德的招牌，借助光焰照人的虚假行为来掩饰。

要十分小心了，你们这些更高之人！因为在我看来，今天没有东西比诚实更宝贵、更罕见的了。

这个今天难道不是属于群氓吗？可是，群氓不知道何为大，何为小，何为正直，何为诚实：难怪他们曲而不直，总是撒谎。

9

你们今天要彻底怀疑啊，你们这些更高之人，你们这些果敢者！你 361
们这些坦率者！为你们的理由保守秘密吧！因为这个今天是群氓的。

群氓曾经学会毫无理由地相信的东西，谁又有理由来将其——推翻呢？

在市场上，人以表情来说服人。但理由使群氓产生怀疑。

一旦真理获得胜利，那你们就以彻底的怀疑问自己吧："怎样的强烈谬误曾为它而斗争呢？"

你们也要提防学者！他们恨你们：因为他们是不毛之地！他们有冷

冰冰、干巴巴的眼睛，在这样的眼睛跟前，任何鸟都会被拔去羽毛。

这样的人自夸不说谎：可是，无能力说谎远不是热爱真理。小心提防吧！

摆脱发烧还远不是知识！我不相信彻底冷却的头脑。谁不能说谎，就不知道真理是什么。

10

如果你们想要平步青云，那就利用自己的腿！不要让人把你们**抬**上去，不要骑在陌生人的背上、头上！

可是你骑马吗？你现在骑着马轻快地直奔你的目标？好吧，我的朋友！可是你的跛足也一起骑在马上！

当你抵达你目标的时候，当你从你的马上跳下来：正是在你的**高度**，你这更高之人——你将脚步踉跄！

11

362 你们这些创造者，你们这些更高之人！人只孕育自己的孩子。

你们不要被人游说，切莫轻信！究竟谁是你们的邻人？即使你们"为邻人"行事，——你们也不是为他而创造！

你们且给我把这"为"忘了吧，你们这些创造者：你们的美德恰恰要求你们不要同"为"、"为了"、"因为"有何相干。对于这些小小的虚伪之词，你们应该堵上你们的耳朵。

"为邻人"只是小人的美德：在他们那里叫做"一视同仁"和"手洗手"①：——他们没有权利也没有力量做到**你们的**自私自利！

在你们的自私自利中，你们这些创造者啊，有孕妇式的小心谨慎！还没有人曾用肉眼看见的东西，即果实：它庇护、呵护、哺育着你们全部的爱。

在你们全部的爱所在之处，在你们的孩子那里，也有你们全部的美德。你们的作品，你们的意志，便是**你们的**"邻人"。切莫轻信虚伪的

---

① 德语原文是：Hand wäscht Hand，源出于拉丁文：manus manum lavat，直译都是"手洗手"，含有"互助"、"利益对等均衡"之意。

价值!

12

你们这些创造者，你们这些更高之人！不得不生育者是有病的，可是已生育者是不洁的。

你们问一下女人吧：她们不是因为生育给人快乐才生育的。母鸡和诗人都痛苦得咯咯乱叫。

你们这些创造者，你们身上有许多不洁。这是因为你们得当母亲。

一个新生儿：哦，有多少新的污秽又要来到世上！到一边去吧！已经生育的人，应该将其灵魂洗干净！

13

你们不要力不能及地讲究美德吧！不要违背可能性而要求于你们 *363*
自己！

踏着你们父辈美德的脚印走吧！如果你们父辈不和你们一起登高，你们又要如何登高呢？

可是，想当第一的人要当心了，不要成了老末！你们不会想要暗示，在你们父辈恶习所在之处竟然还有圣人吧！

其父辈喜爱女人、烈酒、野猪肉的那种人：如果他要求自己有贞操会怎么样呢？

会是一种愚蠢！真的，我认为对这样一种人来说会是十分的愚蠢：假如他是一个或两个或三个女人之夫君的话。

假如他建立了修道院，在门上方写道："通往圣徒之路"，——那我仍然会说：有何用处！这是一种新的愚蠢！

他为自己建立了一座监狱和收容所：请受用吧！可是我不相信。

孤独中生长出后天的东西，也生长出先天的畜生。因此孤独对于许多人来说是难以接受的。

至今为止，究竟还有什么比旷野的圣人更肮脏的呢？在**他们**周围，不仅魔鬼闹翻了天，——而且还有猪猡。

14

羞怯，惭愧，笨拙，像跳跃不起来的一只老虎：你们这些更高之人，我经常看见你们如此悄悄溜到一边去。你们是一掷败北。

364 可是，你们这些掷骰子的家伙，这有何关系！你们没有像人们不得不玩耍和嘲弄的那样玩耍和嘲弄！我们不是始终坐在一张人们互相嘲弄和赌博的桌子旁吗？

如果你们在大事上失败了，难道你们自己就因此而——失败了吗？如果你们自己失败了，因此而失败的就是——人类吗？可是如果人类失败了：行了！罢了吧！

15

一件事物所属的物种越高级，便越少成功。你们在这里的这些更高之人，你们不是全都——不成功吗？

你们高兴起来吧，有什么关系！有多少事情仍然是可能的呀！学着像人们不得不嘲笑的那样嘲笑你们自己吧！

即使你们失败了或只成功了一半，又有什么好奇怪的呀，你们这些半破碎者！在你们身上不是涌动、撞击着——人类的**未来**吗？

人类最遥远、最深邃、最星空般高高在上的东西，人类非凡的力量：不是都在你们的罐子里冒着泡沫吗？

有些罐子破碎了，有什么好奇怪的！学着像人们不得不嘲笑的那样嘲笑自己吧！你们这些更高之人，哦，有多少事情仍然是可能的呀！

真的，多少事已经成功了！这大地多么富于完美的小东西、好东西，富于发育良好者！

将完美的小东西、好东西置于你们周围，你们这些更高之人！它们黄金般完美的成熟治愈心病。完美事物教给你希望。

16

365 至今为止，这个世界上最大的罪恶是哪一种呢？不就是那人说的那句话吗？那人说："在这里喜笑的人都有祸了！"

他自己认为在世上也没有理由笑吗？那么他只是探索得很糟糕。一个孩子在此也找得到理由。

那人——爱得不够：要不然，他本来也会爱我们这些笑颜常开者的呀！可是他恨我们，讽刺我们，预示我们会哀号，会战战兢兢地牙齿打颤。

倘若你不爱，那你就得马上诅咒吗？那——在我看来是一种糟糕的风气。可是他就是这么做的，这个绝对者。他来自群氓。

他自己只是爱得不够：要不然他不会因为人们不爱他而生气。所有的大爱都不要求爱：——它要求得更多。

避开所有这些绝对者吧！这是一种可怜的病态物种，一种群氓之类：他们恶劣地看待此生，拿邪恶的眼光来观看这个世界。

避开所有这些绝对者吧！他们步履沉重，内心淫荡：——他们不懂得跳舞。对于这些人来说，大地如何会变得轻松呢！

17

所有好事都是扭曲着接近目标的。它们像猫一样，弓起背，内心里为近在眼前的成功欢呼，——所有的好事都笑颜绽开。

从脚步上可以看出一个人是否已经走上了他自己的轨道：那你们就看我走路吧！接近其目标的人翩翩起舞。

真的，我没有变成雕像，我还没有站在那里：一根僵硬而麻木不仁 366
的石柱子；我爱快跑。

尽管世上有沼泽地和浓重的哀伤：有轻盈之足者仍然会跑着越过淤泥，有如在光滑的冰上一般舞蹈。

抬高你们的心气，我的兄弟们，高点！再高点！也不要忘记双腿！也抬高你们的双腿吧，你们这些善舞者，倒立起来更好！

18

这笑者之冠，这玫瑰花环之冠：我给自己戴上这花冠，我自己给我的笑声封圣。如今我还没有发现任何其他人有足够的实力做到这一点。

舞者查拉图斯特拉，用翅膀致意的轻盈者查拉图斯特拉，一个准备好起飞的人，向所有飞鸟致意；一切准备就绪，一个极乐世界的轻浮者：——

先知查拉图斯特拉，真笑者查拉图斯特拉，不是不耐烦者，不是绝对者，一个喜爱跳跃和越界跳跃的人；我自己给自己戴上这冠冕！

19

抬高你们的心气，我的兄弟们，高点！再高点！也不要忘记双腿！也抬高你们的双腿吧，你们这些善舞者，倒立起来更好！

在幸运中也有笨重的动物，从原初以来就有腿脚笨拙的家伙。很奇怪的是，它们费尽心力，像一只努力倒立起来的大象。

367 可是，与其不幸而愚蠢，不如幸运而愚蠢；与其跛行，不如笨拙地跳舞。所以你们就学习我的智慧吧：即使最糟糕的东西也有一两个好的方面，——

——即使最糟糕的东西也有善舞之腿：所以求你们了，你们这些更高之人，学着用自己真正的腿站立吧！

那就给我忘记愁眉苦脸和所有群氓的哀伤吧！今天在我看来，群氓的丑角是多么哀伤啊！可是，这个今天是属于群氓的。

20

有如山中的空穴来风一样吧：它要随自己的笛声起舞，大海在它的脚下颤抖和颠簸。

它给驴子以翅膀，它挤出母狮之奶，赞美这难以控制的优秀精灵吧，它像风暴一样来到整个今天和群氓这里，——

它敌视刺儿头和爱钻牛角尖的家伙，敌视所有的枯叶杂草：赞美这原始的优秀的自由风暴精灵吧，它在沼泽地和哀伤之上起舞，有如在草地上起舞一般！

它憎恨群氓中的痨病鬼，以及所有没有长好的阴森森的杂种：赞美这所有自由精灵中的精灵，这将尘埃吹入所有盲者和溃疡患者眼睛里的笑颜之风暴吧！

你们这些更高之人，你们最糟糕的事情是：你们谁都没有学着像人们不得不跳舞的那样跳舞——超越你们自己而跳舞！你们失败了又有什么关系！

有多少事情仍然是可能的呀！所以学着超越你们自己而笑吧！抬高你们的心气，你们这些善舞者，高点，再高点！不要竟把那堂堂的笑忘却！

368 这笑者之冠，这玫瑰花环之冠：你们，我的兄弟们，我把这冠冕给你们扔过去！我给笑封圣；你们这些更高之人，给我**学着**——笑吧！

忧郁之歌

1

查拉图斯特拉说这些话的时候，他站在靠近他洞穴入口处的地方； 369
可是说完最后几句话，他就从他客人那里溜走，逃到外面露天里去待一小会儿。

“哦，我周围纯净的气味，”他大声喊道，“哦，我周围极乐世界的宁静！可是，我的动物在哪里？过来，过来，我的鹰和蛇！

可是告诉我吧，我的动物们：这些更高之人统统地——也许**气味**不好闻吧？哦，我周围纯净的气味！现在我才知道，才感觉到，我是多么爱你们，我的动物们。”

——查拉图斯特拉又再次说：“我爱你们，我的动物们！”在他讲这些话的时候，鹰和蛇凑近他，朝上望着他。就这样，他们三位静静地在一起相互嗅着、啜饮着清新的空气。因为这外面的空气比和更高之人在一起时要清爽。

2

可是，查拉图斯特拉刚一离开他的洞穴，老巫师就站起来，狡黠地 370
四处张望，说道：“他出去了！

你们这些更高之人——让我像他本人那样，用这奉承之美名来逗引你们吧——我那施行欺诈和巫术的邪恶精灵，我那忧郁的魔鬼，已经在袭击我，

——它打心底里就是这查拉图斯特拉的对头：原谅它吧！现在它要在你们面前施巫术，它正逢它展示才能的好机会；我徒劳地和这邪恶的精灵搏斗。

对于你们所有人，无论你们用言辞给予你们自己何种荣誉，无论你们自称为‘自由精灵’，还是‘诚实者’，还是‘精神赎罪者’，还是‘获解脱者’，还是‘大渴望者’——

——对于你们所有人，你们这些像我一样遭受**巨大恶心**的人，对于你们来说，老上帝已经死了，还没有新上帝躺在摇篮和襁褓里，——对于你们来说，我的邪恶精灵和巫师魔鬼很是可爱。

我认识你们，你们这些更高之人，我也认识他，——我也认识我违心所爱的这个不怀好意者查拉图斯特拉：在我看来，他更经常地像是一个美丽的圣徒面具，

——像一场奇异的新假面舞会，我的邪恶精灵，忧郁的魔鬼很喜欢这样的舞会：——我爱查拉图斯特拉，我经常因为我的邪恶精灵之故而这样认为。——

可是，它已经在袭击我，强迫我，这忧郁的精灵，这黄昏之魔：真的，你们这些更高之人，它很想——

——请把眼睛睁开！——它很想**赤条条**而来，是男是女，我还不知道：可是它来了，它强迫我，见鬼！开放你们的感官吧！

371 白天渐渐消逝，对于所有事物，包括最好的事物来说，现在夜晚来临；现在你们听吧、看吧，你们这些更高之人，这黄昏忧郁精灵是什么样的魔鬼，无论它是男是女！”

老巫师如是说，狡黠地四处张望，然后伸手去抓他的竖琴。

3

在渐渐昏暗的天空中，
当露珠将抚慰
洒向大地，
无形亦无声：——
因为安抚的露珠有如
所有抚慰者步履轻盈——：
回想吧，回想，炽热之心，

你曾经如何渴望，
天堂的眼泪和露珠
在煎熬中苦苦渴望，
因为在枯黄的草径上
夕阳之光恶毒地奔驰
穿越我周围的黑色树林，
日之耀眼灼光幸灾乐祸。

“**真理**的嫖客？你？”——他们如是嘲弄——
“不！不过是个诗人！
一只不得不撒谎，
不得不存心、故意撒谎的
狡猾、凶猛、伪善的动物：
贪恋猎物，
五彩缤纷的面具，
自己就是面具， *372*
自己变成了猎物——
那位——真理的嫖客？
不！不过是傻瓜！不过是诗人！
只是说话五彩缤纷，
由傻瓜面具发出五彩缤纷的叫喊，
徘徊在骗人的言辞之桥上，
在彩虹之上，
在虚假的天
虚假的地之间，
四处漫游飘荡，——
不过是傻瓜！**不过是**诗人！

那位——真理的嫖客！

不要变成塑像，
静穆、僵硬、光滑、冰冷，
不要变成神之柱
矗立在神庙面前，
一位神灵的守护者：
不！对如此的立式真理塑像怀有敌意，
在任何荒野中都比在神庙前更加自在，
充满猫的恶作剧，
从每一扇窗户里跳出来
倏地一下！跳进任何的偶然，
窥探每一片原始森林，
狂热而渴望地窥探，
愿你在原始森林里
在斑驳的猛兽中间
极其健康地奔跑，彩色斑斓而美好
口唇燃烧着渴望
带着极乐世界的讽刺、残酷、凶残
在掠夺中、悄然逼近中、谎言中奔跑：——

或者像长时间、长时间呆滞地
373 凝视深渊，凝视其深渊的
老鹰一般：——
哦，这些深渊在这里是如何
向下、向下、向深处，
向越来越深的深处盘绕而下！——
此时，
突然之间，振翅飞行
有如直线一般
直扑羔羊而去，

陡然降落，食欲大振，
渴望饱餐羔羊，
怒向所有羔羊般的家伙，
怒向看上去羊一般的，
有着羔羊眼、卷羊毛的一切，
灰白的羔羊、绵羊式亲善！

如是
雄鹰一般、豹子一般的
是诗人的渴望，
是千层面具下**你的**渴望
你这傻瓜！你这诗人！

你体验人类
于是把上帝看成绵羊——：
撕碎人类心中的上帝
有如撕碎人类心中的绵羊
而且在撕碎中**哂笑**——

这，这就是你的天堂之乐！
一只豹和一头老鹰的天堂之乐！
一位诗人和一个傻瓜的天堂之乐！”——

在渐渐昏暗的天空中，
当新月的镰刀
紫色彩霞之间透着青光 374
嫉妒地悄悄前来：
——对白天怀着敌意，
偷偷地走着每一个步子

朝玫瑰花的吊床
割去，直到它们落下，
夜幕苍白无力地下沉：——

于是有一天我自己也下沉
脱离我的真理癫狂，
脱离我的白日渴望，
厌倦了白天，病于光亮，
——下沉，向着夜晚，向着阴影：
为一条真理
所烤焦，干渴难熬：
——你再回想，回想一下，火热的心，
你曾多么干渴？——
但愿我被放逐
离开所有的真理，
只是傻瓜！
只是诗人！

关于知识

巫师如是唱道，所有在场者都像鸟儿一样在不经意中进入了他的狡猾而又忧郁的淫欲之网。只有精神上的认真者没有被装进网里：他迅速从巫师手里夺过竖琴，喊道："空气！让新鲜空气进来！让查拉图斯特拉进来！你让这洞里闷热恶浊，你这下流的老巫师！ 375

你这个伪君子，你这个能人，你把人引向莫名其妙的欲望和荒野。如果那些像你一样的人搔首弄姿地大谈真理，那他们就有祸了！

让所有那些不提防**这种**巫师的自由精灵自认倒霉吧！他们的自由就此完蛋：你教人并引诱人回到牢笼中，——

——你这忧郁的老魔王，你的悲叹中响着诱捕鸟兽的音乐，你就像那种人一样：他们以对贞洁的赞美邀人施行淫欲！"

精神上的认真者如是说；可是老巫师朝四周看看，享受着他的胜利，于是强吞下精神上的认真者给他造成的烦恼。"安静！"他用谦虚的声调说，"好歌要有好的回响；好歌之后大家应该长时间地沉默。

大家都这样做了，这些更高之人。可是你大概没怎么明白我的歌曲？ 376
在你身上没有一种魔法精神。"

"你在夸我呢，"精神上的认真者回答说，"因为你把我同你自己区分开来，好啊！可是你们其他人，我看到了什么？你们大家仍然目光贪婪地坐在那里——：

你们这些自由之魂，你们的自由到哪里去了！在我看来，你们几乎就像长时间观看下流裸体舞女的那种人：你们的灵魂自己在跳舞！

在你们心中，你们这些更高之人，必然有更多那种巫师称之为其邪恶魔法精神和欺骗精神的东西：——我们必然是不一样的。

真的，在查拉图斯特拉回到他的洞穴之前我们已经够多地在一起说话和思考了，以致我都不知道：我们是不一样的。

我们，你们和我，在这山上也寻求不同的东西。因为我**更多**寻求**安全**，所以我来到查拉图斯特拉这里。因为他仍然是最坚固的堡垒和最坚强的意志——

——在今天，在这一切都在动摇、整个大地都在地震的时代。可是你们，当我看到你们的眼神时，我几乎认为，你们在**更多地**寻求**不安全**，

——更多的毛骨悚然、更多的危险、更多的地震。你们很想——我几乎这样认为：请原谅我的自以为是，你们这些更高之人——

——你们很想过那种最让**我**恐惧的最糟糕、最危险的生活，过那种野兽的生活，向往森林、洞穴、悬崖峭壁、迷宫般的深渊。

你们最喜欢的不是领你们**走出**危险的引导者，而是引你们无路可走的误导者。可是，如果你们**真**有这样的渴望，我仍然认为这是**不可能的**。

也就是说，恐惧——这是人类原始的基本情绪——说明了一切，说
377 明了原罪和原德。我的美德也出自恐惧，这美德就叫做：知识。

也就是说，对野兽的恐惧——它在人类心中被最长久地培养起来，包括了人类隐藏在自己心中并对之感到恐惧的那种动物：查拉图斯特拉称之为'内心的畜生'。

这种长期的古老恐惧最终变得细腻，变成智性的、宗教性的了——今天，在我看来，它叫做：**知识**。"

精神上的认真者如是说；可是，刚回到自己洞穴里的查拉图斯特拉听到并猜出了最后那些话，朝精神上的认真者扔过去一把玫瑰花，为他的"真理"而发笑。"嘿！"他喊道，"我刚才听到了什么？真的，在我看来，你是傻瓜，要不然我自己就是傻瓜：你的'真理'我马上就把它颠倒过来。

因为，**恐惧**——是我们的例外。可是，勇气，冒险，对不确定性、对未尝试事物的兴趣，——在我看来，勇气便是人类的整个由来。

人类嫉妒最有野性、最勇猛的动物，并从它们那里夺走了它们所有的美德：于是才变成了——人类。

这种勇气最终变得细腻，变成智性的、宗教性的了，这种有着老鹰的翅膀和蛇的智慧的人类勇气：在我看来，它今天叫做——”

“查拉图斯特拉！”所有坐在一起的人都异口同声地喊道，同时大笑起来；可是从他们那里就像升腾起一朵沉甸甸的云。就连巫师也笑了，他机智地说道：“行了！他走了，我的恶魔！

当我说他是一个骗子、一个说谎骗老手的时候，我不是已经警告你们要提防他了吗？

也就是说，尤其是在他赤裸裸地展示自己的时候。可是，对于他的把戏，**我**能有什么办法！是**我**创造了他和世界吗？

行了！让我们重新好起来，充满希望！尽管查拉图斯特拉恶狠狠地 378
瞪眼看人——你们看一下他吧！他生我的气——：

——在夜晚降临以前，他重新学习爱我、赞美我，不做这样的蠢事，他就活不长。

他——爱他的仇敌：他在所有我见过的人中间最懂得这门艺术。可是他为此而报复——报复他的朋友！”

老巫师如是说，更高之人向他鼓掌致意：以致查拉图斯特拉走来走去，带着恶意和爱意和他的朋友们握手，——就像是一个有事要给大家做出弥补、要请大家原谅的人。可是，当他走到他洞穴门边的时候，瞧啊，他很想重新回到外面新鲜的空气中去，很想他的动物们，——他想要溜出去。

在荒漠之女中间

1

379 “不要走开！”这时候自称为查拉图斯特拉之影子的漫游者说道，“留在我们这里①，要不然，隐隐的古老哀伤又会重新袭上我们的心头。

那老巫师已经把他那些从最坏到最好的东西都给了我们，瞧啊，善良虔诚的教皇眼睛里噙着泪水，完全又登上了驶入忧郁之海的航船。

那些国王们大概在我们面前还会摆出一副好面孔：因为他们是我们中间对这一点学得最得心应手的人。可是，即使他们没有目击者，我敢打赌，鬼把戏也会在他们那里重新开始——

那滚动的云头、那泪汪汪的忧郁、那乌云密布的天空、那被窃走的太阳、那呼啸的秋风之类的鬼把戏，

——我们的吼叫、呼救声之类的鬼把戏：和我们待在一起吧，哦，查拉图斯特拉！这里有许多想要倾诉的藏匿起来的不幸，有许多夜晚、许多云头、许多闷热的空气！

你用实实在在的男人食品和强有力的格言哺育我们：不要让女里女气的柔弱幽灵在饭后甜食时重新袭击我们！

你独自一人就使你周围的空气浓烈而清爽！我在世上曾发现过像你洞穴里那么清新的空气吗？

380 我见过许多国家，我的鼻子学会了检测和评价各种各样的空气：可是在你这里，我的鼻腔品尝到了它最大的乐趣！

---

① 参见《圣经·路加福音》第24章第28—29节：“耶稣好像还要往前行。他们却强留他说，时候晚了，日头已经平西了，请你同我们住下吧。”

除非，——除非——，哦，请原谅一个古老的回忆！请原谅我饭后的一支古老歌曲，这是我以前在荒漠之女中间创作的：——

因为在她们那里，有同样出色、同样清澈的东方之国的空气；在那里，我最远离于乌云密布、潮湿多雨、心情忧郁的古老欧洲！

当时我爱这样的东方少女和另一种蓝色天国，在那上空，既无阴云也无思想悬挂。

你们不相信，当她们不跳舞的时候，她们坐在那里有多乖：深沉，然而没有思想，像小秘密，像缎带装饰起来的谜团，像餐后甜品中的果仁——

真是艳丽而充满异域风情！但是没有云彩：可以让人猜出的谜：为了讨好这样的少女，我当时编了一首餐后的赞歌。”

同是漫游者和影子的那位如是说；还没等到有人回答他，他就抓起老巫师的竖琴，跷起二郎腿，泰然而智慧地朝周围看一眼：——却用鼻腔慢慢地、探询地吸进空气，像一个在陌生国家里体验新的陌生空气的人一样。接着他用一种吼叫唱了起来。

2

荒漠在扩大：心藏荒漠的人有祸了！

——哈！庄严地！
确实庄严！
一个尊贵的开端！
非洲式的庄严！
配得上一头雄狮， 381
或者一只讲道德的吼猴——
——可是对于你们不算什么，
你们这些最讨人喜欢的女友们，
我作为一个欧洲人，
第一次有幸
在棕榈树下

坐在你们的脚边。细拉！①

真的妙不可言！
我现在坐在这里，
离荒漠既近
又如此遥远，
甚至一点都没有荒漠化：
也就是说，
被这最小的绿洲吞下——：
——它正好打着哈欠
把它可爱的嘴巴大大张开。
所有小嘴中最好闻的味道：
我掉了进去，
降下来，穿过去——来到你们中间，
你们这些最讨人喜欢的女友们！细拉！

那鲸鱼万岁，万岁！
但愿它让它的客人
感到舒服！——你们明白
我高深莫测的暗示吗？
它的肚子万岁！
但愿它是
一个如此可爱的绿洲之肚，
有如这片绿洲：可是我对此很感怀疑，
——因为我来自欧洲，
它比所有略显老气的小媳妇
都更好怀疑。

① 德文原文为Sela！在《圣经·诗篇》中常出现于一节之尾，一般猜测可能是感叹词或者音乐的符号。

愿上帝将其改善！ 382
阿门！

我现在坐在这里，
在这最小的绿洲，
像一颗海枣，
褐色的，甜甜的，淌着金色的脓水，
渴望一张少女的樱桃嘴，
可是更渴望少女的
冰清玉洁的
锋利门齿：因为所有热切的海枣
心中都渴望着这样的门齿。细拉！

我躺在这里
像上述的南方水果，
太像了，周围有
小飞虫
在蹦蹦跳跳地玩耍，
同样也有更小
更愚蠢、更恶毒的
愿望与突然之念头，——
为你们所包围，
你们这些沉默的、预兆不祥的
小雌猫
嘟嘟和苏莱卡
——变形的狮身人面女妖，
以致我在一个词里塞入许多感情：
（上帝原谅我
这些口头的罪过！）

——我坐在这里，闻着最好的气息，
天堂的气息啊！真的，
光明而轻盈的气息，有着金色条纹。
如此美好的气息
只会是从月宫降临——
383 这是出自偶然，
抑或由狂妄而产生？
如老诗人所说的那样。
可是我这个怀疑者对此
感到怀疑，就因为
我来自欧洲，
它比所有略显老气的小媳妇
都更好怀疑。
愿上帝将其改善！
阿门！

用像杯子一样鼓起的鼻腔
畅饮这最美的气息，
没有未来，没有回忆，
如是我坐在这里，你们
这些最讨人喜欢的女友们，
看这棕榈树，
看它如何像一位舞女，
弯曲身子，柔软灵活，扭动臀部，
——如果你看久了，你也会一起跳！
像一位在我看来
已经太长久、长久得很危险地
始终，始终金鸡独立的舞女？
——因此在我看来，此时她已忘记了

那另一条腿？
至少我徒劳地
寻找那让人惦念的
配对之宝
——即那另一条腿——
在它最讨人喜欢、最妩媚的
扇形般张开飞舞的珠光宝气之短裙
周围那神圣的地区。
是的，但愿你们完全相信我，
你们这些美丽的女友们：
她失去了它！ 384
它完了！
永远完了！
那另一条腿！
哦，这可爱的另一条腿，多可惜！
它现在会停留在——何方？在何方孤独地哀伤，
那条孤独的腿？
也许在恐惧中惧怕一头
凶猛的、土黄色的、有着金色卷鬃的
狮子般怪兽？或者干脆
已被啃啮得干干净净——
可怜啊，倒霉！倒霉！被啃啮干净！细拉！

哦，你们不要哭泣，
柔肠赤心！
你们不要哭泣，
你们这些海枣之心！乳汁的胸脯！
你们这些装着甘草心的
小袋子！

不要再哭泣，
苍白的嘟嘟！
做一个爷们，苏莱卡！勇气啊！勇气！
——要不然也许在这里
最适合有某种强化剂、
强心剂？
一种神圣的格言？
一种郑重其事的鼓舞？——

哈！向上吧，尊严！
美德的尊严！欧洲人的尊严！
鼓风吧，再鼓风吧，
美德的鼓风机！
哈！
再吼一次，
作道德的咆哮！
作为道德之狮
在荒漠之女的面前吼叫！
——因为道德的号叫，
你们这些最讨人喜欢的少女，
超过所有
欧洲人的热情、欧洲人的饥肠辘辘！
而我现在作为欧洲人
站在那里，
我没有别的办法，上帝助我！
阿门！

荒漠在扩大：心藏荒漠的人有祸了！

顿　悟

1

同是漫游者和影子的那位唱完歌，洞穴里一下子充满噪音和笑声； 386
这时候聚拢在一起的客人们同时谈论起来，连驴子在这种情形的鼓舞之下也不再保持沉默，一种对自己客人的小小厌恶和讽刺袭上查拉图斯特拉心头：尽管他因为他们的快乐而高兴。因为在他看来，这是康复的标志。于是他溜到外面露天中对他的动物们说：

“你们的困顿到哪里去了？”他说道，自己已经感到从小小的厌恶中松了一口气，——“我认为，他们在我这里忘记了呼救！

——尽管很可惜，还没有忘记呼叫。”查拉图斯特拉捂上了自己的耳朵，因为这时候驴子的“咿—呀”奇异地同那些更高之人的欢腾噪音混合在一起。

“他们很快乐，”他重新开始说，“谁知道呢？也许以他们的主人为代价呢；即使他们向我学习笑，他们学的也不是**我的**笑。

可是那又有什么关系！这是些老人：他们以他们的方式康复，以他们的方式笑；我的耳朵更糟糕的声音都忍受过了，也没有变得乖戾。

今天是一个胜利：他已经软了，他逃走了，这重力之神，我的宿敌！ 387
今天以糟糕和沉重开始，却要以何等的好事而结束啊！

是它**要**结束的。夜晚在来临：这位出色的骑士，他拍马越过大海！他是如何颠簸啊，这极乐世界之人，这跨在紫色马鞍上的归家者！

天空清澈地朝他观望，世界低低地铺展：哦，你们这些到我这里来的奇异者，在我这里生活是很值得的！”

查拉图斯特拉如是说。从洞穴里又传来更高之人的叫喊声和笑声：他又重新开始说：

“他们上钩了，我的诱饵生效了，甚至他们的敌人重力之神都给他们让路。他们现在学习自嘲：我没听错吧？

我的男人食品生效了，我的富有生气的格言：真的，我不曾用胀鼓鼓的蔬菜喂养他们！而是用武士的食品，用征服者的食品：我唤起新的欲望。

他们的希望就在他们的腿和胳膊之中，他们的心气高涨。他们找到了新的词句，不久他们的精神就将散发随心所欲的气息。

然而这样的食品也许不适合于孩子，也不适合于热切期待中的老少妇人。人们用其他方法扑灭他们的内脏之火，我可不是他们的医生和教师。

恶心为这些更高之人让步：好啊！这就是我的胜利。在我的王国里，他们都变得很有信心，所有愚蠢的羞耻心都逃之夭夭，他们倾诉衷肠。

他们掏心掏肺，对他们来说，好时光又回来了，他们欢庆，回味，——他们**感激不尽**。

我将此视为最好的兆头：他们感激不尽。没有多久，他们就会想出节日来，为他们的老朋友竖立纪念碑。

这是些**痊愈中的人！**”查拉图斯特拉快乐地在心中如是说，并向外看
388 去；他的动物们却向他凑过来，关注着他的快乐和沉默。

2

可是，查拉图斯特拉的耳朵突然惊慌起来：因为至今充满噪音和笑声的洞穴一下子变得死一般沉寂；——他的鼻子却闻到了一股好闻的雾气和圣烛的烟味，像是燃烧的松球发出的味道。

“发生了什么事？他们在干什么？”他自问道，并悄悄溜到入口处，以便能不引人注目地观察他的客人。可是，奇迹一个接着一个！他这时候不得不亲眼见到的是什么呀！

“他们大家又重新变得**虔诚**起来，他们**在祈祷**，他们都疯了！”——他说道，极为惊讶。真的！所有这些更高之人——两个国王、退职的教皇、邪恶的巫师、自愿的乞丐、漫游者及影子、老预言者、精神上的认真者和最丑之人：他们全都像孩子和虔诚的老妇人一样，跪在地上，向

驴子朝拜。这时正好最丑之人开始喀喀地清嗓子，喘着粗气，好像有什么难以启齿的事情要讲似的；可是，当他真的把话说出来的时候，瞧啊，这竟是一篇虔诚罕见的连祷，赞美被朝拜、被烟熏火燎的驴子。可是这连祷如是发出清脆的响声：

阿门！赞美、荣誉、智慧、感激、夸奖、实力都归于我们的上帝，从亘古到永远！

——可是驴子对此叫唤起来：咿—呀。

它运载我们的货物，它接受仆役的形象，打心底里富有耐心，从来 389
不说“不”；谁爱自己的上帝，谁就惩罚它。

——可是驴子对此叫唤起来：咿—呀。

它不说话：除了它始终对它创造的世界说“是”：它如是夸奖它的世界。它的狡黠就是不说话：所以它很少受到冤枉。

——可是驴子对此叫唤起来：咿—呀。

它不引人注目地周游世界。身体是灰色的，它把自己的美德裹在其中。如果它有精神，那么就是它把精神隐藏起来；可是每一个人都相信它的长耳朵。

——可是驴子对此叫唤起来：咿—呀。

它长着长耳朵，只说“是”，从不说“不”，这是何等深藏不露的智慧啊！难道它没有按照自己的形象，也就是说，尽可能愚蠢地，创造出世界吗？

——可是驴子对此叫唤起来：咿—呀。

你走直路和弯路；你不关心在我们人类看来什么是直的，什么是弯的。你的王国在善恶的彼岸。不知道何为无辜，这正是你的无辜。

——可是驴子对此叫唤起来：咿—呀。

瞧啊，你不赶走任何人，既不赶走乞丐，也不赶走国王。你让小孩子到你这里来①，如果坏男孩诱惑你，你就简单地说：咿—呀。

---

① 参见《圣经·马太福音》第19章第14节：“耶稣说，让小孩子到我这里来……”

——可是驴子对此叫唤起来：咿—呀。

你爱母驴和新鲜的无花果，你不是食物的蔑视者。当你碰巧饿了的时候，就有一棵蓟草撩拨你的心。其中有上帝的智慧。

——可是驴子对此叫唤起来：咿—呀。

驴子的庆典

1

可是，在连祷的这个节骨眼上，查拉图斯特拉再也控制不了自己， 390
他比驴子更大声地叫起“咿—呀”来，跳到他那些发起疯来的客人中间。“可是你们在那里干什么，你们这些人?”他喊道，一边从地上拽起那些祷告者。“如果除了查拉图斯特拉以外还有谁看见你们，你们就有祸了：

任何人都会断定，你们因自己的新信仰而成为亵渎上帝之最大恶人或者所有老妇人中的最愚蠢者!

而你自己，你这个老教皇，你在此如是将一头驴子当上帝来向其祈祷，这如何与你的身份相称?”——

“哦，查拉图斯特拉，”教皇回答，“原谅我吧，可是在上帝的事务中，我比你还要思想开通。如此是公平合理的。

与其向完全无形的上帝祈祷，还不如如是向这般形象的上帝祈祷呢!思考一下这个格言，我的高贵的朋友：你马上就猜到，在这样的格言中藏着智慧。

说‘上帝是一种精神’的人——至今为止在世上向无信仰跨出了最大的步子，做出了最大的跳跃：如此言论在世上不容易再作修正!

我的老迈之心蹦跳得厉害，因为在世上还有某种可以向其祈祷的事 391
物。哦，查拉图斯特拉，原谅这一点，原谅一颗老迈而虔诚的教皇之心!——”

——“而你，”查拉图斯特拉对漫游者和影子说，“你自称并误以为自己是一个自由精灵吗?你却在这里进行这种偶像崇拜，做这种教士做的勾当?

真的，你在这里这样做比在你那些棕色的坏女孩那里做更恶劣，你这恶劣的新信徒！”

“是够恶劣的，”漫游者和影子回答，“你说得对：可是我有什么办法！老上帝又活了，哦，查拉图斯特拉，你愿意怎么说就怎么说吧。

一切都是最丑之人的过错：是他让上帝复活的。如果他说他曾经杀死了他：那么在诸神那里，死亡始终不过是一种偏见！”

——“而你，”查拉图斯特拉说，“你这恶劣的老巫师，你干了什么啊！如果你相信神和驴之类的蠢事，在这自由的时代里，今后谁还会相信你呢？

你的所作所为是一种愚蠢；你这个聪明人，你怎么能做这样一件蠢事！”

“哦，查拉图斯特拉，”聪明的巫师回答，“你说得对，这是一件蠢事，——这对我来说已经变得够沉重的了。”

——“还有你，”查拉图斯特拉对精神上的认真者说，“考虑一下，把手指放在你的鼻子上！这里竟然没有事情违背你的良心吗？你的精神对于这种祈祷和这种信徒的香烟缭绕来说不是太纯净了吗？”

“其中有某种东西，”认真者回答，并把手指放到鼻子上，“在这种表演中有某种甚至让我的良心宽慰的东西。

也许我可以不相信上帝：然而肯定的是，在我看来这种有形的上帝最值得信仰。

按照最虔诚者的见证，上帝应该是永恒的：谁有这么多时间，尽管慢慢来。尽可能慢，尽可能愚蠢：**如此这般**，一个这样的人才能走得很遥远。

392 有太多精神的人一定会自己沉湎于愚蠢与蠢笨。考虑一下你自己吧，哦，查拉图斯特拉！

你自己——真的！甚至你也一定会由于过剩和智慧而变成一头驴。

一个完美的智者不是喜欢走最弯曲的道路吗？亲眼所见如是教人，哦，查拉图斯特拉，——**你的**亲眼所见！”

——“最后是你自己，”查拉图斯特拉说着，转身向着始终躺在地上，朝驴子举起胳膊（因为他在给它喝葡萄酒）的最丑之人。“说，你这难以被描绘的人，你在那里做了**什么**！

我认为你变了，你的眼睛发光，崇高者的外衣遮盖了你的丑陋：你做了**什么**？

那些人说你让他复活了，究竟是不是真的？为什么？他被杀死、被干掉不是有理由的吗？

在我看来，你自己被唤醒了：你做了什么？**你**把什么颠倒过来了？**你**皈依了什么？说吧，你这难以被描述的人？”

“哦，查拉图斯特拉，”最丑陋之人回答，“你是一个无赖！

我问你，我们两人中谁最知道——他是否仍然活着，还是复活了，还是彻底死了呢？

可是有一点我知道，——我是从你本人那里知道的，哦，查拉图斯特拉，想要最彻底地把人杀死的人是**笑嘻嘻**的。

‘人们不是通过怒火，而是通过笑来杀人’你曾经如是说。哦，查拉图斯特拉，你这个藏匿者，你这个没有怒火的毁灭者，你这个危险的圣徒，——你是一个无赖！”

2

可是，这时候，对这种纯粹的无赖回答感到惊奇的查拉图斯特拉刚 393
好跑回到他洞穴的门边，转向他所有的客人，用强有力的声音喊道：

“哦，你们统统都是丑角，你们这些恶搞的家伙！你们为何在我面前伪装起来，躲躲闪闪呀！

你们每一个人都幸灾乐祸、乐不可支，因为你们终于再一次变得像小孩子一样，也就是说，变得很虔诚，——

因为你们终于又像孩子们一样行事了，也就是说，祈祷，双手合十说‘亲爱的上帝！’

可是，现在给我离开**这个**儿童室，我自己的洞穴，今天这里是一切的幼稚行为之家。在这外面把你们孩子的狂热和热烈的内心嘈杂冷却一下吧！

当然：只要你们不变得像小孩子一样，你们就进不了**那**天国。（查拉图斯特拉用双手指向上苍。)

可是我们根本不想进入天国：我们变成了人，——**所以我们要大地王国**。”

3

查拉图斯特拉再一次说起来。“哦，我的新朋友们，”他说，“——你们这些奇异之人，你们这些更高之人，我现在如何喜欢你们啊，——

——自从你们重新快乐起来！你们真的全都鲜花盛开：在我看来，对于你们这样的鲜花，需要有**新的庆典**，

——一种大胆的小胡闹，任何一种礼拜和驴子庆典，任何一个快乐的查拉图斯特拉老傻瓜，一阵把你们的灵魂刮得清醒起来的狂风。

394 不要忘记这个夜晚和这驴子的庆典，你们这些更高之人！**那**是你们在我这里发明的，我将此视为好兆头，——只有痊愈中的人才能发明这样的东西！

如果你们再次庆祝这驴子的庆典，那就为取悦你们自己而庆祝吧，也为取悦我而庆祝吧！以及为了纪念**我**！”

查拉图斯特拉如是说。

梦游者之歌

1

可是这期间，大家一个接一个地走到外面露天里，来到凉爽而引人 395
深思的夜空下；而查拉图斯特拉自己则牵着最丑之人的手，领他看他的夜晚世界，看大圆月，以及他洞穴边银色的瀑布。在那里，他们最终宁静地站在一起，都是老人了，可是都有一颗感到欣慰的坚强之心，暗暗感到惊奇：他们在世上感到如此美好；而夜的神秘越来越迫近他们的心头。查拉图斯特拉又暗自想道：“哦，这些更高之人，我多么喜欢他们啊！”——可是他没把话说出来，因为他尊重他们的快乐和他们的沉默。——

可是这时候发生了这惊人漫长的一天中最令人惊奇的事情：最丑之人又一次也是最后一次开始在喉咙里发出咕咕的声音，开始喘息起来，当他把话说出来的时候，瞧啊，从他嘴里完整而清晰地蹦出来一个问题，一个很棒、很深刻、很清晰的问题，这问题使所有倾听他的人都身心为之一动。

“我的全体朋友们，”最丑之人说，“你们是怎么想的？因为这一天的缘故——**我**第一次对我所经历的这整整一生感到满意。

即使我可以拿出如此之多的证明，在我看来也是不够的。在大地上 396
生活很值得：和查拉图斯特拉在一起的一天，一个庆典，教会我热爱大地。

‘**那**曾是——生吗？’我要对死说。‘好吧！那就再来一次！’

我的朋友们，你们是怎么想的？你们不愿像我一样对死说：**那**曾是——生吗？因为查拉图斯特拉的缘故，好吧！再来一次！”——

最丑之人如是说，而此时已离午夜不远了。你们想想当时发生了什么？更高之人一听到他的问题，一下子就意识到他们的转变和康复，以及是谁给了他们这样的转变和康复：他们立刻向查拉图斯特拉扑过去，充满着感谢、敬仰、爱意，亲吻起他的双手来，大家都以各自的方式：所以有的笑，有的哭。可是老先知高兴得跳起舞来；尽管他如一些叙述者所认为的那样，当时已喝足了一肚子的甜酒，但是他肯定也满是甜蜜的生命，摆脱了所有的劳累。甚至有人说，当时驴子跳舞来着：因为最丑之人事先给他的酒喝不是不管用的。事情有可能是这样的，也可能不是这样；如果那晚上驴子实际上没有跳舞，当时也是发生了比一头驴子跳舞更大更罕见的奇迹。总之，如查拉图斯特拉的格言所说："这有何关系！"

2

可是，当这一切被最丑之人引发时，查拉图斯特拉像一个醉汉一样
397 站在那里：他目光呆滞，张口结舌，两脚不稳。谁会猜得到，当时查拉图斯特拉心中想的是什么呢？可是显然他心不在焉，心思早就飞到远方去了，几乎就像已经记载过的那样："在两个大海之间高高的山隘里，

——在往昔与未来之间作为沉重的云朵而漫游。"可是，当更高之人将他抱在怀里的时候，他有点清醒过来，用双手阻挡那些崇敬者和担忧者的争先恐后；然而他没有说话。可是，他迅速转过头去，因为他似乎听到了什么：这时候他把手指放在嘴上，说："你们来！"

周围立即变得沉寂、神秘起来；从低洼处慢慢传来钟声。查拉图斯特拉像更高之人那样倾听；而这时他再次把手指放在嘴上，再三说：**"你们来！你们来！快到午夜了！"**——他的声音变了。可是，他仍然没有从原地挪开：这时候一切变得更加沉寂、更加神秘起来，一切都在倾听，连驴子、查拉图斯特拉的高贵动物鹰和蛇，同样还有查拉图斯特拉的洞穴、清冷的大月亮，以及夜晚本身，都在倾听。而查拉图斯特拉第三次把手放在嘴上说：

"你们来！你们来！你们来！让我们现在去漫游！现在是时候了：让我们进入夜的漫游！"

3

你们这些更高之人，快到午夜了：现在我要对着你们的耳朵说些事，就像那口古老的钟对着我的耳朵说话一样，——

——像那口比人经历了更多事情的午夜之钟对着我说话一样，如此 398
神秘，如此可怕，如此由衷：

——它已经数清了你们父辈心脏的痛苦悸动有多少次——啊！啊！它如何地叹息啊！它在梦中如何地笑啊！这古老而深沉又深沉的午夜！

安静！安静！这时候一些白天不可能很响的声音是可以听到的；可是现在，甚至你们心脏的嘈杂声都在凛冽的空气中安静下来的时候，——

有说话声，可以听见说话声，它溜进了过于清醒的夜间之灵魂：啊！啊！它如何地叹息啊！它在梦中如何地笑啊！

——你没有听见它如何神秘地、如何可怕地、如何由衷地对你说话，这古老而深沉又深沉的午夜？

哎呀，要留神啦！

4

我真倒霉！时间到哪里去了？我不是陷入到深井中去了吧？世界睡着了——

啊！啊！狗在吠叫，月光明媚。我宁愿死去，死去，也不愿意对你们说我的午夜之心在想什么。

现在我已经死了。完了。蜘蛛，你为何在我周围织网？你想要血吗？啊！啊！天降露水，时刻来临——

——我冻得发抖的时刻，“谁有足够勇气去做？

——谁该主宰大地？谁想要说：你们应该奔腾，你们这些大小河流！”之类的问题被问而又问的时刻。

——这时刻在临近：哎呀，你这更高之人，小心啊！这话是说给精 399
细之耳，说给你的耳朵听的——**深沉的午夜在说什么呢？**

5

我到了灵魂都跳起舞来的地步。白天的工作！白天的工作啊！谁该主宰大地?

月色清冷，风儿无声。啊！啊！你们已经飞得够高了？你们跳舞：可是一条腿毕竟不是翅膀。

你们这些善舞者，现在一切乐趣都成为过去，美酒变成了渣滓，每一个杯子都变得易碎，坟墓在结结巴巴地说话。

你们飞得不够高：现在坟墓在结结巴巴地说："拯救死者吧！为什么有如此的长夜？不是月亮使我们沉醉吗？"

你们这些更高之人，拯救坟墓吧，把尸体唤醒！啊，虫子在挖掘什么？时刻在临近，在临近，——

——钟声嗡嗡，心脏怦怦，蛀虫，心中的蛀虫，在挖掘。啊！啊！**世界很深！**

6

悦耳的古琴！悦耳的古琴！我爱你的音调，你那沉醉的铃蟾之调①！——你的音调经过多久、多远距离来到我这里，远远来自爱之池塘！

你这口古老的钟，你这甜蜜的古琴声！每一种痛苦都撕裂你的心，父亲的痛苦，父辈的痛苦，祖先的痛苦，你的话变得成熟，——

400 ——像金色的秋天和午后，像我这颗隐士之心一样成熟——现在你谈论：世界本身变得成熟，葡萄变紫了，

——现在它要死了，幸福而死。你们这些更高之人，你们没有闻到吗？这里悄悄冒上来一股气味，

——一股永恒的芬芳和气味，一种美好的紫红色黄金葡萄酒味道，来自古老的幸福，

——来自沉醉的午夜之死的幸福，这种幸福歌唱道：世界很深，**比白天想象的更深！**

7

走开！走开！我太纯洁，不适合同你交往。不要碰我！我的世界不

---

① 铃蟾的叫声在德语中含有不吉利的话、晦气话之类的意思。

是刚变得完美吗？

我的皮肤太纯洁，不适合于你的手来触摸。走开，你这愚蠢、笨拙、沉闷的白昼！午夜不是更明亮吗？

最纯洁者应该主宰大地，最鲜为人知者，最坚强者，比任何白昼都更明亮、更深邃的午夜之魂。

哦，白昼，你摸索我？你摸索我的幸福？我在你看来很富有、很孤独，是一个宝藏，一个金库？

哦，世界，你想要**我**吗？你认为我世俗吗？你认为我信教吗？你认为我神圣吗？可是，白昼和世界，你们太愚蠢，——

——拥有更灵巧的双手吧，抓取更深的幸福，更深的不幸，抓住任何一位神，不要抓我：

——我的不幸，即我的幸福，是很深的，你这奇异的白昼，可我不是神，不是神的地狱：**它的痛苦很深**。

8

神的痛苦更深，你这奇异的世界！抓住神的痛苦，不要抓住我！我 *401*
是什么！一把沉醉的悦耳古琴，——

一把午夜古琴，一只没有人明白的钟一铃蟾[①]，可是它**不得不**说话，在鸽子面前，你们这些更高之人！因为你们不明白我！

逝去了！逝去了！哦，青春！哦，晌午！哦，午后！现在傍晚、夜间、午夜均已来临，——狗在嗥叫，风儿：

——风儿不是一条狗吗？它哀鸣，它狂吠，它嗥叫。啊！啊！她——午夜，在如何地叹息，在如何地笑，在如何地发出呼噜声和喘息声！

她说话竟是如此地清醒，这沉醉的女诗人！她大概过多地喝尽了她的沉醉？她变得过于清醒？她在反刍？

——她反刍她的痛苦，在梦中，这古老而深沉的午夜，更多的还是她的快乐。因为快乐，尽管痛苦很深：**快乐比哀痛更深**。

---

① 这里同时指前文提到的钟声和铃蟾。

9

你这葡萄藤！你为何赞美我？是我剪断了你！我很残酷，你在流血——：你赞美沉醉的残酷，是想要得到什么呢？

“变得完美的东西，一切成熟的东西——都即将死去！”你如是说。愿葡萄种植者的砍刀受到祝福，受祝福吧！可是，一切不成熟的东西都将活着：见鬼！

痛苦说：“消失吧！走开，你这痛苦！”可是，受苦的一切都将活着，以便变得成熟、快乐、思慕，

402 ——思慕更远、更高、更光明的东西。“我要后代，”受苦的一切如是说，“我要孩子，我不要**我**，”——

可是快乐不要后代，不要孩子，快乐要的是自己，要的是永恒，要的是再来，要的是万物的永恒自同。

痛苦说：“心儿，破碎吧，流血吧！腿儿，走起来！翅膀，飞起来！向上！向上！你这痛苦啊！”行了！好吧！哦，我的老迈之心：**痛苦说：“消失吧！”**

10

你们这些更高之人，你们怎么认为？我是一个先知吗？一个做梦的人？一个醉汉？一个圆梦者？一口午夜之钟？

一滴露水？一股永恒的雾气与芬芳？你们没有听见？你们没有闻见？正好我的世界已经变得很完美，所以午夜也是晌午，——

痛苦也是快乐，诅咒也是祝福，夜晚也是一个太阳，——你们走开吧，要不然你们就会知道：一个智者也是一个傻瓜。

你们总是对**一种**快乐说“是”吗？哦，我的朋友们，你们也对**所有**痛苦说“是”吗？万物皆连接，皆串联，皆相爱，——

你们每一次都想要来第二次，你们总是说：“我喜欢你，幸福！一瞬间！一刹那！”你们想要让一切都回来！

——一切都从头来过，一切都永恒，一切都连接、串联、相爱，哦，你们如此来**爱**这个世界，——

——你们这些永恒者，你们永远爱它，随时爱它：你们甚至对痛苦

说：消失吧，可是再回来！**因为一切快乐都要求——永恒**！

11

所有快乐都要求万物的永恒，要求蜂蜜，要求酵母，要求沉醉的午夜，要求坟墓，要求墓边眼泪的安慰，要求金色的晚霞—— 403

——有**什么**是快乐所不想要的呀！它比一切痛苦都更干渴、更由衷、更饥饿、更可怕、更神秘，它想要自己，它咬啮**自己**，环的意志在它身上扭动，——

——它要爱，它要恨，它极其富有，它馈赠，它抛弃，它央求有人把它取走，它感谢取走者，它很喜欢被憎恨，——

——快乐是如此富有，乃至于它渴望痛苦，渴望地狱，渴望憎恨，渴望羞辱，渴望残废者，渴望**世界**，——因为这个世界，哦，你们肯定认识它！

你们这些更高之人，它渴望你们，这快乐，这不可遏制的、极乐世界的快乐，——它渴望你们的痛苦，你们这些失败者！所有永恒的快乐都渴望失败者。

因为所有快乐都想要自己，所以它也想要哀痛！哦，幸福，哦，痛苦！哦，破碎吧，心儿！你们这些更高之人，好好学一学：快乐要的是永恒，

——快乐要的是万物的永恒，**要的是深而又深的永恒**！

12

你们现在学会我的歌了吗？你们猜到它想要说什么吗？行了！好吧！你们这些更高之人，那么，你们现在就给我唱我的轮唱曲吧！

现在你们自己给我唱这首歌，它的名字叫“再来一次”，它的意思是“进入永恒”！唱吧，你们这些更高之人，唱查拉图斯特拉的轮唱曲！

哎呀！要留神啦！ 404
深沉的午夜在说什么？
“我睡过了，我睡过了——，
我从深沉的梦中醒来：——

世界很深，
比白天想象的更深。
它的痛苦很深——，
快乐——比哀痛更深：
痛苦说：消失吧！
然而一切快乐都要求永恒——，
——要的是深而又深的永恒！”

征　兆

可是这天夜之后的早晨，查拉图斯特拉从他的床上跳起来，系上腰 405
带，走出他的洞穴，容光焕发，浑身是劲，有如一轮刚从黑暗群山中喷薄而出的朝阳。

“你这伟大的天体，”他说，有如他曾经说过的那样，“你这深沉的幸福之眼，假如你没有你所照亮的**一切**，你的全部幸福会是什么啊！

假如当你醒着的时候，当你走出来馈赠分发的时候，它们都待在房间里：你高傲的羞耻感会对此感到多么生气啊！

好吧！在我醒着的时候，他们还在睡觉，这些更高之人：这不是我真正的伙伴！我在我这山上等的不是他们。

我要做我的工作，我要到我的白天那里去：可是他们不明白我的早晨之标记是什么，我的步伐——不是他们的起床号。

他们仍然睡在我的洞穴里，他们的美梦还在回味我的午夜。他们身上没有聆听于**我**的耳朵——那种顺从的耳朵。”

——当太阳升起时，查拉图斯特拉在心中如是说：这时候他疑惑地
看向天空，因为他听见头顶上他那老鹰的尖锐叫声。“行了！”他朝上喊 406
道，“这样很让我喜欢，应该这样。我的动物们都醒着，因为我醒着。

我的鹰醒着，像我一样关注太阳。它用鹰爪去抓新的光芒。你们是我真正的动物；我爱你们。

可是我还没有我的真正的人！”

查拉图斯特拉如是说；可是，这时候，他突然听见自己有如被无数飞鸟成群结队地包围着，它们拍击翅膀把他围在中间，——然而，如此

多的翅膀发出的啪啪啪的声音如此之大，他脑袋周围的鸟群如此之多，他只好把眼睛闭了起来。真的，这一切就像一团云，像朝一个新的敌人万箭齐发的一团箭云般朝他压过来。可是，瞧啊，这里有一团爱之云朝一个朋友降临。

“我遇上了什么事？”查拉图斯特拉惊讶地在心中想道，慢慢在他洞穴出口旁的大石头上坐下来。可是，就在他用手上下左右抓着，赶开温柔的鸟群时，瞧啊，他遇上了更罕见的事情：因为他刚才无意识地抓到了一堆又厚又暖和的蓬乱毛发；而同时，他面前响起了一声巨吼，——一声狮子的温和长吼。

“**征兆来了**，”查拉图斯特拉说，他心中有了变化。事实上，当他面前亮起来的时候，他看见他脚下躺着一只黄颜色的巨大动物，它把脑袋依偎在他的膝盖上，爱恋地不愿离开，就像一只重新找到自己老主人的狗一样。而鸽子也同样热切地表达它们的爱；每次鸽子从狮子鼻子上掠过的时候，狮子总是摇摇头，惊异地笑一笑。

对这一切，查拉图斯特拉只说了一句话：“我的孩子们很亲近，我的
407 孩子们”——，然后他完全沉默无言。可是他的心情很放松，他眼睛里掉下了眼泪，滴在他的手上。他不再注意任何事物，一动不动地坐在那里，也不再阻挡那些动物。这时候鸽子飞下来，落在他的肩膀上，爱抚他的白发，不倦地发出温柔的欢呼。而大狮子则始终在舔滴着查拉图斯特拉手上的眼泪，咆哮着，羞怯地发出低沉的声音。动物们如是做。——

这一切持续了一段很长的时间，或者一段很短的时间：因为，正确地说，对于世上诸如此类的事物来说是**没有**时间的——。可是，这期间，查拉图斯特拉洞穴中的更高之人醒了，他们排成队朝查拉图斯特拉走来，向他表示早晨的问候：因为他们醒来时发现，他已不再逗留在他们中间。可是当他们到达洞穴门边的时候，他们的脚步声早就跑在他们前头了，狮子大吃一惊，它一下子从查拉图斯特拉那里转过身去，狂吼着朝洞穴扑过去；而更高之人听到狮子的吼叫时全都异口同声地尖叫起来，立刻就逃回去，消失得无影无踪。

而查拉图斯特拉自己却昏昏沉沉地、拘谨地从坐的地方站起来，看看周围，惊奇地站在那里，一边在心中自问，一边思考着，兀自独立。“可是我听到了什么?”他最终慢慢地说，“刚才我遇上了什么事?”

他想起来了，他一下子就明白了从昨天到今天发生的一切。“这就是那块石头，”他说着捋捋胡须，“我昨天早晨坐在它上面；在这里先知朝我走来，在这里我第一次听到我刚才听到的叫喊，那巨大的呼救声。

哦，你们这些更高之人，你们的困境昨天早晨那老巫师向我预 *408*
言过，——

——他要引诱我、诱惑我进入你们的困境中：哦，查拉图斯特拉，他对我说，我来是要引诱你犯你最后的罪过。

犯我最后的罪过?查拉图斯特拉喊道，愤怒地嘲笑他自己的话：留给我犯的最后罪过是什么?”

——查拉图斯特拉再次陷入沉思，重新坐到那大石头上去思考问题。突然他跳起来，——

“同情！对更高之人的同情!”他喊叫起来，他的脸色变得铁青。“行了！**那同情**——它的时代过去了!

我的痛苦、我的同情——那有何相干！难道我追求**幸福**吗?我追求我的工作!

行了！狮子来了，我的孩子们很亲近，查拉图斯特拉成熟了，我的时刻到了：——

这是**我的**早晨，**我的**白昼开始了：**现在来吧，来吧，你伟大的晌午!**”——

查拉图斯特拉如是说，离开了他的洞穴，容光焕发，浑身是劲，有如一轮刚从黑暗群山中喷薄而出的朝阳。

查拉图斯特拉如是说之终结。

图书在版编目（CIP）数据

尼采全集．第4卷/（德）尼采（Nietzsche，F.）著；杨恒达译．—北京：中国人民大学出版社，2011.6
ISBN 978-7-300-13765-0

Ⅰ.①尼…　Ⅱ.①尼…②杨…　Ⅲ.①尼采，F.W.（1844～1900）-全集
Ⅳ.①B516.47

中国版本图书馆 CIP 数据核字（2011）第 087895 号

尼采全集　第4卷
查拉图斯特拉如是说
[德] 弗里德里希·尼采　著
杨恒达　译
Nicai Quanji

出版发行	中国人民大学出版社		
社　　址	北京中关村大街 31 号	邮政编码	100080
电　　话	010－62511242（总编室）		010－62511770（质管部）
	010－82501766（邮购部）		010－62514148（门市部）
	010－62515195（发行公司）		010－62515275（盗版举报）
网　　址	http://www.crup.com.cn		
	http://www.ttrnet.com(人大教研网)		
经　　销	新华书店		
印　　刷	涿州市星河印刷有限公司		
规　　格	150 mm×230 mm　16 开本	版　　次	2011 年 10 月第 1 版
印　　张	21.75 插页 2	印　　次	2023 年 9 月第 6 次印刷
字　　数	295 000	定　　价	59.80 元